OC[illegible]

OCHR ARALL Y FFORDD

Endaf Jones

GOMER

Argraffiad cyntaf—Tachwedd 1995

ISBN 1 85902 254 5

Dymuna'r cyhoeddwyr gydnabod cymorth
Adrannau Cyngor Llyfrau Cymru.

Argraffwyd gan
Wasg Gomer, Llandysul, Dyfed

Dymuna'r awdur ddiolch yn arbennig i
Adran Olygyddol Cyngor Llyfrau Cymru a Gwasg Gomer
am eu cyngor a'u diddordeb yn y gyfrol hon.

1: Rhan Un.

'Nefoedd 'r adar! Be gythra'l haru'r diawlia'd gwirion?'

Pa bwrpas oedd yna mewn rhoi arwyddion mawr yn dweud pedwar deg yn neuben y pentre a diawl o neb yn cymryd sylw ohonyn nhw? Roedd y taclau dieithr yn gyrru drwodd heb falio botwm corn amdanon ni drigolion. Yr hen dro gythraul yna wrth y siop oedd y drwg. Roedd y ceir ar fy ngwartha i cyn i mi eu gweld nhw bob gafael. Cerdded o'r siop ar yr ochr bella byddwn i a chroesi gyferbyn â'r tŷ. Roedd y ffordd yn sythach fan honno ac yn ei gwneud hi fymryn yn haws i mi weld fy mherygl.

'Tendiwch 'ch hun, Taid, ne' mi fydd gynnon ni gorff ar 'n dwylo!'

'Be . . . e?'

'Cymrwch bwyll 'newch chi, wir Dduw, ne' mi fydd gynnoch chi dragwyddoldab i ddifaru.'

'Wel y nefi blŵ, dyna be dw i'n dreio'i 'neud, ddyn, taswn i rywfaint haws.'

Sefyll ar sgaffaldiau'r tŷ dros y ffordd roedd o heb wneud osgo i ddod i'm helpu. Fyddai yna byth neb i helpu; dyna oedd y drwg. Fi oedd yr unig un fyddai'n cerdded yn y pen yma o'r pentre, ers i'r hen wraig dros y ffordd fynd i'w hateb. Roedd gan yr hen grimpan ddigon i ateb amdano fo hefyd. Chlywais i erioed air da ganddi hi i neb, ac eto roeddwn i'n gweld ei cholli hi. Roedd ganddi gof rhyfeddol am yr hen ddyddiau ac mi wyddai achau pawb o hil gerdd. Tybed beth ddywedai hi pe gwelai ei hen dŷ heddiw?

'Dyna chi, ylwch. Ewch reit handi rŵan tra ma'r ffor' yn glir.'

'Be gythra'l . . .?' ond baglu mynd wnes i a chael a chael i gyrraedd yr ochr arall yn ddiogel.

'Diolch.'

'Dyna chi.'

Hy! Roedd ganddo fo ddigon o amser i edrych o'i gwmpas. Gweithwyr o'r dre oedden nhw, yn cymryd arnyn eu bod wrthi fel lladd nadroedd. Eu miwsig tragwyddol nhw oedd yn fwrn. Mi fyddai'n dda gen i eu gweld yn cadw noswyl er mwyn cael tipyn o dawelwch. Roedden nhw wedi tynnu'r hen dŷ'n sgerbwd i'w ail-wneud ar gyfer yr athro yna oedd wedi ei brynu. Tybed sut gymdogion wnâi o a'i deulu? Mi fyddai'n dda gen i gael unrhyw fath o gymdogion, o ran hynny.

Bore braf o haf oedd hi a finnau wedi bod draw i'r siop i chwilio am rywbeth at ginio. Paced o gig moch plastig ges i. Doedd cythraul o ddim arall i'w gael yno ar wahân i sothach wedi'i rewi. Amser a fu mi allwn godi fy mhensiwn yno. Nid y byddwn i'n gwneud, chwaith. Roedd yn well gen i ei nôl o'r dre rhag i hen daclau'r pentre gael gwybod gormod o'm busnes i. Bellach roedd y post wedi mynd a finnau heb ddim dewis. A mynd wnawn i hefyd tra gallwn i a dyffeio pob hen drwyn gynigiodd fynd drosta i!

1: Rhan Dau.

Wrth droi'r gornel am y drws mi welwn y defaid yn gorwedd yn dawel yn y cae o flaen y tipyn bwthyn acw. Mi fyddwn i'n treulio oriau'n eu gwylio nes fy mod wedi dod i adnabod eu hwynebau. Nhw oedd yr unig fodau byw welwn i ambell ddiwrnod. Rhyfedd mor rhwydd oedd bywyd iddyn nhw.

Doedd gen i ddim drws na ffenestr yn wynebu'r ffordd fawr a phe bai rhai welwn i ddim byd ond y traffig gythraul yn chwyrnellu heibio ddydd a nos. Perchennog y defaid oedd yr unig un fyddai'n dod heibio i'r lle ar droed, a hynny pan fyddai'r diawl yn rhy ddiog i fynd draw at lidiart y cae. Fedrwn i ddim cofio i mi roi caniatâd iddo ddod i'r cowrt o flaen y tŷ i'w gweld nhw chwaith.

Mi ges gwmni'r radio wrth wneud fy nghinio a chwmni digon difyr oedd hi er bod cerddoriaeth Gymraeg wedi mynd yn hynod debyg i'r hyn roedd y gweithwyr yna'n ei hoffi. Roedd eitha blas ar y cig moch, o beth paced. Trueni i mi anghofio fod yr wyau wedi darfod, ond roedd gen i fara a menyn, diolch i'r drefn. Doedd hi ddim mor dlawd arna i na allwn i fforddio menyn.

Pan oeddwn wrthi'n golchi'r llestri meddyliais i am fynd i drin yr ardd. Roedd dirfawr angen, ac mi fyddai'n braf allan yn yr haul.

1: Rhan Tri.

Rhy fyrbwyll! Dyna fu 'nrwg i erioed. Dygnu arni ormod yn yr ardd a phrin y gallwn i lusgo at y ddôr i ddanfon y botel lefrith y noson honno. Mi bwysais ar y ddôr ar ôl cyrraedd gan edrych i fyny ac i lawr y ffordd. Roedd y machlud yn gadarn a'r tŷ dros y ffordd yn dechrau ymffurfio ar ei newydd wedd. Roedd yn rhaid fod y gweithwyr yna'n gwybod eu gwaith. Duw! Pwy oedd hwn yn cerdded tuag ata i? Na, nid y fo, ond y hi; hogan ieuenga'r pethau 'na o'r tai cownsil a sigarét fawr yn ei cheg, yr hen g'nawes fach iddi hi.

'Sudach chi?'

'Mi dw i'n eitha wir, diolch i ti. A chditha?'

'Iawn ychi. Ma' hi'n braf heno'n tydi?'

'Y . . . ydi. Ydi ma' hi. Y . . . noson braf iawn.'

'Distaw 'di hi'n fan'ma 'te achos dim ond chi dw i 'di weld allan heno 'ma ychi.'

'Wel ia. Digon tawal bydda inna'n 'i gweld hi. Ma' pawb mor brysur ym mhen 'u helynt, wel'di.'

'God ia a do's dim byd yma i bobol ifanc 'n nag o's?'

'Nag o's 'na d'wad? Wel nag o's am wn i. Nid 'mod i'n gwbod be ma' pobol ifanc 'i eisio yn yr oes yma, cofia di.'

'Rhwbath i' neud 'te 'fath â clyb ne' rwbath felly achos do's 'na fflipin dim byd mewn dymp fel hyn.'

'Deud ti. Ac i lle 'r ei di rŵan? I'r pictiwrs?'

'Y! Lle? O . . . y . . . blincin ec naci achos ma' hynny lot rhy ddrud ychi.'

'Ro'n i'n dallt bod petha felly wedi mynd yn ddrud ar y coblyn.'

'Ydyn, a fasa'n rhaid i mi ddŵad 'nôl ar bŷs wyth ychi achos do's dim bŷs ar ôl hynny a God dyna 'di drwg byw'n y fflipin wlad 'te.'

'Wel, ma' 'na amball un sy'n awyddus i ddod yma, wel'di.'

'Be? O ia, tŷ'r hen ddynas 'na. Ia, hen athro Cymraeg bach o'r ysgol 'cw sy wedi'i brynu o ychi a dim ond newydd briodi mae o a ma'r plant yn 'r ysgol yn deud bod o a'i wraig yn byw mewn fflat yn y dre.'

'Duwcs, deud ti. Mi welan newid go fawr pan ddon nhw i'r fan'ma. Yn 'r ysgol rw't ti felly?'

'God ia, wŷrs lýc. Ma' 'na fflipin blwyddyn eto cyn ca i 'madal.'

'O's 'na wir? A be 'nei di wedyn?'

'Wn i ddim. Mi ga i job yn rh'wla ar job criêsiyn ond mi faswn i'n leicio ca'l mynd i ffwr' ychi ond cha i ddim gin y bobol 'cw nes bydda i'n eitîn ond fedran nhw mo fy stopio fi wedyn.'

'Wel ia. Poeni amdanat ti ma'n nhw, ysti.'

'Hy! Eisio i mi ddŵad â phres i mewn ma'n nhw achos bod nhw'n byw ar bres dôl ond ma'n nhw'n fflipin ca'l pres plant amdana i rŵan.'

'Wel, deud ti. Prin 'di pres y dyddia yma, ysti.'

'Mai God, ma'n nhw'n hec o brin pan 'dach chi'n hogan ysgol.'

'Ia. Yr hen athrawon 'na sy'n ca'l y cwbwl fan'no 'ntê.'

'Ma' hwn yn ca'l digon i fildio'r tŷ 'na'n newydd 'n tydi o.'

'Ydi, ond ma' 'na gyfrifoldab mawr arnyn nhw meddan nhw, ysti.'

'O God, wn i ddim achos ma' gynnyn nhw i gyd dai mawr a cheir crand er nad o's gin hwn ddim car erbyn i mi feddwl achos ca'l lifft i'r ysgol mae o beth bynnag.'

'Dim car? A fynta'n athro! Bobol bach!'

'Nag o's ychi ond ma' pawb yn deud bod 'i wraig o'n hec o gyfoethog achos ma' 'i thad hi'n un o big noisys y dre ychi a fflipin ec wn i ddim pam bod nhw eisio dŵad i fyw mewn dymp fel hyn.'

'Falla'u bod nhw'n hoffi'r tawelwch, ysti. Sut un ydi o, d'wad?'

'O dim ond hen beth bach ifanc gwirion ydi o ychi a ma'r plant yn 'r ysgol yn deud 'i fod o 'di bod yn jêl a bob dim.'

'Yn y jêl? A fynta'n athro! Brensiach annw'l!'

'O, dim yn y jêl go iawn ychi dim ond pan o'dd o yn y coleg o'dd hynny meddan nhw 'run fath â ma' sdiwdants yn neud 'te?'

'O, mi wela i. Hefo'r petha iaith 'ma, debyg. Ia, ma' hynny'n wahanol, medda pawb. Wn i ddim pam chwaith.'

'Dw i ddim yn meddwl basa fo'n mynd i jêl ychi achos dydi o'n fawr o beth a do's 'na ddim llawar o siâp ar 'i lesyns o chwaith am bod y plant yn ddrwg 'dach chi'n gweld ond ma'n well i mi fynd rŵan ylwch achos ma' hi jyst yn amsar swpar ag e'lla bydd 'na rwbath i mi watsiad ar y teli wedyn os bydda i'n lwcus.'

'Dyna ti. Nos dawch i ti rŵan.'

A dyna finnau'n troi am y tŷ gan ei bod yn oeri. O'r cowrt o'i flaen mi welwn oleuadau fel myrddiynau o bennau pinnau yn gadwyni a chlystyrau hyd yr arfordir a'r llechweddau tua'r de a'r gogledd. Mi sefais i edrych a myfyrio am funud am y bobl oedd yn byw danyn nhw, cyn mynd i mewn a chloi'r drws. Doedd fawr ddim ar y teledu ac felly mi wnes gwpanaid o goffi ac eistedd o flaen y tân i ddarllen am ryw awr cyn noswylio. Roedd f'aelodau wedi cyffio'n lân ar ôl y prynhawn yn yr ardd.

Dyna sut ddyn oedd fy nghymydog newydd, felly, a finnau wedi gobeithio y byddai athro'n ddyn o sylwedd. Gan y gwirion y ceir y gwir, medden nhw, a doedd dim llawer o rai gwirionach na honna i'w cael. Wrth gwrs, roedd ymddygiad plant yr oes yma mor ddiawledig nes ei bod yn syn fod neb eisiau mynd i ddysgu. Pa fod meidrol allai bwnio synnwyr i bennau llond ystafell o rai fel y bits fach yna?

Be gythraul oedd yn bod arna i? Mi ddaeth yr hogan bach i siarad hefo fi, ac mi ges wybod mwy ganddi nag a gawn i yn y tipyn siop yna. Roedd mwy o nwyddau nag o newyddion fan honno, ac roedd hynny'n ychydig ar y diawl. Y nefoedd, gobeithio nad dod i siarad hefo fi o ran tosturi wnaeth hi! Roedden nhw'n dysgu plant i wneud pethau felly yn yr ysgolion. Wel, os mai dyna'i hamcan hi, mi lwyddodd. Doeddwn i heb dorri gair â'r undyn ers y bore. Efallai ei bod yn tynnu ar ôl ei thad, ac roedd rhywbeth digon nobl yn hwnnw er ei fod o'n gythraul gwirion.

2: Rhan Un.

Mi wnaeth dywydd bendigedig y mis Gorffennaf hwnnw. Un dydd mi estynnais gadair gynfas a'r hen het wellt ar ôl cinio a dyna lle'r oeddwn i'n eistedd fel lòrd yn y cowrt a sŵn y traffig fel su pryfed mewn gwrych. Nid ar fympwy y codwyd y tŷ yma a'i gefn at y ffordd fawr. Roedd yr hen bobol yn gwybod eu pethau.

Dyma fi'n clywed y ddôr yn agor a thraed trwm yn dod am y gornel. Pwy gythraul oedd yno? Doedd bosibl fod y ffermwr drama yna'n dod i olwg ei ddefaid ganol y prynhawn? Rhyw ddyn mewn dillad gwaith ddaeth i'r golwg. Tincer, myn cythraul i! Na, roeddwn i'n ei adnabod o'n iawn! Roeddwn i'n cael sgwrs ag o bron bob dydd. Fo oedd y dyn oddi ar y sgaffaldiau.

''Rarswyd, mi ddychrynsoch fi am funud. Be ga i 'neud i chi?'

'Wel y nefi blŵ, on'd ydi hi'n braf ar amball un yn ca'l diogi ar y slei fel hyn ar ddydd o ha?'

'Ydi ma' hi, ond ma' 'na ddwy ochor i bob stori, coeliwch fi.'

'O's debyg. Gweld 'y nghyfla i ddengyd yma wnes i gan 'n bod ni ar stop dros y ffor'.'

'Duwcs annw'l! Be sy, felly? Gymrwch chi banad?'

'Na, dim rŵan diolch. Do's fawr er pan ges i 'nghinio. Mi ddeuda i wrthach chi pam 'mod i 'di galw. Meddwl basach chi'n hoffi gweld 'ch cymdogion newydd.'

'Bobol annw'l, be ma'n nhw'n 'neud yma? Ddylia athro ddim bod wrth 'i waith, 'dwch?'

'Na. Ma' holides yr ysgolion wedi dechra, ychi. Peidiwch â phoeni, nid chwara triwant mae o.'

'Ond y nefoedd wen, 'dach chi rioed wedi darfod y tŷ 'na, do's bosib? Er 'mod i'n deud wrthaf fi fy hun y bora 'ma 'ch bod chi'n gyrru yn 'ch blaena'n dda gynddeiriog.'

'Darfod! Bobol annw'l nac 'dan. Y nhw sy 'na 'te. Fedar y petha ifanc 'ma ddim aros a disgw'l, a fedran ninna ddim mynd 'mlaen hefo'n gwaith am 'u bod nhw ar 'n ffor' ni.'

'Deudwch chi. Mi wn i'n iawn am y profiad.'

'Do's dim ots. Ylwch, dowch hefo fi draw at y ddôr. Mi gymrwn ni arnon 'n bod ni'n siarad am rwbath.'

'Mi alla i neud gwell esgus. Rhoswch i mi nôl yr hôf o'r cwt.'

'Reit. Mi arhosa i amdanach chi wrth y ddôr, ylwch.'

'Dyna chi . . . a be 'ddyliach chi o'r ystryw yma,' meddwn i gan ddechrau crafu o gwmpas postyn y ddôr. 'Mi fedra i watsiad popath cyhyd ag y mynna i fel hyn, ylwch.'

'Wel gallwch, myn cebyst, heb i neb ama dim.'

Roedd y ddau ifanc yn sefyll yng nghanol y llanast lle bu'r ardd y byddai gan yr hen wraig gymaint o fyd ynglŷn â hi.

'Duwcs, dydi o'n edrach yn ddim byd tebyg i athro, ydi o? Pam na wisgith o fel dyla fo yn rhinwadd 'i swydd?'

'O, ar 'i holides mae o ychi. Ond o ran hynny, fel'na ma'

athrawon yn gwisgo rŵan. Dim rhyfadd nad o's gin y plant 'ma ddim parch atyn nhw.'

'Nag oes myn cythra'l i, os ma' rhyw betha fel'na sy wrth 'u penna nhw. Pam na thorrith o'i wallt, 'dwch?'

'Fel'na ma'r petha ifanc 'ma. Gormod o wallt ne' ddim o gwbwl.'

'Dowch i mi ddeud hyn wrthach chi. Do's ganddo fo ddim rhithyn o ddiddordab yn y tŷ 'na, ond 'drychwch arni hi myn diawl. Ma' hi'n union fel llwynogas.'

'Ydi, yr hen drwyn gythra'l. Rêl merch 'i thad, wir Dduw. Mi wyddoch i bwy ma' hi'n perthyn, 'n gwyddoch?'

'Na wn i, neno'r tad. Pwy 'di hi felly?'

'Ond 'i ferch o, y pwysfawr 'i hun 'te.'

'O Duw, deudwch chi.'

'Dyna chi. 'U mistar nhw i gyd i lawr tua'r dre 'na. Mae o â'i fys ym mhob brywas, a digon tebyg 'i natur 'di hitha, 'ddyliwn i.'

'Mi coelia i chi. Ac ylwch fel ma' hi'n 'i drin o fel ffansi dog ar dennyn. O's ganddo fo mo'i feddwl 'i hun 'dwch?'

'Nag o's, siŵr gin i. Dim lle ma' pres yn y cwestiwn, beth bynnag. Ond ma'n well i mi fynd yn f'ôl ne' ma' hi'n siŵr o gwyno 'mod i ddim wrth 'y ngwaith er na fedra i 'neud dim strôc nes eith hi odd'na.'

'Wel, diolch i chi. Ma'n dda gin i 'mod i 'di ca'l cip arnyn nhw er nad ydw i ddim yn un am fusnesa.'

Hi oedd yn gyrru'r car hefyd fel gwelais i gan fy mod i'n digwydd bod wrth y ddôr pan oedden nhw'n gadael. Roedd yr hogan bach yna yn llygad ei lle. Mater bach fyddai dwyn y trywsus oddi arno fo.

2: Rhan Dau.

Mi fyddwn wrth fy modd yn nôl fy mhensiwn er y byddwn i'n penstannu yng nghanol pobl a thraffig y dre. Y bore Llun hwnnw ddiwedd Gorffennaf roedd hi'n heulog braf, a finnau wedi llwyddo'n hwylus iawn i groesi'r ffordd fawr at y bỳs stop. Roedden nhw wedi gorfod dod oddi ar y bỳs i'm cyrchu cyn heddiw ac un hen gachwr o yrrwr wedi mynd a'm gadael i yno yn fy maw yn ceisio croesi. Dim heddiw. Roedd yna wraig ifanc yn aros am y bỳs a phlentyn bychan ar ei braich. Roedd hi'n llawer rhy brysur gyda hwnnw i sylwi arna i: nid fod hynny'n boen yn y byd i mi.

Roedd digon o le ar y bỳs pan ddaeth o, a digon gwag oedd hi yn y dre hefyd pan gyrhaeddon ni. Roedd yn rhaid fod yr ymwelwyr haf yn dal yn eu gwelyau. Mi es i'r post yn ddidrafferth ond roedd llond y fan honno o bobl ac mi fûm yn aros am hydoedd. Ar ôl cael f'arian es i chwilio am dipyn o gig a llysiau rhag bod yn rhy ddibynnol ar y diffyg dewis yn y siop gartre ac ar fy ffordd mi ddigwyddais daro ar yr hen hogia ar eu cornel yn gwylio'r byd yn carlamu heibio.

'Duw annw'l, 'drychwch pwy sy 'ma hogia!'

'Dew, sut w't ti? 'Di codi o farw'n fyw w't ti?'

'Lle gythra'l ti 'di bod yn cadw? Mi dw i 'di bod yn chwilio amdanat ti yn y golofn farwolaeth.'

'Paid â malu gythra'l 'nei di'r twmpath hurt. Dydi cellwair am beth fel'na ddim yn ddigri, ysti.'

'Duw Duw, paid â bod mor bigog. Be gythra'l 'di'r matar arnat ti?'

'Hei, 'newch chi'ch dau beidio ffraeo? Lle ti 'di bod yn cadw d'wad?'

'Ia'n Duw. 'Dan ni ddim 'di dy weld di ers wsnosa.'

'Roeddan ni ofn dy fod ti 'di priodi ne' rwbath.'

'Priodi, wir Dduw! Mi ddyliach wbod yn well na hynny, hogia.'

'Dylsan. Ro'n i 'di gweld dy golli di'r hen gythra'l.'

'O'dd, mi ro'dd o. Mae o'n 'i cha'l hi'n anodd ar y diawl i ffraeo hefo fo'i hun.'

'Duw annw'l hogia, mi wyddoch yn iawn na fydda i byth yn ffraeo hefo fo. Fo sy'n ffraeo hefo fi.'

'Yli di'r uffar, mi gwasga i di'n sitrws.'

'Hei, peidiwch â dechra eto.'

'Welis i rioed y ffasiwn ddau am godi twrw.'

'Ti'n iawn. Dw i 'di gweld y ddau yn cwffio hefo'u gilydd cyn heddiw am fod ar bawb arall 'u hofn nhw.'

'Do myn diawl. Ond hogia bach, mi fydda i'n gweld 'ch colli chi. Mi dw i 'di 'nghladdu fel twrch daear yn fan'cw. Wn i ddim pam ddiawl yr es i fyw yna rioed.'

'Mi ddeuda i wrthat ti. Rhad o'dd o, 'ntê'r diawl?'

'Yli di'r hen gythra'l . . .'

'Cau dy geg wir Dduw, yn lle chw'thu bygythion.'

'O'dd gin ti ddim teulu yna, d'wad?'

'Teulu, myn cythra'l! Yr unig bryd ma' gin i deulu ydi pan ma'n nhw'n ama 'mod i'n werth pres.'

'Duw, paid â chwyno'r diawl.'

'A rho ditha'r gora i dynnu arno fo.'

'Ia. Dowch, mi awn ni am beint bach.'

'Na wna i, wir Dduw. Ma'n rhaid i mi fynd i siopa a dal y bỳs am adra.'

'Paid â rwdlian, bendith i ti. Ma'r siopa ar agor tan chwech ac mi gei di fỳs arall.'

'Cei, siŵr Dduw. Ty'd yn dy flaen y diawl.'

'Na. Dim heddiw 'ma. Wir i chi.'

Ac am adre'r es i hefyd ar ôl gwneud fy siopa. Roedd cwrw wedi mynd yn beth drud gythreulig a fedrwn i mo'i gario fo tu mewn i mi fel cynt. Roeddwn i wedi sylwi fod yr haul dan gwmwl pan oeddwn i'n siopa, ac erbyn i mi gyrraedd adre roedd yn bwrw'n ddigalon. Mi allwn ddychmygu'r hen hogia'n mwynhau peint hefo'u gilydd, a finnau fel adyn yn y fan'ma'n gwylio'r manlaw'n gyrru ar draws y cae. Roeddwn i'n deall teimladau'r hogan bach yna'n iawn.

2: Rhan Tri.

Roedd y felan yn fy llethu'r noson honno ac er mwyn codi fy nghalon mi benderfynais gael mymryn o sbri drannoeth. Mi awn i lawr at yr hen hogia am beint neu ddau a chael tacsi adre. A dyna wnes i.

Mi ges fy nghinio cyn un ar ddeg a mynd i ddal y bỳs. Hen ddiwrnod llaith, diflas oedd hi, a phan gyrhaeddais roedd y dre'n berwi o bobl, ac acenion dieithr yn llond pob man. Prin y gallwn i wthio drwy'r torfeydd, a phawb i'w gweld yn gyndyn o ildio modfedd. Doedd yr hen griw ddim ar eu cornel; roedd y môr pobl neu'r glaw wedi eu golchi nhw i ffwrdd. Roedd y dafarn dan ei sang ond mi ges beint ar ôl hir ymaros, a dod o hyd i ddau o'r hogia wedi eu gwasgu i gornel.

'Duwcs, lle gythra'l ma'n nhw i gyd heddiw 'ma, hogia?'

'Y nefo'dd fawr, be w't ti'n 'i 'neud i lawr 'ma heddiw eto?'

'Wedi cadw draw ma'n nhw i gyd, ysti.'

'Tewch â deud.'

'Pam na fasat titha 'di dŵad am beint ddoe pan o'dd pawb 'di codi allan?'

'Mi ro'ddan nhw i gyd allan ddoe, ti'n gweld, achos 'i bod hi'n dd'wrnod pensiwn.'

'Ac mi ro'dd y fusutors diawl 'ma i gyd wedi mynd am lan môr achos 'i bod hi'n fora braf, ysti.'

'Duw, fydda i byth yn gweld neb ohonach chi'n codi'ch pensiwn.'

'Na. Dim i'r post mawr byddwn ni'n mynd, was. 'Dan ni'n gallach.'

'Deud ti. Ond mi ro'dd hi'n hen dywydd digon budur i'r fusutors 'ma ar lan môr pnawn ddoe.'

'Oedd wir Dduw, ond do'dd y fusutors ddim yn gwbod hynny yn y bora'n nag oeddan. Dŵad i mewn i'r trefi ma'n nhw 'te, pan ma' hi'n dywydd rhy fudur i fynd i lan môr.'

'Wela i. A dyna pam ma'r dre'n llawn pobol heddiw 'ma.'

'Ia siŵr, ac mi wydda'r hogia sut bydda petha, ti'n dallt. Dyna pam ma'n nhw 'di cadw draw.'

'Fusutors diawl! Ma'r sglyfaethod yn difetha pob dim. O's gin ti le'n fan'na i mi roi 'nghlun i lawr, d'wad?'

'O's Duw. Mi wasgi di i dwll go fychan, rw't ti'n ddigon tena. Dyna sut methon nhw dy saethu di yn rhyfal, 'te.'

'Watsia di dy hun 'ngwas i! Mi fuo fi mewn manna digon poeth, nid yn plicio tatws am chwe blynadd, 'run fath ag amball un.'

'Nunlla mor boeth â'r lle gei di ryw dd'wrnod, myn diawl.'

'Ia wir Dduw, a watsia be ti'n gega. Ro'dd rhaid bwydo'r hogia 'nd oedd, a mi fuo'n rhaid i minna fynd i' chanol hi cyn y diwadd, ysti.'

'Do, mi fuo 'nd do, chwara teg i ti. Meddwl wnes i, 'dach chi'n gweld, baswn i'n dŵad am dro bach heddiw 'ma.'

'Wel mi ddewis'ist ddiawl o dd'wrnod.'

'Cofia di, mi fasan ni wedi trefnu parti i ti, tasan ni'n gwbod.'

'Paid ti â chellwair hefo fi, llanc. Ond ma'n rhaid i mi gydnabod 'mod i 'di'n siomi.'

'Wel fedri di ddim gweld bai ar yr hogia, fedri di. Do's 'na blesar yn y byd yn fan'ma heddiw 'ma, 'n nag oes?'

'Ma' well filwaith gin i hi fel'ma rhagor na fel ma'r lle acw. Do's 'na ddiawl o ddim fan'no ond pawb yn mynd trwodd fel dolur rhydd.'

'Dew! Mi ro'n i'n clwad fod 'na brysurdab mawr dros y ffor' i ti.'

'Oes, ti'n iawn. Ma' 'na. Ail-neud y tŷ mawr 'na ma'n nhw 'ntê. Mi wyddoch amdano fo.'

'Gwn yn iawn. Tŷ'r hen bits o hen ddynas 'na.'

'Duw annw'l, do'dd hi ddim cynddrwg â hynny pan o'dd hi. Ro'dd hi'n eitha cymdogas, ychi.'

'Wel y nefoedd wen! Chlywis i rioed mo'nat ti â gair da iddi hi pan o'dd hi'n fyw.'

'A mi ro'ddat ti'n iawn am unwaith. Do'dd dda gin inna mo'r hen sguthan hyll chwaith.'

'O'dd, ro'dd gofyn i ti watsiad os na châi hi'i ffor' 'i hun.'

'Duw annw'l, peidiwch â bod mor gas 'ch dau.'

'Aros di 'ngwas i. Wyddost ti ddim byd amdani hi. Gwatsia di nes ceith dy gymdogas newydd 'i chrafanga ynddat ti.'

'Mi glywis i amdani hi. Hogan y peth pwysfawr 'na 'ntê? Rhwbath grand ar y diawl 'nôl fel ro'n i'n dallt.'

'Crand, myn diawl! Rêl down 'i thad. Pry godith odd' ar gachu hedith ucha. Er iddo fo ga'l uffar o sioc, ysti, pan benderfynodd hi briodi'r athro 'na. Ro'dd o ffansi gwell bachiad i'w hogan bach.'

'O'dd myn diawl, a do'dd 'i bolitics o ddim at ddant yr hen ddyn chwaith.'

'Nag oeddan, myn diawl. Mi fuo 'na gythra'l o dwrw 'nôl pob sôn.'

'Ffact i ti. A dw't ti ddim 'di deud yn iawn wrthan ni pam bod chdi i lawr 'ma heddiw, a chditha 'di mynnu mynd am adra ddoe.'

'Gwirion o'n i 'ntê, a wedyn dyma fi'n meddwl baswn i'n picio i lawr 'ma heddiw am beint ne' ddau, a cha'l tacsi adra. Be oeddat ti'n 'i ddeud am yr hogan 'na?'

'Uffar, mi wyddwn i dy fod ti'n gefnog, ond tacsi myn cythra'l!'

'Paid â sôn, wir Dduw. Y bŷs 'na sy'n cymryd 'i amsar 'te, ac mi fydda i eisio piso 'mhell cyn i mi gyrra'dd adra bob gafa'l.'

'O mi wela i. A wa'th i ti wario tipyn o'r arian 'na wnest ti 'stalwm ddim. Do's 'na ddim pocedi mewn amdo, ysti.'

'Duw annw'l, paid â chyboli, bendith i ti. Ac ylwch 'ch dau, 'dach chi am ddeud wrtha i am 'y nghymdogas newydd, ne' tydach chi ddim?'

'Wel duwcs, wn i ddim llawar amdani hi, i ti fod yn dallt.'

'Gwranda arno fo! Wrth gwrs 'i fod o'n gwbod. Ma' pawb yn y lle 'ma'n gwbod. Do'dd 'na gythra'l o ddim yn 'i phen hi pan o'dd hi yn 'r ysgol, meddan nhw. Dyna pam cafodd hi 'i gyrru i ffwr' i ryw ysgol bwysig i ga'l 'i haddysg.'

'Ia hogia, mi glywis inna fod yr ysgolion crand 'ma'n gneud gwyrthia hefo plant felly.'

'A mi fuo hi mewn rhyw siort o goleg wedyn.'

'Do. Colag go ryfadd, yn ôl fel dw i'n dallt. Ma' hi'n anodd ca'l gafa'l ar y stori honno'n iawn.'

'Ydi ma' hi. Pan o'dd hi fan'no trawodd hi arno fo ma'n siŵr gin i ond wn i ddim sut, achos yn y brifysgol ro'dd o 'nôl pob sôn.'

'Ia'n Duw. Un o'r petha iaith twrw mawr 'ma ydi o, ysti. Ma'n debyg 'i bod hi 'di gwirioni arno fo'n gneud dryga a mynd o flaen 'i well a phetha felly.'

'Wn i ddim am hynny, ond mi ddychrynodd yr hen ddyn am 'i fywyd pan ddalltodd o sut ro'dd y gwynt yn chwythu, 'nôl yr hanas. Ofn gweld 'i bres i gyd yn mynd ar yr iaith, ma'n siŵr gin i.'

'Ia'n Duw. Os o'dd hi wedi gwirioni ar 'i gampa fo, enw arall o'dd gin yr hen foi amdanyn nhw.'

'Duw annw'l, ia dw i'n siŵr. Ella bydd 'na hwyl draw 'cw hogia.'

'Gwatsia di dy hun, wasi, rhag ofn i betha fynd dros ben llestri.'

''R Arglwydd, rêl hogan 'te. Mynnu mynd yn hollol groes i'w thad.'

'Ia, myn diawl. Ti'n iawn fan'na. Ma'n nhw'n deud 'i fod o wedi gneud 'i ora i ladd y garwria'th, a'r mwya'n y byd ro'dd o'n 'i wrth'nebu, styfnica'n y byd ro'dd hitha'n mynd, wrth gwrs.'

'Biti drosto fo, ysti, er cymint o gythra'l ydi o, a fynta wedi colli'i wraig hefyd, ddim llawar cynt.'

'Piti dros yr uffar, myn diawl! Yli be wna'th y cythra'l di-egwyddor wedyn.'

'Duw annw'l hogia, be wna'th o?'

'Mi drefnodd y diawl bod yr hogyn 'na'n ca'l lle i ddysgu yn ysgol y dre 'ma er bod na rai llawar c'mwysach nag o eisio'r gwaith.'

'W't ti'n gwbod hynny, 'ta dim ond deud rw't ti?'

'Yli di'r diawl, chdi sy 'di bod yn pwyso arnan ni i ddeud wrthat ti amdanyn nhw, a phan dw i'n gneud hynny ora galla i dyma titha'n bwrw amheuon.'

'Duw mawr, olreit. Ma'n ddrwg gin i. Ewch yn 'ch blaena'ch dau.'

'Do's 'na fawr ddim byd arall i' ddeud, ysti.'

'O's ma' 'na. Ro'dd 'na gryn siarad a rhyfeddu pan bryn'son nhw'r tŷ 'na yn d'ymyl di fan'na.'

'O Duw, ro'n i 'di anghofio am hynny. Do'dd neb yn dallt be o'dd 'u hamcan nhw'n gneud hynna.'

'Wedi meddwl ro'dd pawb, ti'n gweld, basa fo'n prynu tŷ newydd sbon iddyn nhw ar un o'r stada 'na sy ar gyrion y dre 'ma.'

'Ond ma'n nhw 'di gwario pres yn gythreulig ar y tŷ, ychi hogia.'

'Ia, ond methu dallt ma' pawb be wneith hi mewn pentra bach.'

‘Wrth ’i bod hi ’di arfar swancio o gwmpas y dre ’ma, ti’n dallt. Pwy sy ’na’n y fan’cw i sylwi arni hi?’

‘Fi.’

‘Ia, myn diawl, ac amball ddafad a buwch.’

‘Ac mi geith hi gythra’l o draffarth i ddeud p’run ’di p’run.’

‘Yli di’r cythra’l . . .’

Roeddwn i’n dlotach o dipyn pan gyrhaeddais i adre, ond wedi cael prynhawn bach difyr dros ben. Mi wnes gwpanaid o goffi i dorri fy syched. Drwg yfed cwrw oedd ei fod o’n gwneud rhywun yn sychedig ac yn llawn gwynt, nes cadw’r ddau ben ar waith.

3: Rhan Un.

Ymhen wythnos neu ddwy roedden nhw wedi gorffen y tu allan i’r tŷ yna, a finnau’n gweld colli’r gweithwyr. Roedd rhywrai’n dal wrthi tu mewn a faniau’n cario rhyw geriach yno rŵan ac yn y man. Yr hyn a’m synnodd i fwyaf oedd gweld dynion yn dod i wneud gardd iddyn nhw. Y nefoedd fawr! Saeson swnllyd oedden nhw a thorrais i’r un gair â nhw. Doeddwn i ddim yn meddwl llawer o’u gwaith nhw chwaith.

Wedi mynd i’r afael â’r tyfiant oedd yn ymwthio rhwng cerrig y llwybr ger y ddôr roeddwn i un prynhawn. Roedd hi’n amhosibl defnyddio’r hôf i’w gael oddi yno, a dyna lle’r oeddwn i yn fy nghwrcwd yn ceisio’i dynnu â’m bysedd. Roedd fy meingefn yn dechrau brifo a finnau’n chwyrnu rhyngof a fi fy hun.

‘Helô! Sut ry’ch chi?’

‘Be gythra’l . . .’

Mi ddaeth rhyw benysgafndod drosta i wrth i mi geisio sythu’n rhy sydyn, a bu ond y dim i mi fynd ar fy mhen i’r wal. Dyna lle’r oedd o’n edrych arna i dros y ddôr.

‘Hei, gan bwyll. Roeddech chi bron â chwympo fan’na nawr.’

‘Chlywis i mo sŵn ’ch troed chi, ’dach chi’n gweld, ac mi dda’th ’na ryw natur pendro drosta i am funud. Sut rydach chi?’

‘O, rwy’n eitha da, diolch. Y’ch chi’n iawn nawr?’

‘Ydw i nen’ tad. Peidiwch â phoeni.’

'Da iawn. Meddwl byddwn i'n dod i'm cyflwyno fy hun roeddwn i. Fi, wel a'r wraig wrth gwrs, fydd yn dod i fyw dros y ffordd i chi. Ry'n ni'n gobeithio symud i mewn ddiwedd yr wythnos hyn.'

'Ydach chi rŵan? Da iawn.'

'Ydyn. Fe weles i chi fan hyn a meddwl y byddai hi'n well i fi geisio dod i adnabod fy nghymdogion.'

'Wel ia, debyg. Byw fy hunan rydw i, a fi 'di'r unig gymydog agos fydd gynnoch chi.'

'Ie, rwy'n gweld hynny. Does dim llawer yn byw y pen hyn i'r pentre, oes 'na.'

'Do's 'na gythra'l o neb . . . y . . . maddeuwch y gair mawr. Mi ro'dd yr hen wraig o'dd yna o'ch blaen chi yn gymdogas nobl iawn. O'dd wir.'

'Oedd hi nawr. Chlywes i ddim byd amdani hi, ond roedden nhw'n dweud yn yr ysgol eich bod chi'n gryn gymeriad.'

'Gythra'l! 'Mod i'n be?'

'O, peidiwch â gofidio, doedden nhw'n golygu dim byd drwg.'

'Mi faswn i'n meddwl wir. A phwy sy'n deud y ffasiwn beth, a 'mod i mor hy â gofyn?'

'Meddwl roeddwn i tybed fyddech chi'n hoffi dod draw i weld y tŷ hyn cyn bod ni'n symud i mewn iddo fe.'

'Duwcs, baswn, diolch yn fawr i chi. Ma' gin i ddiddordab wedi bod rioed yn mhetha fy nghyd-ddynion er bod gin i ddigon o ras i beidio'u chwennych nhw. Rhoswch tra bydda i'n golchi 'nwylo a chloi'r drws.'

'A ry'ch chi'n gapelwr felly,' meddai, wrth i ni groesi'r ffordd.

'Capelwr! 'R Arglwydd mawr, nag dw i. Lle cawsoch chi'r argraff honno?'

'Eich clywed chi'n dyfynnu adnod gynne fach.'

'Duw, oeddwn i 'dwch? Na, dydw i ddim wedi t'wllu llan na chapal ers blynyddo'dd meithion, a go brin y gall neb fynd i le o addoliad fan'ma bellach 'blaw fod gynnyn nhw gar.'

'Ie, ma' cymaint o bethe wedi cau, on'd oes? Dyna beth yw'r drafferth yng nghefn gwlad nawr.'

'Do's 'na gythra'l o ddim ar ôl yn fan'ma, beth bynnag. Y peth mwya buddiol yma ydi'r bŷs stop.'

'Ma' hi mor ddrwg â hynny, yw hi? Wel, dyma ni. Dewch i mewn. Aros i'r gegin gyrraedd ry'n ni, ond ma' popeth yn barod oni bai am hynny.'

'Y gegin yn cyrra'dd! Be 'dach chi'n feddwl?'

'Jiw, peidiwch camddeall nawr. Aros am y cypyrdde a'r offer coginio a phethe felly ry'n ni.'

'O, mi wela i. Wel, dw i'n meddwl 'mod i, beth bynnag.'

'Ie, a nawr dewch i fi gael dangos y tŷ i chi.'

Diolch nad oeddwn i'n chwennych yr hyn nad oedd gen i. Roedd y ffenestri mawr wedi goleuo'r tŷ yn arw, er y gallai'r hen wraig fod wedi gollwng tipyn o olau dydd i mewn drwy garthu'i holl blanhigion a'i geriach gwirion o'r ffenestri. Doedd yno ddim o'i hôl hi, a hithau'n arfer bod mor falch o'i thŷ mawr. Ystafelloedd hwylus oedd yno bellach a phob dim yn newydd, hyd yn oed y grisiau. Roedd carpedi tewion, lliwgar ar y llawr yn sirioli'r lle.

'Diolch yn fawr i chi,' meddwn i wrth ymadael, 'ma'n dda gin i 'mod i 'di ca'l gweld y lle o flaen pawb.'

'Diolch i chi am ddod. Fe fydd yn rhaid i chi ddod i gwrdd â'r wraig. Rwy'n siŵr bydd hi eisie cwrdd â chi.'

A finnau'n troi i wynebu peryglon y ffordd fawr. Mi fyddai'r ymwelwyr haf wedi mynd adre ymhen wythnos neu bythefnos a'r lle gymaint â hynny'n ddiogelach, diolch i'r nefoedd. Chwarae teg iddo fo am ddangos y tŷ i mi, ac am ddod i'm gweld i. Roedd o'n fwy dyn hefyd na'r llipryn main feddyliais i oedd o ar y cynta. Pe bai o'n torri'i wallt . . . Ond dyna fo, nid fel yna roedd yr ifanc yn ei gweld hi.

Pwy fu'n adrodd amdana i wrtho fo? Ddywedodd o ddim. Cymeriad, myn diawl! Beth oedd ystyr hynny? Hy! Fy mod i'n siarad gormod, debyg. Ond y negro wen, doedd ganddyn nhw ddim gwell i'w wneud tua'r ysgol yna na thrafod pobl? Dim rhyfedd fod cymaint o gwyno am safonau addysg.

3: Rhan Dau.

Ben bore Gwener yr wythnos honno mi gurodd rhywun y drws mor ddidrugaredd nes fy nghodi o'm gwely a finnau'n baglu am y drws gan geisio cau fy nhrywsus.

''R Arglwydd mawr, ddyn glân, o's 'na dân yn rhwla?'

'Hen bryd i chi godi 'n tydi. Diogi 'di peth fel hyn.'

'Yli di llanc, pan o'n i'n dy oed di . . .'

'Ia, ia, ia, la la la, yr un hen g'lwydda.'

'Be ddeud'ist ti? Wyddost ti mo dy eni, 'machgan i.'

'Ylwch, os na fedrwch chi godi i dalu am 'ch llefrith . . .'

'Wel diawl, tasat ti'n curo'n iawn bob wythnos yn lle gada'l i mi redag bil.'

'Hei, howld on! 'Dach chi'n fy nhafodi i am 'ch codi chi ac am beidio â'ch codi chi rŵan.'

'Olreit, olreit, ty'd i mewn i mi ga'l chwilio am bres i ti. Faint sy arna i, d'wad?'

'Pump wsnos.'

''R Arglwydd mawr!'

'Ia. Gweld 'ch bil chi'n mynd yn fawr ro'n i, a meddwl basa'n well i mi ga'l gafa'l ynoch chi cyn iddo fo fynd yn ddim mwy.'

'Dyna ti, ond treia alw bob wsnos o hyn 'mlaen, wnei di.'

'Mi wna i 'ngora. F'amsar i sy'n brin, 'dach chi'n gweld, pan dw i'n gorfod curo drysa, a wedyn ma' pobol yn cwyno am fod 'u llefrith nhw'n hwyr.'

'Deud ti. Dyma dy bres di, yli, i'r geiniog. Mi fydd yn rhaid i mi ddysgu yfad llai, myn cythra'l i.'

'Tasach chi'n sticio at yfad llefrith mi fasa'n lot rhatach i chi.'

'B . . . be? Pwy ddeudodd hynny wrthat ti? Gwatsia di dy hun, 'machgan i, rhag ofn i mi roi cweir i ti.'

'Hei, mygio fasa peth felly a finna â'r holl bres llefrith yma gin i. O ddifri rŵan, ydach chi'n siŵr medrwch chi fforddio talu'r cwbwl lot? Mi fedra i aros tan 'r wsnos nesa am 'i hannar o, os leiciwch chi.'

'Na, diolch yn fawr i ti. Waeth i mi dalu rŵan achos talu fydd rhaid, hwyr ne' hwyrach.'

'Wel, os 'dach chi'n siŵr. Fynnwn i mo'ch tlodi chi am y wîc-end.'

'Duw annw'l, paid â phoeni. Fydda i'n gneud cythra'l o ddim ar y Sadwrn a'r Sul, ysti.'

'Dyna chi 'ta. Hei, mi gewch 'u gwatsiad nhw'n symud i mewn dros y ffor' y wîc-end yma.'

'Sut gwyddost ti?'

'Mi ges i lythyr gynni hi, lêdi mỳc, yn f'ordro i ada'l llefrith yno o fory 'mlaen. Mi faswn i'n anwybyddu'r hen bits bach taswn i'n gallu fforddio gneud.'

'Duw Duw, pres ydi pres, 'ngwas annw'l i. Waeth i ti pwy sy'n talu i ti, dim ond i ti ga'l dy bres.'

'Ia, ond gwatsiwch chi'ch bod chi'n bihafio ar ôl iddi hi gyrra'dd. Ma'i thad hi'n ddyn pwysig gythreulig tua'r dre 'na, ychi.'

'Felly ro'n i'n dallt wir.'

'Ia. Mae o'n meddwl ma' fo pia pawb a phopath, a chwanag o'r un peth ydi hon.'

'Wel, dydi arian yn boen yn y byd iddi hi, 'n ôl fel ma'n nhw wedi gwario ar y tŷ yna.'

'Ma'r peth yn g'wilydd 'n tydi, a phobol yn llwgu yn y byd 'ma. Pres 'i thad ydyn nhw, siŵr Dduw. Mae o'n ofalus iawn o'i hogan bach, fo a'r hen ddynas 'i wraig pan o'dd hi.'

Prin roeddwn i wedi gorffen fy nghinio drannoeth na chlywais i rywbeth trwm yn chwyrnu ar y ffordd tu allan, ac i'r ardd â fi heb glirio'r bwrdd i wastrodi tipyn ar y tyfiant ym môn y gwrych. Dyna lle'r oedd y lorri ddodrefn yma a'i thin at giât y tŷ dros y ffordd. Roedd pedwar dyn yn cario ohoni, a chario buon nhw am gryn amser. Mi adawson yn y diwedd a thawel fu hi wedyn. Mi flinais innau ddisgwyl a mynd i gael fy nhe. Pan es yn ôl i'r ardd roedd car ar y pwt dreif o flaen eu garais newydd nhw, a chyn hir mi ddaeth o i'r drws a sefyll yno gan edrych o'i gwmpas. Dyma finnau'n mynd o'r ardd ac am y ddôr gynted ag y medrwn i, ond fel roeddwn i'n cyrraedd mi drodd ar ei sawdl a diflannu i'r tŷ. Be gythraul? Doedd bosibl mai fy ngweld i wnaeth o? Ond pan edrychais i allan dros y ddôr be welwn i ond yr hogan bach yna'n pwyso'n ddigywilydd ar y wal draw gyferbyn â'r siop, a sigarét fawr yn ei cheg hi.

3: Rhan Tri.

Synnu roeddwn i na fuasai o wedi mynd ati hi a dweud y drefn yn iawn wrthi hi. Dyna beth fyddai wedi digwydd yn f'amser i. Neu waeth. Ond wnaeth o ddim byd. Dim rhyfedd fod ganddi hi cyn lleied o barch ato fo.

Ac eto, mi ces i o'n hogyn clên iawn. Mi fyddwn i'n ei weld o'n aml yn y bore os byddwn i wedi bod draw i'r siop. Dal ar wyliau hir yr athrawon roedd o, ac mi fyddai'n gweithio yn yr ardd bob bore braf er mai ychydig ar y diawl o'i ôl o fyddai yno wedyn. Efallai fod bai arna innau am ei gadw o'n siarad.

Gwahanol iawn roeddwn i'n ei gweld hi. Mi fagiodd y car allan o'r dreif un bore Llun pan oeddwn i'n aros am y bỳs, a mynd heibio i mi fel pe bawn i'n docyn o faw ar fin y ffordd. Efallai ei bod hi'n hwyr at ei gwaith, a heb sylweddoli pwy oeddwn i. Tybed pwy fyddai'n cael y car yna pan ddechreuai'r ysgolion?

Roeddwn i ofn am fy mywyd iddo fy ngwahodd yno i'w chyfarfod hi. Doedd gen i ddim byd i'w ddweud wrth yr hen ast fach ffroenuchel. Mi fyddai rhyw bobl grand yn mynd yno aml i noson, ac mi fyddwn i'n eu clywed nhw'n ffarwelio gan glepian drysau a chychwyn eu ceir gefn trymedd nos. Gadael eu ceir ar y ffordd fawr y bydden nhw, ac nid unwaith na dwywaith y clywais i sgrech olwynion wrth i ryw lembo ddiawl yrru fel y cythraul heibio i'r tro a gweld ei berygl ar y funud olaf. Aros am gythraul o glec ryw noson roeddwn i.

4: Rhan Un.

Y diwrnod yr ailddechreuodd yr ysgolion roeddwn i wedi digwydd mynd i nôl y botel lefrith y peth cynta. Ar y dreif roedd y car a phan edrychais i lawr y ffordd dyna lle'r oedd o yng nghanol y plant yn aros am y bỳs. Nid yn eu canol nhw'n hollol chwaith gan fod y plant wedi hel at ei gilydd, fel defaid wedi gweld ci yn y cae.

Mi godais fy llaw arno fo ond wn i ddim welodd o fi ai peidio gan i'r bỳs gyrraedd yr eiliad honno a'u cuddio o'm golwg i. Methu deall pam nad ailgychwynnai o roeddwn i nes i mi weld yr hogan bach yna'n rhedeg amdano fo a sigarét yn ei cheg. Wel y nefoedd wen! Y bits fach wirion! Roedd hi'n siŵr o gael ei dal a fedrwn i wneud yr un dim i'w rhybuddio hi.

Roedd amryw o'r plant yn codi llaw arna i wrth i'r bŷs fynd heibio. Wedi iddo fo fynd y sylweddolais ei bod hi'n sefyll wrth y car yn fy ngwylio i.

''I weld o fel ofyrgrôn sgŵlboi yng nghanol y cids roeddach chi?'

'Y . . . ia . . . ia, m'wn. 'I gweld hi fel dechra dydd gwaith bydda i pan fydd y bŷs ysgol yn mynd, a diwadd y dydd pan ddaw o yn 'i ôl.'

'Ma' hynny'n un ffor' o rigardio'r peth, ma'n siŵr. Ma' 'na lot i' ddeud dros oria gwaith athrawon.'

'Oes. Oes ma'n siŵr gin i. Ma'n nhw'n oria hwylus, 'n tydyn nhw?'

'Ydyn, ond ma' 'na lot o waith ecsdra ar ôl yr ysgol, cofiwch. Ma' o'n waith digon stresffwl. Mi fydd y gŵr 'ma'n egsôsded amball noson rhwng marcio a pharatoi a phopath 'te.'

'Ia. Ia, ma'n siŵr. Ma'n nhw'n deud bod gin yr athrawon 'ma gowlad go fawr o waith y dyddia yma.'

'O's wir, ma' 'na. Wel, ma'n well i mi fynd, ne' hwyr fydda i eto.'

Beth ddiawl oedd ei gwaith hi? Dyna un peth oedd yn fy mhoeni. Y llall oedd ei gwylio hi'n bagio'r car i ddannedd y traffig. Mi fyddai'n llawer diogelach iddi ei fagio i mewn i'r dreif fin nos. Merched, myn cythraul! Dyna fo, roedd pawb yn dweud nad oedd yna fawr yn ei phen hi. Efallai hynny, ond roedd ganddi swydd dda drybeilig os oedd hi'n mynd at ei gwaith wedi ei gwisgo fel yna. Mi fu'n ddigon clên hefo mi hefyd, chwarae teg iddi hi. O wel, dyna ddechrau diwrnod arall a finnau'n setlo i fwynhau'r tawelwch. Mi fyddai'n hwyr brynhawn cyn dôi pawb yn ôl.

4: Rhan Dau.

'Pam na rowch chi gynnig ar y bysedd pysgod 'na? Ma' 'na flas da arnyn nhw.'

'Yy?'

'Ia, mi faswn i'n 'u treio nhw taswn i'n chi.'

'Mi fydd yn rhaid i mi, ma' gin i ofn, gan 'ch bod chi heb ddim o'r pacedi bêcn 'na heddiw 'ma. Er, cofiwch chi, mi dw i 'di bwyta cymint o'r rheiny nes 'mod i wedi mynd i edrach fel mochyn.'

'Ma' hynny'n wir.'

'Be ddeudsoch chi?'

'Anodd ydi hi i ni gadw stoc fawr 'te, hefo'r tyrn-ôfar sy'n fan'ma, ychi. 'N dydi pawb yn mynd i'r archfarchnado'dd i 'neud 'u siopa.'

'Welwch chi fai arnyn nhw? Ma' 'na ddigon o ddewis yn y fan honno, a phrisia call.'

''Dan ni'n gneud 'n gora hefo'r 'chydig o fusnas sy yn y lle 'ma, a do's gin i mo'r help bod y dilifyri'n hwyr yr wsnos yma.'

'Wel, os 'dach chi'n deud. Ylwch, mi cymera i nhw, ga'l i mi ga'l gweld sut betha ydyn nhw.'

'Dyna chi. Cofiwch chi gadw'r rhai 'dach chi ddim am 'u hiwsio heddiw yn ffrîsyr bocs y ffrij, ne' mi fyddan wedi difetha. Punt dau ddeg dau, os gwelwch chi'n dda.'

''R Arglwydd mawr, ma'n nhw'n gythgam o ddrud o betha mor fychan.'

'Drud ma' popath wedi mynd, yntê, ond ma'n nhw'n llawn maeth, ychi.'

'Gobeithio, wir Dduw. Mi ddylsan fod â'u llond nhw o aur am rotsiwn bris, ond hidiwch befo, mi wnân nhw dipyn o newid o'r blydi bêcn.'

'O dowch rŵan! Ma'r bêcn y brand gora, ychi.'

'Tasan nhw'n peidio'i dorri fo hefo rasal 'te. Mi alla i roi dwy sgleisan ar gefna'i gilydd a gweld gola dydd drwyddyn nhw.'

'Os 'dach chi'n deud. Mwynhewch 'ch cinio.'

'Ia. Mi ga i weld am hynny. Da bo chi.'

Hen gythraul trwynsur fu hwnna byth er pan ddaeth o yma gynta. Dim ots. Roedd yn fore heulog a'r mynydd yn dangos lliwiau ei hydref cynnar. Piti ei fod o yn yr ysgol, a finnau wedi dod i arfer cael sgwrs hefo fo yn y bore. Mi sefais o flaen eu tŷ nhw i weld fy nghyfle i groesi.

'Helô. Sut rydach chi'r bora 'ma?'

'Nefoedd 'r adar! O . . . y chi sy 'na. Nefi blŵ, mi roesoch gythra'l o fraw i mi am funud.'

'O, sori. Do'n i ddim yn intendio gneud.'

'Duwcs, peidiwch â phryderu dim. Fi o'dd yn hel meddylia heb freuddwydio am funud bod 'na neb o gwmpas. Sâl 'dach chi?'

Rhyw amau fod hen broblem cyplau newydd briodi wedi ei goddiweddyd hi roeddwn i. Dyna lle'r oedd hi'n sefyll yn yr ardd a rhyw fenig mawr gwyrdd am ei dwylo a'r rheiny'n bridd drostyn.

'Naci wir. Ma' gin inna hawl i ga'l brêc bach, ychi. Ddowch chi i mewn am goffi?'

'Na . . . y . . . dof . . . wel . . . wel y draffarth ydi bod y petha pysgod 'ma gin i, ylwch, ac 'n ôl be o'dd hwnna yn y siop yn 'i ddeud, mi fyddan wedi toddi'n ddŵr os na chadwa i nhw.'

'Twt lol, mi popia i nhw yn y ffrîsyr. Cym on rŵan. 'Dach chi ddim yn brysur, ydach chi?'

'Nag 'dw'n tad. Dim os nad ydi mynd i wrando ar y radio yn golygu bod yn brysur.'

'Dyna chi. Ma' hi'n hen bryd i ni ga'l tshat bach, 'n tydi hi? Dowch y ffor' yma, ylwch.'

'O'r gora,' meddwn i, a'i dilyn hi at ddrws yr ochr.

'Dowch i mewn. Ylwch, dowch â'r ffish ffingyrs 'na i mi. Mi gân nhw fod yn y ffrîsyr tra byddwn ni'n ca'l coffi. Steddwch lle bynnag gwelwch chi sbês.'

Wn i ddim beth roedd hi'n ei gyboli. Roedd mwy na digon o le i eistedd yno. Roedd llond y gegin o ddodrefn pin golau a chlustogau coch ar rai o'r cadeiriau. Roedd silff ddu yn rhedeg hanner y ffordd o gwmpas yr ystafell. O dan, ac uwchben honno, roedd yna rewgell a stof neu ddwy, a chypyrddau o bob math, a'r nefoedd a wyddai beth arall. Welais i mo'r fath grandrwydd yn fy mywyd.

'Hon oedd y gegin roeddach chi'n aros amdani hi'r tro dwytha i mi fod yma?'

'Ia, dyna chi. Ydach chi'n 'i leicio hi?'

'Del iawn wir, er bod y cwbwl yn ddiarth iawn i mi, cofiwch.'

'Ia. Mi gaethon ni jób ca'l cegin i fatshio pîriyd y tŷ.'

'Deudwch chi. Ma' hi'n wahanol iawn i'r lle bach 'cw 'sgin i, beth bynnag. Nefoedd fawr!'

Sgrech annisgwyl y malwr coffi a'm dychrynodd i, ond chlywodd hi mohono i'n rhegi. Gobeithio, beth bynnag. Mi lenwodd y lle â'r arogl mwya bendigedig. Mi gwyliais hi'n rhoi'r coffi mewn jŵg gwydr, arllwys dŵr berwedig arno fo, a gosod y caead rhyfedda ar hwnnw.

'Rydw i'n ffond iawn o goffi ffres, ychi.'

'Welis i ddim coffi'n ca'l 'i falu ers blynyddo'dd, er bydda hynny'n gyffredin mewn siopa grosar erstalwm. Wyddwn i ddim bod coffi fel'na i'w ga'l o hyd.'

'O, ma'n nhw'n gwerthu'r bîns mewn un ne' ddwy o siopa, dim ond i chi wbod amdanyn nhw, 'te. Yn y delicytesyn bydda i'n 'i brynu o. Ma' gynnyn nhw fwy o selecsiyn yn y fan'na, ac mi wnân nhw'i greindio fo i chi hefyd os gofynnwch chi iddyn nhw.'

'Tewch â deud! Pa siop 'di honno? Yr un grand 'na ar y stryd fawr?'

'Dyna chi. Mi fedrach 'i disgreibio hi felly. Be 'dach chi'n 'i gymryd yn 'ch coffi?'

'Dim byd, diolch yn fawr i chi, gan 'ch bod chi 'di trafferthu i 'neud coffi go iawn. Mi yfa i o fel mae o.'

'O! 'Dach chi'n dipyn o gonisŷr felly?'

'Wel, do'dd coffi ddim yn beth mor ddiarth yng nghefn gwlad amsar a fu, fel ro'n i'n deud.'

'Riyli. A sôn am gefn gwlad, mi rydw i'n reit disypointyd, ychi. Ma' hi'n anodd iawn micsio yma. Dydi o ddim byd tebyg i be o'n i'n 'i ddisgw'l i bentra yn y wlad fod.'

'Cofiwch chi, mi 'dach chi'r mymryn lleia tu allan i'r pentra yn y fan'ma. 'Chydig o bobol sy'n dŵad draw ffor' hyn. A ma'r wlad wedi newid yn ddiawledig i'r fel bydda petha hefyd.'

'Ydi hi?'

'Duwcs annw'l ydi. Gweld pawb am feindio'u busnas 'u huna'n bydda i rŵan. Beiwch yr oes, os leiciwch chi, ne'r teledu. Wn i ddim wir, ond ma' pawb ar ryw dragwyddol frys. Eithriad ydi i mi ga'l sgwrs hefo neb bellach.'

'Ia, ma'n siŵr. Ro'n i'n synnu at y siop. Meddwl ma' hi fydda hŷb y pentra ro'n i, ond ma' mwy o groeso i'w ga'l yn rhai o siopa'r dre.'

'Oes, ma'n siŵr bod 'na. Ond rhyw betha rhyfadd ar y diawl ydi'r rhain sy'n cadw'r siop 'ma, cofiwch chi, a 'chydig ar y naw sy gynnyn nhw i'w werthu yna hefyd.'

'Egasgtli. Mi ro'n i'n disypointyd iawn yna.'

'Ia, mi fydda 'na weithgaredda yn y lle 'ma gefn gaea erstalwm, ac mi welach chi bobol o gwmpas yn yr ha, ond dim rhagor. Mi ro'dd hi'n gollad fawr pan gaeodd y capal: nid byddwn i'n t'wllu'r lle fy hun, cofiwch. Ro'dd o'n lle i bobol gwarfod ac mi fydda petha'n cychwyn yno. Ro'dd yr ysgol wedi cau flynyddo'dd ynghynt, ymhell cyn i mi ddŵad yma.'

'O! Nid un o'r locyls ydach chi felly?'

'Naci'n tad. Rydw i wedi byw ar hyd ac ar led yr ardalo'dd 'ma, ac ymhellach na hynny hefyd, yn f'amsar 'te.'

'O, mi rydach chi wedi bod yn yr un sitiwêsiyn â ninna felly.'

'Mewn ffor'. Ro'dd hi'n haws cartrefu'r amsar hwnnw rywsut. Ro'dd 'na lai o ddefnyddio ceir, a mwy o gyfla i weld pobol o ganlyniad. Gweld pawb yn mynd odd'ma bydda i rŵan.'

'Ia 'ntê. Do's 'na dim leiff yma o's 'na?'

'Nag oes, dim tafarn hyn 'n oed. 'I gweld hi'n biti dros y bobol ifanc 'ma bydda i. Do's 'na gythra'l o ddim iddyn nhw yma.'

'Ro'dd y gŵr 'ma, a dau ne' dri o'i ffrindia, yn considro rhedag iwth clyb iddyn nhw. Mi fasa hynny'n rhoi tsians iddyn nhw ga'l rhwbath i 'neud.'

'Duwcs, mi fasan wrth 'u bodda dw i'n siŵr. Mi fuo 'ma glyb o ryw fath rai blynyddo'dd yn ôl. Wn i ddim be dda'th ohono fo yn y diwadd chwaith. 'Nôl fel ro'n i'n dallt, mi fyddan yn ca'l traffarth o hyd hefo rhyw dacla diarth yn dŵad yma i godi twrw.'

'Rîyli! Mi fydd yn rhaid i mi gofio mensiyno hynny wrtho fo. Eisio ca'l Aelwyd yma roedd o. Mae o'n cîn iawn dros yr iaith, ychi.'

'Wel wir, wn i ddim sut basan nhw'n cymryd at rwbath Cymraeg. Na wn i, wir Dduw.'

'Dyna be o'dd y lleill yn dreio'i ddeud wrtho fo ond ma' hi'n anodd iawn i' ga'l o i weld sens pan 'dach chi'n sôn am betha Cymraeg. Deud ro'dd pawb basa hi'n llawar iawn haws ca'l clyb dan y locyl othoriti, ac ma' gynnon ni ffrindia inffliwensiyl fasa'n gallu bod o help, dw i'n siŵr. Jyst i setio'r clyb i fyny felly 'te.'

'Chewch chi gythra'l o ddim byd ffor'ma heb dynnu weiars: 'dach chi'n llygad 'ch lle'n fan'na. Dim bod gin i ddim byd yn erbyn petha Cymraeg chwaith, cofiwch chi.'

'O, na finna chwaith. Rydw i dros bob peth Cymraeg, ac ma' eisio ffeitio dros yr iaith. Ma' petha felly'n iawn yn 'u lle, ond ma'n rhaid i chi fod yn practicyl 'n toes?'

'Fel 'dach chi'n deud. Rhy lugoer dw i a'm bath 'di bod ar hyd y blynyddo'dd. Ond ma' gynnyn nhw ryw agwadd ryfadd iawn at betha Cymraeg ffor' hyn, er mai Cymry glân ydyn nhw.'

'Dyna be dw i'n dreio'i ddeud wrth y gŵr 'ma, ond mae o'n gallu bod yn sdybyrn iawn lle ma'r iaith yn y cwestiwn.'

'Wel, fo sy'n iawn, ma'n siŵr gin i, ond mi gâi gythra'l o waith i'w perswadio nhw 'r ffor' 'ma.'

'Mi ddeuda i wrtho fo be 'dach chi'n ddeud.'

'Dyna chi. A rŵan ma'n well i mi'i throi hi.'

'Reit, mi ddo i hefo chi i neud yn siŵr 'ch bod chi'n croesi'r ffor' yn saff.'

'Diolch. Wna i ddim gwrthod mymryn o help, wir. A dyna i chi beth arall sy'n lladd y lle 'ma ydi'r traffig tragwyddol sy'n llifo trwadd o fora gwyn tan nos.'

'Ia. Dyna i chi ddisypointmynt arall. Ro'n i'n gobeithio basa hi'n dawal allan yn y wlad. Wrth gwrs, ma'r dybl glêsing yn stopio lot o'r sŵn ond bob tro ma' rhywun yn mynd allan i'r ardd mae o'n 'ch hitio chi'n strêt.'

'Ma 'na rwbath i'w ddeud dros ga'l tŷ a'i gefn at y ffor' fawr yr un fath â nacw. Diolch i chi am y coffi. Amheuthun o'dd ca'l peth go iawn yn lle'r powdwr ma' pawb yn 'i ddefnyddio'r dyddia yma. Ma'n rhaid i chi'ch dau ddŵad draw rywdro i weld y lle bach 'cw 'sgin i.'

'Mi fasa hynny'n neis. Dw i'n leicio gweld tai pobol. Hei, hannar munud. Rydan ni wedi anghofio'r ffish ffingyrs.'

'O'r nefoedd! Doeddwn i'n cofio'r un dim amdanyn nhw.'

Chwarae teg iddi am feddwl dod i'm helpu i groesi'r ffordd. Roedd hi'n beth fach annwyl iawn ar waetha'r hyn roedd pawb wedi'i ddweud wrtha i. Mi fyddai gofyn i mi gael esgus i'w gwahodd nhw draw. Doedd gen i ddim i'w guddio, hyd yn oed os nad oedd gen i fawr i'w ddangos, ac mi allai fod yn fuddiol cael cymdogion oedd yn gwybod am fy nhŷ i.

4: Rhan Tri.

Go damia! Wedi gwneud llond tebot o de ar ôl cinio roeddwn i cyn cofio nad oedd yr un gronyn o siwgr yn y tŷ. Mi benderfynais fynd draw i'r siop y prynhawn hwnnw, rhag ofn i mi anghofio eto. Roedd yn rhaid ei bod yn hwyrach nag a feddyliais arna i'n cychwyn oherwydd pan oeddwn i'n dychwelyd, beth ddaeth ond y bỳs ysgol ac aros rhyw dafliad carreg y tu draw i'r tŷ acw.

'Sudach chi? 'Dach chi eisio i mi'ch helpu chi i groesi'r ffor'?'

'Duwcs, chdi sy 'na? Be ti'n neud yr ochor yma i'r ffor', d'wad?'

'Gweld chi'n trio croesi 'nes i 'te a dyma fi'n rhedag ar draws i'ch helpu chi.'

'O, mi wela i. Mi rw't ti'n iawn, hogan, mi faswn i'n falch iawn o help, baswn wir.'

''Dan ni'n gneud y cwrs 'ma'n yr ysgol ar helpu hen bobol a phetha felly ychi a fasach chi'n leicio i mi ddŵad i fynd i neud negas i chi a phetha felly?'

'Wel, mi rw't ti'n ffeind iawn. Ella basa tipyn o help yn gymorth. Ella wir.'

'Pnawn da i chi'ch dau.'

'Helô syr.'

'Dew! Sut rydach chi heddiw 'ma?'

'Tamed bach yn flinedig ar ddiwedd dydd fel hyn, wyddoch chi.'

'Ia debyg, er mai cwta bnawn ydi hi. Do'n i'n cofio dim 'ch bod chi'n teithio ar y bỳs 'na.'

'O, ma' fe'n hwylus iawn i fynd 'nôl a bla'n i'r ysgol, wyddoch chi.'

'Ydi m'wn. A sut rw't titha'n dygymod hefo ca'l athro'n mynd a dŵad ar y bỳs hefo chdi?'

'Ro'dd o'n beth rhyfadd i ddechra ychi ond mi 'dan ni i gyd wedi arfar hefo fo erbyn hyn.'

'Ydyn, maen nhw. Ma'n bwysig, welwch chi, i'r plant beidio ystyried eu hathrawon fel rhyw fode pell oddi wrthyn nhw.'

'Ia. Ac mae o'n dechra iwth clyb i ni.'

'Ydi o? A be 'di peth felly yn Gymraeg, d'wad?'

'O hec, be 'di o, syr? Clyb ieuenctid ne' rwbath felly 'ntê?'

'Ie, dyna fe, rhywbeth felly. Wel, ma'n well i fi fynd. Da bo chi'ch dau nawr.'

'Wyddost ti, dydw i ddim yn 'styriad 'i fod o hannar mor ddrwg ag roeddat ti'n ddeud wrtha i yn yr ha.'

'Nag 'di'n nag 'di? Rhyfadd ydi hi 'ntê sut ma' pobol yn newid pan 'dach chi'n dŵad i' nabod nhw'n well.'

'Ma' hynny'n siŵr o neud gwahania'th, ysti, 'n enwedig pan mae o'n byw yn yr un lle â chdi.'

'Ac yn dŵad hefo ni ar y bŷs i'r ysgol 'te.'

'Ia. Ro'n i'n dy weld di'n rhedag am y bŷs y bora cynta hwnnw.'

'O blincin ec ia. Smocio ro'n i 'ntê.'

'A fedrwn inna neud yr un dim i dy rybuddio di.'

'Na fedrach yn na fedrach. Fflipin ec ro'n i wedi dychryn am 'y mywyd a'r diawlia'd yn y cefn yn chwerthin am fy mhen i ond cymryd arno nag o'dd o ddim 'di gweld dim byd wna'th o ar ôl i mi dreio'i chuddio hi chwara teg iddo fo.'

'Wel ia, dyna ti, ti'n gweld. Ma'n rhaid bod 'na rwbath yn ddigon nobl ynddo fo.'

'O oes, dydi o ddim mor bad. Ylwch, dyma ni! Mi groeswn ni rŵan.'

'Reit . . . Diolch yn fawr i ti. Dw i'n falch ar y naw o weld yr ochor yma, coelia di fi.'

'O hec 'di o'n ddim traffarth ychi. Dw i'n mynd allan i de heddiw 'dach chi'n gweld achos nad o's 'na neb adra achos bod y ddynas 'cw'n gweithio yn rhwla pnawn 'ma a'r hen ddyn yn hoblio ond peidiwch â deud wrth neb rhag ofn i bobol y dôl ga'l gwbod.'

'Y! Be? Pwy sy'n hoblio, ddeud'ist ti?'

'Yr hen ddyn 'cw. O, 'dach chi'n dallt, dyna be ma' pawb yn galw'u tad rŵan ychi.'

'O, mi wela i. Ma'n rhaid i ti fadda i mi. Tipyn yn dwtsus ydw i wrth glwad y gair hen 'na, ysti.'

'O God, ia wrth gwrs ond 'nes i ddim meddwl am hynny.'

'Dim ots o gwbwl. Ac i lle deudist ti roeddat ti'n mynd i de?'

'Gesiwch?'

'Do's gin i ddim syniad.'

'At y cwîn myddar, 'te.'

'Pwy ddeud'ist ti?'

'O dyna be ma'r ddynas 'cw'n 'i galw hi achos ma' mam yr hen ddyn ydi hi 'dach chi'n gweld.'

'O duwcs, mi wela i rŵan. Gwatsia di na chlywith hi mo'nat ti'n 'i galw hi'n betha fel'na ne' gwae chdi.'

''Rargian ia, mi wn i.'

'A sut ma' hi'r dyddia yma, d'wad? Wn i ddim pryd gwelis i hi ddwytha.'

'O, ma' hi'n iawn ond nad ydi hi ddim yn mynd allan lot a ma' hi'n cwyno drw'r amsar 'i bod hi'n mynd yn hen ond fasa fiw i neb arall ddeud hynny.'

'Na fasa myn cyth . . . y, deud di wrthi hi ma' nid mynd yn hen ma' hi. Ma' hi'n hen yn barod.'

'Fflipin ec, na 'na i.'

'A mi rw't titha'n mynd yn hynach bob dydd ysti. Faint wnei di rŵan, d'wad?'

'Fydda i'n sicsdîn ddiwadd y mis yma.'

'Fyddi di wir! Mi fyddi'n 'mada'l o'r ysgol 'na cyn hir 'ta.'

'Bydda thanc God! Mi faswn i'n gallu gada'l Pasg achos dw i'n ddigon hen ond cha i ddim gin y bobol 'cw am bod nhw eisio i mi aros yn y blincin ysgol i neud fy egsams.'

'Caru dy les di ma'n nhw, ysti.'

'O God, wn i ddim, ac i be g'na i'r egsams achos dw i'n ddwl fel mochyn.'

'Chdi ŵyr dy betha, ond gad i mi ddeud hyn. Paid ti â meddwl bod mochyn yn beth dwl. Hyll, ydi, ond mi welis i amal i un digon call yn fy nydd. Callach nag amal i ddyn, wir i ti.'

'Wel dyna be ma'n nhw'n 'i ddeud yn yr ysgol eniwe.'

'A mwya'u c'wilydd nhw, y diawlia'd gwirion.'

'Ia. Hei, ylwch. Wrth bod ni'n sôn am yr ysgol 'dach chi ddim 'di deud os basach chi'n leicio i mi ddŵad i'ch helpu chi achos mi faswn i'n gallu gneud hynny'n bart o fy projyct ychi.'

'Dy be?'

'Projyct.'

'A be 'di peth felly pan mae o adra, d'wad?'

'O, gwaith 'dan ni'n gorfod neud yn lle lesyns yn bart o'r gwaith ar gyfar i ni ga'l syrtifficet ar 'i ddiwadd o 'dach chi'n gweld.'

'Duwcs, dyna beth rhyfadd 'te?'

'Ia, mae o'n swnio'n rhyfadd 'n tydi ond mae o'n olreit ychi a fedra i mo'i egsblenio fo'n iawn i chi.'

'Deud ti. Ma'n siŵr gin i basa fo'n gryn help i mi ga'l rhywun i redag amball negas i mi a ballu.'

'Ia, a mi fedrwn i neud petha rownd y tŷ i chi os leiciwch chi.'

'Wel wir, mi rw't ti'n ffeind iawn.'

'Ia ond mi fasa fo'n fy helpu inna yn y projyct 'na'n basa?'

'Deud ti. Dw i ddim yn dallt, ysti. Ma' petha 'di newid yn ofnadwy er pan o'n i yn yr ysgol.'

'Ydyn ma'n siŵr ond ylwch ma'n well i mi fynd ne' mai God mi fydd 'na banic achos mi fydd hi'n meddwl bod bob math o betha wedi digwydd i mi ond mi ddo i draw fory i weld os ydach chi eisio rhwbath. Olreit?'

'Dyna ti, a diolch yn fawr iawn i ti am fy helpu i groesi'r ffor'. Cofia fi ati hi, 'nei di?'

'Olreit ac mi ddeuda i wrthi hi be ddeudoch chi am 'i bod hi'n hen yn barod.'

'Bobol mawr, cymar di ofal! Be tasa hi'n dŵad yma i roi cweir i mi?'

'Ha ha. Ia 'ntê. Ta ta rŵan.'

Roedd hi'n beth fach ddel iawn heb sigarét yn ei cheg, yn debyg iawn i'w nain pan oedd hi'n ifanc. Ac mi welodd lle'r oedd angen help y prynhawn yma, oedd yn fwy nag y medrwn ei ddweud am ei hathro hi. Roedd hi'n eiddgar i helpu ac mi allwn wneud gyda thipyn o help, ond ar y llaw arall doeddwn i ddim eisiau cynnwys plant i'r tŷ. Ac eto mi fyddai'n braf cael rhywun yn galw i'm gweld i.

5: Rhan Un.

Roeddwn i wedi bod yn hoff o fore Sul erioed. Yr heddwch fel balm a gwedd newydd siriol ar bopeth, yn arbennig os byddai'n heulog. Gweddill y dydd oedd wedi mynd yn orthrwm dros y blynyddoedd olaf yma. Y siop ar gau, dim bŷs i'w gael pe bawn i angen un, a dim gobaith i neb ddod ar ei rawd ar ôl amser cinio.

Y dydd Sul cyntaf wedi troi'r cloc yn ôl roeddwn i'n teimlo fel carcharor. Roedd y tipyn ffermwr yna wedi mynd â'i ddefaid o'r cae i rywle, Duw a wyddai i ble, a finnau'n gweld eu colli nhw'n ofnadwy. Teimlo fy mod ar drothwy'r gaeaf roeddwn i ac wedi mynd yn ddigon penisel gan na welswn i'r un enaid byw ers y diwrnod cynt. Mi oedais wrth y ddôr pan oeddwn i'n danfon y botel wag. Roedd y dydd yn hel ei draed ato eisoes. Gwylio'r ceir yn chwyrlïo heibio roeddwn i gan freuddwydio fy mod i'n gyrru un ohonyn nhw; ei yrru draw i fannau na welswn i mohonyn nhw ers blynyddoedd. Roedd rhywun wrth fy ochr i hefyd a'r sgwrs yn felys odiaeth. Mi ddeffrois drwydda pan safodd car gyferbyn â fi. Pwy oedd yno ond nhw o dros y ffordd a'r ddau yn codi llaw arna i.

'Arhoswch un funud fach,' meddai o wrth ddod allan o'r car ac agor drysau'r garais. Wedi iddi hi yrru i mewn mi agorodd ben-ôl y car. Sefyll yno roeddwn i'n teimlo'n bur wirion. Doeddwn i ddim yn siŵr iawn beth i'w wneud. Mi estynnodd ryw fagiau plastig iddi hi o gefn y car ac yna cario rhagor ohonyn nhw ar ei hôl i'r tŷ.

'Ma'n flin 'da fi,' meddai gan hanner-rhedeg yn ei ôl, 'ry'ch chi'n derbyn y papur Cymraeg, on'd y'ch chi?'

'Ydw i, nen' tad. Mi rydw i wedi'i ga'l o ar hyd y blynyddo'dd.'

'Roeddwn i'n eitha siŵr eich bod chi. Ydy copi tair wythnos yn ôl yn digwydd bod gyda chi o hyd?'

'Ydi, ma'n siŵr gen i. Fydda i byth yn eu taflu nhw. Duw, os nad ydw i 'di'i ddefnyddio fo i gynna tân 'te.'

'O, gobeithio'i fod e'n dal gyda chi. Roedden nhw'n dweud yn yr ysgol fod 'na lun ac erthygl dylwn i eu gweld ynddo fe.'

'Wel, mi a' i i edrach rŵan. Ylwch, dowch draw. Dowch draw 'ch dau,' wrth i mi sylweddoli ei bod hi wedi dod i sefyll wrth ei ochr o. A dod wnaethon nhw hefyd.

'Dowch i mewn 'ch dau.'

Roedd yr ymweliad annisgwyl wedi fy rhusio braidd ond yn ffodus mi ddeuthum o hyd i'r copi o'r papur ar f'union gan fy mod yn eu cadw'n un bwndel.

'O ie,' meddai o dan chwerthin, ar ôl troi tudalen neu ddwy, 'wel, wel. Ie wir. Wyddoch chi, fe ddylwn i archebu'r papur yma, ond fod gyda fi mor ychydig o amser i ddarllen y dyddie hyn.'

'Dyna i chi un peth ma' gin i fwy na digon ohono fo. Ewch â'r papur hefo chi os leiciwch chi. Wela i mo'i golli o.'

'Thanciw, ond ma' hi'n well iddo fo'i ddarllan o yn y fan'ma rŵan. Ma' gynno fo ormod o bapura a magysîns a phetha felly ar hyd y tŷ 'cw heb iddo fo gario mwy yno. Mi dw i'n impresd iawn hefo'r lle glân sy gynnoch chi yma ychi.'

'Ia. Digon o amsar sy gin i, i edrach ar 'i ôl o. Ga i neud panad o goffi i chi?'

'Lyfli. Mi fasa panad o goffi yn welcym iawn. A mi fydd o wedi gorffan yr articyl 'na erbyn i ni'i hyfad hi.'

Oedd hi'n credu mai dim ond iddi hi a fi roeddwn i am wneud paned? Lwc ar y diawl fod gen i beth o'r coffi estron cryf hwnnw ar ôl. Anaml y byddwn i'n ei brynu, er mor dda oedd o, gan ei fod mor gythreulig o ddrud. Distaw iawn oedden nhw wrth i mi ferwi'r tegell a finnau'n ceisio dyfalu sut gebyst gallwn i gychwyn sgwrs.

'Dyma chi'ch dau. Helpwch 'ch huna'n i siwgr a llefrith. Does gin i ddim siwgr brown, ma'n ddrwg gin i.'

'Peidiwch â phoeni. Ma' hyn yn lyfli. Cariad!'

'Y . . . o . . . ie. Diolch yn fawr,' meddai yntau gan roi'r papur i lawr ac ymestyn am ei goffi.

'Deudwch i mi, sut ma'r clwb plant 'ma'n dŵad yn 'i flaen?'

'Jiw, clwb ieuenctid chi'n feddwl.'

'Ia wir. Peidiwch â gada'l i'r cids 'ch clwad chi'n riffyrio ato fo fel'na.'

'Ie, fysen nhw byth yn madde i chi. Ond ma' fe'n dod yn ei flaen yn eitha. Ydy wir.'

'Deud wrtha i roeddach chi, 'ntê, 'u bod nhw wedi ca'l problems tro dwytha buo gynnyn nhw glyb yma.'

'Ie, roedd yr heddlu'n dweud hynny pan fuon nhw'n trafod y peth gyda ni, ond doedden nhw ddim yn gofidio. Hen wrthdaro ffôl rhwng pentrefi o'dd wrth wraidd y peth, medden nhw. Ma' fe wedi marw ma's ar hyn o bryd.'

'Ma' 'na hen ddal her gwirion wedi bod rhwng y gwahanol ardalo'dd 'ma rioed. Mi fydda 'na daro ym mhob ffair erstalwm, a chryn dipyn o ffricsiwn tua'r dre 'na ar nosa Sadyrna hefyd. Ma'n well gin bawb anghofio sut bydda petha'n arfar bod, wyddoch chi.'

'Ma'n dda gyda fi'ch clywed chi'n dweud hynny. Ma' tuedd mewn pobl i feio'r ifanc gan anghofio mai cynnal hen draddodiad maen nhw'n aml iawn. Pryder gwahanol sy gyda'r heddlu nawr.'

'Ia, drygs yntê, cariad.'

'Be? Bobol annw'l, dydi petha felly rioed wedi cyrra'dd fan'ma?'

'O diyr, mi fasach yn synnu tasach chi ddim ond yn gwbod am y goings-on tua'r dre.'

'Ein rhybuddio i fod ar ein gwyliadwri'eth roedd yr heddlu. Yn ffodus iawn ry'n ni'n adnabod ein plant. Plant yr ardal y'n nhw, wrth gwrs, ac yn ddisgyblion neu gyn-ddisgyblion yn yr ysgol acw. Dyna sut ry'n ni'n gobeithio osgoi trafferthion. Ond ma' angen bod yn ofalus.'

'Ac mae o'n lot o risbonsibiliti ar dop 'i waith ysgol o, ychi, sbesiali wrth nad o's dim angan y pres arnon ni. Prin bydda i'n 'i weld o ar nos Fawrth a nos Iau wrth 'i fod o allan mor hwyr. Wel, thanciw mawr am y coffi. Ma'n well i ni fynd rŵan, cariad.'

'Ydy. Ydy mae hi. Diolch yn fawr iawn i chi.'

''Rargian. Do's dim rhaid i chi ddiolch. Dw i'n fwy na balch o ga'l cwmpeini. Ydw'n wir i chi.'

Mi safodd yn y drws, a'r ddau arall ohonon ni o'i ôl o. Roedd y nos wedi llyncu'r môr a chryman y goleuadau oren i'w gweld am filltiroedd.

'Wyddoch chi, fe fydd rhaid i fi alw yma yng ngole dydd, i gael gweld yr olygfa'n iawn.'

'Ma' gofyn i chi ga'l d'wrnod clir iawn i'w gweld hi ar 'i gora, cofiwch chi.'

'Ma' gynnoch chi lot gwell fiw na ni. Y cwbwl ydan ni'n weld ydi'r ffor', a hynny ar ôl i ni wario'r holl arian ar y tŷ.'

'A ma' to'r fan'ma ar y ffor' hefyd, byddwch yn onast rŵan. Cofiwch chi, mi ro'dd gin y ddynas o'dd yn byw yna o'ch blaen chi lawar mwy o ddiddordab yn yr hyn o'dd yn digwydd ar y ffor' nag o'dd ganddi hi yn yr olygfa.'

'O'dd 'na wir. Mi wna'th rhywun beth sensibl iawn wrth godi'ch tŷ chi yn ffêsio'r môr.'

'Ma' 'na fanteision yn hynny, ond ma' 'na anfanteision hefyd, coeliwch chi fi.'

'O hec, cym on cariad. Be 'di'r matar rŵan?'

'Draw ffordd acw,' meddai yntau. 'Draw acw, welwch chi.'

'Be? Gweld be, 'dwch?'

'O, dont bi sili, cariad.'

'Cartre, wyddoch chi. Teulu. Hen ffrindie.'

'O riyli, cariad. Ma'n rhaid i chi'n 'sgiwsio ni. Mae o'n gallu bod yn sentimental ofnadwy amball dro.'

'Duwcs, peidiwch â'ch 'sgusodi'ch huna'n. Dw i'n dallt yn iawn. Mi fûm inna oddi cartra yn f'amsar.'

'Wyddoch chi, rwy'n siŵr fy mod i'n gweld y goleuade. Ydw, rwy'n eitha siŵr fy mod i. Ma' hi'n ddigon clir heno.'

'O cariad, gif yp. Wyddoch chi, mi fydda i ofn 'i weld o'n troi'n fardd weithia.'

'Duwcs annw'l.'

'O wel, da bo chi nawr 'te.'

'Ia, ta ta. Diolch i chi am y coffi.'

Mi dilynais nhw at y ddôr er mwyn ei bolltio, ac ar fy ffordd yn ôl mi oedais innau ac edrych. Roedd y clystyrau a'r cadwyni goleuadau'n dipyn o olygfa, roedd yn rhaid cydnabod, er fy mod yn hen gyfarwydd â nhw. Mi fydden yn peri i minnau synfyfyrio am yr holl filoedd oedd yn byw danyn nhw, a dyfalu sut fyw oedd arnyn nhw. Roedden nhw'n codi hiraeth arna innau; hiraeth am ryw bethau pell yn ôl.

5: Rhan Dau.

Un bore llaith ym mis Rhagfyr roeddwn i wedi rhynnu'n disgwyl am y bŷs ac mewn tymer go hyll pan gyrhaeddodd o. Roedd hi'n ddigon cynnes arno fo ond roedden ni wedi cyrraedd y dre cyn i mi adennill fy ngwres yn iawn. Roedd yna giw hirach nag arfer yn y post hefyd pan gyrhaeddais i'r fan honno, ac mi ges bwl o'r felan wrth feddwl y byddai dod i nôl fy mhensiwn yn mynd yn drech na fi cyn bo hir.

Digon gwag oedd y strydoedd, a llwydni diwedd blwyddyn yn eu llethu. Efallai fod goleuadau'r Nadolig yn eu cynhesu nhw fin nos ond naw wfft i'r rheiny, a'r goeden Nadolig fawr, yn llipa yng ngwlybaniaeth y bore. Roedd hi'n rhy wlyb i'r hen hogia. Doedd neb yn cael stelc ar y gornel beth bynnag. Mi wnes fymryn o siopa yn ddigon digalon, ond wrth fynd am y bŷs mi groesais i lwybr un o'r criw.

'Duw annw'l, i lle'r ei di?'

'Wel am y bŷs, siŵr Dduw, i mi ga'l mynd adra i swatio o flaen y tân gynta medra i.'

'Yli, gwranda rŵan. Ty'd i'r caffi 'ma am banad. Ma' hi'n rhy oer a thamp i ni hel 'n traed ar y stryd 'ma.'

'Na wna i, wir Dduw. Dw i wedi rhynnu'n barod ac os na ddalia i'r bŷs gythra'l 'na mi fydd gin i awr arall i ddisgw'l am y nesa.'

'Be ddiawl 'di'r brys heddiw 'ma? O's gin ti gariad yn cuddio yn y lle 'na'n rwla?'

'Biti ar y diawl na fasa 'na, i mi ga'l rhwbath i 'nghnesu i.'

'Ia myn diawl. Mi fuo 'na amsar 'nd do . . .'

'Yli, paid â dechra rwdlian ddiawl. Ma'n rhaid i mi fynd . . .'

'Duw Duw, nag oes. Ty'd i mewn i'r fan'ma i ladd amsar nes bydd hi'n nes at amsar cinio.'

''R Arglwydd mawr! Byddar 'ta hurt w't ti? Rydw i ar fy ffor' adra. Rydw i wedi fferru a do's gin i ddim modd i fynd ar fy sbri. Ma'r Dolig yn dŵad, cofia.'

'Gad hi rhwng Santa Clos a'r Dolig. Nid mynd i slotian o'dd gin i mewn golwg. Mi ddeuda i wrthat ti, Ma' 'na dafarn newydd sbon yn y lle 'ma sy'n cynnig tsiampion o ginio Dolig i ti ar ddydd Llun am bum swllt ar higian os ydi dy lyfr pensiwn gin ti.'

'Duwadd annw'l, be ma'n nhw wedi weld?'

'Wn i ddim, os nad 'dyn nhw 'di dal dôs go ddrwg o ysbryd y Dolig. Ma' dy lyfr pensiwn gin ti, debyg, ydi o?'

'Ydi, siŵr Dduw. Be gythra'l ti'n feddwl dw i'n 'neud i lawr 'ma?'

'Reit. Panad rŵan, a wedyn un glasiad bach, a boliad iawn o ginio Dolig. Be 'ddyliat ti o hynny?'

'Mae o'n swnio'n addawol iawn i mi, ma'n rhaid i mi ddeud.'

'Mae o'n fendith i ddyn sy'n byw ar 'i ben 'i hun. Dydyn nhw ddim yn dŵad â chinio rownd y tai ar ddydd Llun, ti'n gweld.'

'O. Mi rw't ti'n ca'l y rheiny, w't ti? Mi gwrthodis i nhw rhag i mi ga'l hen dacla busneslyd yn ffroeni o gwmpas y lle 'cw. Ond dim ots. I'r diawl â hi. Mi ddo i.'

'Ia'n Duw, ty'd. A deud y gwir i ti, mi fydda i'n ddigon balch o gwmpeini achos 'i fod o'n lle tipyn yn grand. Ma'n nhw'n ffeind ar y cythra'l cofia, ond 'mod i'n teimlo ar goll ymysg y petha swel sy'n mynd yno.'

'Be? I'r diawl â'r diawlia'd. Ma' 'mhres i cystal â'u pres nh'wtha.'

'Wel siŵr Dduw 'u bod nhw. A rŵan ty'd am banad. Dw i 'di rhynnu'n treio dal pen rheswm hefo ti.'

Roedd o'n iawn hefyd. Mi roedd hi'n dafarn foethus a golwg fawreddog ar y bobol oedd yn loetran o gylch y bar. Mi es i deimlo fel trempyn nes i mi sylweddoli fod amryw o henoed yno, ac mi gawson ni wên a chroeso. Be oedd i gyfrif am eu haelioni, wn i ddim, ond mi archebon ni ginio a chario'n diod i gornel fach o'r neilltu.

'Uffar, rêl chdi 'te! Fedrat ti ddim ca'l hannar peint, na fedrat.'

'Do'n i ddim 'di dallt faint roedd o'n 'i gostio nes i mi dalu amdano fo, myn diawl, ac ma'n rhaid i ti gofio mai dyma f'unig gyfla i am beint gydol yr wsnos, nid fel chdi sy'n gallu cerddad tafarna'r lle 'ma ddydd a nos.'

'Be gythra'l haru ti? Sut ddiawl ti'n meddwl gall dyn sy'n byw ar 'i bensiwn dreulio'i ddyddia'n potio? Ond yli, dyma'r bwyd.'

Plataid da oedd o hefyd, a'r ferch fach siriola fu erioed yn ei osod o'n blaenau ni.

'Be 'ddyliat ti o hynna? Mi gest ti werth dy bres fan'na, 'nd do?'

'Do, wir Dduw. Pryd siort ora. Be gythra'l 'di'r rhain sy'n dŵad i mewn? Do's bosib 'u bod nhw wedi meddwi mor gynnar â hyn!'

'O'r nef, rhai o dacla pwysig y lle 'ma 'dyn nhw, ysti. Ma'n nhw'n credu bod yr haul yn codi yn 'u tina nhw.'

'Y welwch-chi-fi's gythra'l! Petha pwysig ddeud'ist ti. Ond rhyw betha ifanc ar y diawl ydyn nhw.'

'Ia. Cywion pobol fusnas y lle 'ma 'te, yn dwrneiod ac ocsiwnîars ac wn i ddim be. Ma'n nhw'n meddwl ma' nhw a'u teuluo'dd sy'n rhedag y blydi tre.'

'Penna bach gythra'l! Dydyn nhw ddim yn medru Cymraeg 'ta?'

'Ydyn yn iawn ond bod y diawlia'd yn meddwl 'i fod o'n beth crandiach i siarad Seusnag.'

'Gobeithio na chlywan nhw ddim mor ddiawledig 'di'r Seusnag ma'n nhw'n 'i siarad, Duw a'u helpo nhw.'

'Ia'n Duw, ond dydi Cymraeg ddim digon da iddyn nhw mewn lle fel hyn, ysti. Dos di i'r Steddfod os wyt ti eisio'u clwad nhw'n gneud yr un faint o sŵn yn iaith 'u mama.'

'Y diawlia'd bach ffroenuchal. Ydyn nhw'n meddwl mai nhw 'di'r unig rai sy yn y dafarn 'ma, d'wad?'

'O, meddwl bod pawb yn 'u 'styriad nhw'n glyfar ma'n nhw ysti. Hei, deud i mi, nid honna 'di'r hogan sy'n byw yn d'ymyl di? Wyddost ti, hogan be ti'n 'i alw fo.'

Fel roeddwn i wiriona mi godais fy ngolygon a'm cael fy hun yn syllu i fyw ei llygaid hi, a hithau'n troi draw ar ei hunion. Hy! Os nad oedd arni awydd fy nghydnabod i yng ngŵydd ei ffrindiau doedd hynny'n boen yn y byd i mi, er byddai'n well gen i beidio'i gweld hi lawn mor gyfeillgar ag un o'r dynion. A dweud y gwir, roeddwn i'n rhyfeddu at ei hymddygiad a hithau'n wraig briod ac yn adnabyddus drwy'r dre. Roedd fy archwaeth i wedi dirywio'n arw, a'm syched o ran hynny, ond doeddwn i ddim am ymadael cyn gorffen fy nghinio.

'Be sy? Ti 'di mynd yn ddistaw ar y diawl.'

'Gwaith anodd 'di siarad a bwyta 'ntê. Na, mi rw't ti'n iawn. Hi ydi hi ac rydw i 'di cynhyrfu braidd wrth weld 'i hymddygiad hi mewn lle cyhoeddus. Be ddiawl haru hi, d'wad?'

'Codi c'wilydd arnat ti ma' hi, debyg?'

'Wel ia siŵr Dduw, wrth ymddwyn fel'na o flaen fy ll'gada i. 'N enwedig a finna'n gybyddus â hi, ac â'i gŵr hi, 'ntê.'

'Duw, hidia befo. Fel'na ma'r petha ariannog 'ma, ysti. On'd o'dd hi'n bihafio'n ddigon tebyg yr wsnos dwytha, a'r wsnos cyn hynny hefyd am wn i, ac nid hefo'r un dyn chwaith.'

'Nefoedd wen! Yr hen hoedan fach ddig'wilydd.'

'Twt, fel ro'n i'n deud, meddwl 'u bod nhw'n creu argraff ma'n nhw, ysti.'

'Hy! Y diawlia'd gwirion.'

'Ia wir Dduw, ond ma'n siŵr fod y cwbwl yn ddigon diniwad, cyn bod y 'ffernols yn perfformio fel'na yn ngŵydd pawb.'

''R Arglwydd, ti'n meddwl d'wad?'

'Paid titha â bod mor ddiawledig o gul, bendith i ti. Chwara plant ydi'r cwbwl i'r rhain, ysti.'

'A mynd yn ôl at 'u gwŷr a'u gwragadd wedyn. Y nefi blŵ!'

5: Rhan Tri.

Oedd hi'n ddyletswydd arna i fynd i gael gair gydag o ynglŷn â'i hymddygiad hi? Roedd hynny'n fy mhoeni ar hyd y ffordd adre. Os byddai ar y bŷs ysgol mi allwn ddweud wrtho fo cyn iddi gyrraedd adre. A beth oedd yna i'w ddweud? Y cyfan welais i oedd ei wraig mewn lle cyhoeddus gyda haid o'i ffrindiau. Mi allai o droi'n gas. Neu chwerthin am fy mhen i. Pam dylwn i greu helynt? Efallai y byddai'n well ganddo fyw mewn anwybodaeth.

Ond roedd yn rhaid ei fod o wedi cael achlust o rywle. Beth arall oedd i gyfrif am yr hyn ddigwyddodd ryw wythnos yn ddiweddarach a'r Nadolig wrth y drws erbyn hynny?

Roeddwn i wedi golchi llestri swper ac yn swatio'n gynnes braf o flaen tanllwyth o dân gyda'm llyfr pan glywais i sŵn gwydr yn torri'n deilchion. Go damia! Rhyw gath neu lygoden fawr wedi taflu'r botel lefrith. Mi fyddai'n well gadael pethau tan y bore yn hytrach na mentro clirio'r darnau yn y tywyllwch. Dyna pryd clywais i'r lleisiau. O'r Arglwydd na! Rhyw blant gythraul yn trwblo! Dichon mai fy rhegi gawn i pe bawn i'n mynd allan i ddweud y drefn. Ond roedd hi'n well i mi fynd rhag ofn i'r diawliaid greu rhagor o ddifrod, er bod perygl i mi gael fy mhledu. Mi wisgais fy nghôt a'm het a chydio mewn ffon, ond pan es i drwy'r drws mi sylweddolais nad lleisiau plant oedden nhw. Diolch i'r drefn fy mod i wedi anghofio goleuo lamp y gornel ar fy ffordd allan. Mi fentrais i'r ardd er bod hynny'n orchwyl digon peryglus liw nos, a llwyddo i ymlwybro at y gwrych. Drwyddo fo mi allwn weld y tŷ dros y ffordd. Roedd drws yr ochr yn llydan agored a hithau'n sefyll yn y llif goleuni. Nid yn sefyll yn hollol chwaith, ond yn lluchio llestri a sosbenni a'r nefoedd a wyddai beth arall ato fo, oedd yng nghanol yr ardd yn sythu a dowcio, ac yn ceisio ymresymu â hi. Doedd hi'n gwrando dim arno fo, dim ond gweiddi a rhyw sgrechian crio.

'Paid ti â threio ffalsio i mi'r cont.' A dyma'r tebot yn powlio drwy'r awyr a disgyn, glatsh, ar y ffordd fawr yn union yn llwybr rhyw gar.

'Ti'n blydi gneud dim ond ffeindio ffolts hefo fy ffrindia fi,' gwaeddodd wedyn gan gymryd hoe fach o'i bledu o, 'a ma'n nhw'n well na'r blydi cids 'na ti'n leicio potsio hefo nhw bob tsians ti'n ga'l, y ffycin pyrfyrt.'

Roedd o'n siarad yn rhy ddistaw i mi glywed beth oedd ganddo i'w ddweud, ond roedd yn rhaid ei fod o'n llwyddo i'w thawelu hi gan fod y gawod lestri'n arafu. Neu roedd y llestri'n darfod! Feiddiwn i ddim mynd i'r golwg rhag ofn i mi fy nghael fy hun yn ei chanol hi. Ofn iddi ei niweidio fo, neu hi ei hun, oedd arna i. Doedd gen i ddim teliffon i alw'r heddlu, ond mi gafon nhw wybod rywsut oherwydd mi welwn i'r golau glas yn fflachio dod ac yn aros o flaen eu tŷ nhw. Dyma fi'n ei gwadnu hi'n ôl at y tân gynta medrwn i rhag ofn i mi gael fy ngalw'n dyst neu rywbeth o'r fath. Fynnwn i ddim tramgwyddo f'unig gymdogion.

Mi wnes gwpanaid o goffi du a rhoi eitha joch o wisgi ynddo fo gan feddwl y byddai hynny'n sicrhau noson o gwsg i mi, ond ar ôl mynd i'r gwely fedrwn i yn fy myw beidio â hel meddyliau. Pwy fuasai wedi meddwl y bydden nhw'n ymddwyn fel caridýms? Mi fûm i'n gorwedd yno am hydoedd yn gwrando ar y traffig. Pan ddes i fyw yma gyntaf mi fyddai arna i ofn clywed sŵn damwain er bod llawer llai o draffig bryd hynny, ond roeddwn i wedi hen gynefino. Wn i ddim os ces i gwsg o gwbl, ond roedd yn rhaid fod y digwyddiad wedi effeithio mwy arna i nag ar neb arall oherwydd pan es i nôl y botel lefrith fore trannoeth dyna lle'r oedd hi ar ben y drws ffrynt yn rhoi clamp o gusan iddo wrth iddo gychwyn am y bŷs.

5: Rhan Pedwar.

Roedd tawelwch dwys dros y wlad fore dydd Nadolig. Prin fod yr un car ar y ffordd. Mi es am dro i'r cae y peth cynta. Go brin gwelwn i'r un enaid iâr gydol y dydd. Roedd ias oer yn yr awyr a'r arfordir dan orchudd o darth gwyn. Mi ddechreuodd fy nhraed oeri ar y ddaear wleb, ac yn ôl â fi i'r tŷ am fy mywyd. Erbyn hynny roedd y tân wedi cydio a'r gegin yn cynhesu. Troi at y radio am gwmni wnes i gan obeithio na fyddai negesau honno'n rhy ddigalon ar ddydd mor unig, a mynd ati i wneud tebotaid o de a thorri brechdan i frecwast. Myn diawl, mi gawn i ginio Dolig cystal â'r undyn, meddwn i ar ôl brecwast, a mynd ati hi i'w baratoi. Mi fyddai cig y ffowlyn yn para i mi am rai dyddiau.

Erbyn canol y prynhawn roeddwn wedi hen alaru ar fy nghwmni fy hun ac felly gwisgais fy nghôt a'm het a mynd draw at y ddôr. Mi ganodd amryw o'r ceir eu cyrn arna i wrth fynd heibio. Doedd gen i ddim amcan pwy oedden nhw, ond roedd yn braf cael codi fy llaw ar rywun. Allai rhai pobol ddim aros gartre hyd yn oed ar ddydd Dolig! Roeddwn i'n rhynnu er bod yr haul yn tywynnu. Doedd dim amdani ond troi'n ôl am y tŷ. Roedd y tarth wedi codi a'r traethau i'w gweld yn annelwig yn yr haul gwantan. Mi oedais am funud yn y drws gan deimlo gwres y tŷ, a meddwl am holl breswylwyr y trefi a'r pentrefi yna, pob un yn gwneud ei orau glas i fwynhau'r ŵyl. Trueni na faswn i wedi bolltio'r ddôr i arbed mynd allan am yr eildro. Dim ots amdani hi. Dyma fi'n rhoi clo ar y drws ac eistedd i weld beth oedd gan y teledu i'w gynnig am weddill y dydd.

Roedd hi wedi tywyllu ers meitin pan glywais i sŵn troed ar y cowrt. Be gythraul?

'Fi sy 'ma!'

Diolch i'r nefoedd ei bod wedi gweiddi yn ogystal â churo'r drws.

''Rhoswch, 'rhoswch, dw i'n dŵad rŵan,' meddwn i gan godi cyn gynted ag y medrwn i.

'Meri Crismys i chi. Meddwl basach chi'n leicio dŵad draw acw am ddrinc bach hefo ni.'

'Wel wir i chi, anamal bydda i'n yfad.'

'Be? Nonsyns! Ond ydw i wedi'ch gweld chi'n ca'l drinc mewn pỳbs yn y dre hefo'ch mêts.'

'Do falla, yn ca'l llyma'd hefo'r hen hogia, ma' hynny'n wir.'

'Ylwch, cym on rŵan. Do's dim eisio i chi fod yn shei.'

'Y . . . wel . . . o'r gora, ond 'rhoswch i mi wisgo'n sgidia a thwtio mymryn arna fy hun.'

'Ffêr inýff. Dyna well. Mi weitia i amdanach chi.'

'Mi fydd yn rhaid i chi, ma' arna i ofn. Fedrwn i byth groesi'r ffordd wedi nos.'

Roedd yn well i mi newid cyn mynd. Roedden nhw mor grand dros y ffordd, ac mi allai fod pobl ddieithr yno. Mi wnes fy ngorau i frysio ond roedd agor a chau botymau a chareiau wedi mynd yn waith anodd.

'Ydw i wedi'ch cadw chi'n hir, 'dwch?' meddwn i wrth ddod i'r gegin.

'Nag 'dach siŵr iawn. Rydw i wedi bod yn cymryd golwg agosach ar rai o'r ornamynts 'ma. Ma' gynnoch chi lot o betha intyresting yma. Antîcs, lot ohonyn nhw, dw i'n siŵr.'

'Falla wir, ond do's 'na neb ond fi ar ôl i edrach arnyn nhw rŵan.'

'Hidiwch befo. Not tw wyri. Hen amsar sentimental 'di'r Dolig 'te? Ylwch, rhowch 'ch côt amdanach ac off â ni.'

Roedd yn oer ac yn glir, a finnau'n cofio'r nosau Nadolig pan fydden ni'n griw yn cerdded o fan i fan dan olau'r sêr. Eistedd yn y lolfa, fel roedden nhw'n galw'r parlwr mawr, roedd o, yn budr wylio'r teledu.

'O, ry'ch chi wedi dod. Ma'n dda 'da fi. Ma' dydd Nadolig yn gallu bod yn ddiflas, on'd yw e?'

'Egsagtli. Mi fuon ni allan yn ca'l cinio mewn hotel.'

'Do. Ma'i thad hi ar 'i ben 'i hunan hefyd nawr, chi'n gweld.'

'Ydi, mae o'n lonli iawn rŵan. Dyna pam aethon ni allan hefo fo ond mae o wedi mynd i barti hefo busnes ffrends heno a wedyn mi fuo'n rhaid i ni ddŵad adra. Wel cym on cariad, rhowch ddrinc iddo fo.'

'O ie. Ma'n ddrwg 'da fi. Beth gymrwch chi?'

'Bobol, ma' gynnoch chi ddewis garw yma. Gwell nag amal i dafarn welis i. Mi gymra i wisgi bach, os gwelwch chi'n dda.'

'Y'ch chi wedi profi'r wisgi Cymraeg hyn?'

'Be? Wisgi Cymraeg! Chlywis i rioed am rotsiwn beth. Ydi o ddim yn debyg iawn i ddyn yn croes-ddeud 'i hun, 'dwch?'

'Ydi mae o, ond mae o'n ffêthffwl iawn i bob dim Cymraeg, ychi.'

'Dyma chi. Be gymrwch chi ynddo fe?'

'Y diferyn lleia o ddŵr, os gwelwch chi'n dda, ga'l i mi'i flasu o'n iawn.'

'Fydd yna selibresiyns yn y pentra ar y Niw Îyr?'

'Be? Yn fan'ma! Na fydd, nen tad, affliw o ddim byd. Adra bydd pawb os na fyddan nhw 'di'i ffaglu hi am dafarna'r dre. Ne' am y clybia wrth gwrs, y blynyddo'dd ola 'ma.'

'Ia. Ma' hi'n syrpreising faint o glybia sy 'di agor yn y disdrigt, 'n tydi hi?'

'Ydi, 'dach chi'n deud y gwir. Wn i ddim o lle ma'n nhw i gyd yn ca'l 'u cwsmeria'd.'

'O, fe synnech. Ma' llawer yn osgoi tafarne'r dyddie hyn: tafarne'r dre'n arbennig. Ma' cymaint o anhrefn mewn llawer ohonyn nhw welwch chi, rhwng drygie a phopeth.'

'A lle byddwch chi'n mynd ar y Niw Îyr?'

'Fi? I'r gwely. Mi ddaw y flwyddyn i mewn yr un fath yn union. 'Dach hi'ch dau am fynd i rwla?'

'Rwy i'n golygu mynd gartre. Wy ddim 'di bod oddi ar i ni symud i'r tŷ hyn.'

'Nag'dach chi? Bobol annw'l! Wel, mi fydd yn newid bach braf iawn i chi'ch dau.'

'O, dw i ddim am fynd. Dw i'n ca'l difficylti ofnadwy i' dallt nhw'n siarad ychi.'

'Deudwch chi. Y drafferth fwya welis i y troeon buo fi i lawr y ffor' yna o'dd dallt Seusnag y fusutors.'

'Hei, dewch nawr! Chware teg! Allwch chi byth â barnu lle pan ma' fe'n llawn ymwelwyr.'

'Na fedra wrth gwrs. Dach chi'n berffaith iawn.'

''I cha'l hi'n anodd dallt pan fydd 'na growd ohonyn nhw bydda i.'

'Ia . . . wel ia. Falla'ch bod chi'n iawn. Wn i ddim wir.'

'Rydw i'n meddwl yr a' i i'r clyb hefo'r hen ddyn. Ma'n nhw'n alowio merched yno Niw Îyrs Îf.'

'Bydd yn ofalus 'beutu yfed a gyrru, cariad.'

'O, mi arhosa i hefo fo ofyrneit, ga'l i mi ga'l sbario dreifio. Dyna o'dd mor ocwyrd heddiw dach chi'n gweld.'

'Ie. Fe fu'n rhaid i fi gadw'n sobor er mwyn gyrru gartre.'

'A ma' hynny'n ôffwl 'n tydi? Dydi Dolig ddim yn Ddolig heb ga'l drinc, ydi o?'

'O dyw e ddim yn poeni llawer arna i. Fe fydd digon o gyfle i fi yfed gyda hen ffrindie dros y Calan.'

'O cym on, cariad. Dydi hynny ddim yr un peth. A be am ddrinc bach i mi plîs?'

Roedd hi wedi naw arna i'n troi am adre gyda thri neu bedwar wisgi yn fy ngheubal, ac mi ddaeth i'm danfon ar draws y ffordd, chwarae teg iddi. Ar ôl ffarwelio a datgloi'r drws mi sefais i edrych ar y mannau pell ac agos yn dawel dan y sêr. Draw acw roedd ei gartre. Synnu roeddwn i nad oedd hi am fynd gydag o, ond roedd merched mor sgut am eu hawliau bellach. Tybed fyddai hi'n gadael iddo fo gael y car i fynd adre? Na fyddai, os oeddwn i wedi deall yn iawn. Dim ots. Fy ngwahodd i yno i lenwi bwlch wnaethon nhw m'wn, heb sylweddoli fod hynny'n llenwi gwacter i minnau hefyd.

6.

Mae hela llwynogod yn cael ei gondemnio am bob math o resymau, ac eto mae'n syndod cymaint o afael sydd gan y peth yng nghefn gwlad. Ar ddydd gŵyl Sant Steffan roeddwn innau wedi llusgo draw at y groesffordd i weld y cŵn hela. Mi fu amser pan fyddwn i, ymysg llaweroedd, yn brasgamu ar draws gwlad i ddilyn yr helfa. Dim ond pobl y ceir uchel oedd yn gwneud hynny erbyn hyn ac roedd yn rhaid i minnau fodloni ar eu gwylio nhw'n croesi'r ffordd fawr. Roedd tyrfa dda yno, ac am y tro cyntaf erioed roedd dau blismon wedi dod mewn car i gadw trefn ar bobol a thraffig.

'Helo, sut rydach chi? Sut Ddolig wna'th hi hefo chi?'

'O tawal iawn, ychi. A chitha?'

'Digon tawal er bod y plant 'cw adra. Hen draffarth 'di'r Dolig 'te? Ro'n i'n falch o'i ga'l o drosodd.'

Rhyw sgyrsiau o'r fath fyddwn i'n gael bob blwyddyn, gyda'r gwragedd fel arfer, ond eleni roedd ganddyn nhw achos i wneud mwy o sylw ohono i.

'Ma' 'na ryw fyw rhyfadd iawn dros y ffor' i chi, 'ddyliwn i.'

'Oes 'na? Dach chi rioed yn deud.'

'Wel do's bosib na chlywsoch chi'r gweiddi a'r ffraeo a'r llestri'n fflïo, gwta wsnos cyn y Dolig.'

'O Duw, dyna be sy gynnoch chi. Do nen' tad, ac mi rydw i wedi gweld ac wedi clwad petha gwaeth yn f'amsar, mewn llefydd erill medrwn 'u henwi ar hyd yr ardal 'ma.'

'Wel do, ma'n siŵr ond bod y rhain yn cymryd arnyn 'u bod nhw'n bobol fawr 'te, ac yn cymysgu hefo pobol bwysig y dre 'na, ac wedyn yn ymddwyn mor goman â hynna.'

'Falla'ch bod chi'n iawn, wir ond mi dw i 'di'u ca'l nhw'n hen betha digon clên. Ydw wir, ac ma'n nhw wedi bod yn ddigon ffeind hefo fi hefyd. Mi ges i fynd yno neithiwr, ychi. Oni bai amdanyn nhw mi fasa wedi bod yn dlawd iawn arna i am weld 'run adyn byw dd'wrnod Dolig.'

'Be? Mi geusoch chi fynd yno! Wel, wel! 'Rargian fawr! Wrth gwrs, dim ond clwad y petha 'ma rydw i, cofiwch. Wn i ddim byd fy hun 'te.'

Mi newidiodd honna ei chân yn go sydyn. Wrth gwrs, roedd ambell un yn fwy penderfynol.

'Be goblyn 'di'r matar ar y rheina dros y ffor' i chi 'dwch? Ma'n rhaid 'u bod nhw'n 'ch styrbio chi'n ofnadwy.'

'Sut 'dach chi'n feddwl?'

'Wel, y mynd a dŵad 'na o hyd, berfeddion nos, a'r holl geir a sŵn. A hitha wedi arfar bod mor dawal hefo chi draw ffor' 'na 'ntê. A dyna chi'r holl weiddi a ffraeo'r noson o'r blaen wedyn, a lluchio llestri at 'i gilydd. Wn i ddim be sy'n dŵad o'r lle 'ma, na wn i.'

'Duwcs, dydi petha ddim wedi mynd cynddrwg â hynna, ydyn nhw?'

'Wn i ddim wir. Deud ro'n i'r d'wrnod o'r blaen 'i bod hi'n biti gin i drostach chi'n gorfod byw draw yn fan'na. Ond dyna fo, fuoch chi rioed yn un am gwyno, naddo?'

'Naddo, ddim heb achos beth bynnag, ac wrth fod y tŷ 'cw a'i gefn at y ffor' fawr fydda i ddim yn gweld na chlwad llawar. A ddim yn mynd allan o'm ffor' i chwilio am straeon 'te.'

A dyna gau ceg honna. Fu dda gen i mo'r hen bits erioed.

'A wyddoch chi,' meddai'r nesaf, 'ma' 'na betha digon rhyfadd yn digwydd tua'r clyb 'na hefyd.'

''Dach chi rioed yn deud.'

'Ydw, wir i chi. Mi faswn i'n rhoi stop ar y rhei'cw fynd yno taswn i ond yn medru.'

''Rargian fawr.'

'Baswn wir. Ma'n nhw'n deud bod rhai o'r plant yn galw i' weld o yn y tŷ ychi.'

'Ydyn nhw wir?'

'Felly ma'n nhw'n deud 'te, a dydi hynny ddim yn beth iawn ydi o? Synnu na fasach chi 'di sylwi.'

'Wel dydw i ddim, wir i chi. A ma'i wraig o yno beth bynnag, 'n tydi hi. Ac mi ddeuda i gymaint â hyn wrthach chi. Ma' plant y lle 'ma'n ffodus ar y naw fod 'na rywun sy'n fodlon gneud rhwbath hefo nhw, a rhoi rhwla iddyn nhw fynd iddo fo.'

'Ma' 'na wirionadd yn hynny, siŵr o fod.'

'Ma'n nhw'n well 'u lle yn y clyb 'na nag yn crwydro'r stryd yn gneud dryga.'

'Y . . . ydyn. Ydyn ma'n siŵr. Er ma' adra bydd y rhei'cw gyda'r nosa, cofiwch. O ia.'

'Clwad y plant 'ma'n cwyno byddwn i nad o'dd na gythra'l o ddim iddyn nhw yma. Mi ddylsan ni fod yn ddiolchgar am y dynion diarth 'ma sy'n fodlon trefnu rhwbath ar 'u cyfar nhw, gan nad o'dd y bobol leol am neud yr un dim drostyn nhw.'

'Wel ia, ma'n rhaid i mi gydnabod bod y rhei'cw lai o dan draed rŵan. A ma' llai o gwyno bod plant yn niwsans hyd y lle 'ma, fel 'dach chi'n deud. Ond gweld y polîs yn galw yn y clyb 'na bydda i, ychi.'

‘Ia, ma’ gofyn iddyn nhw gadw golwg ’nd oes, hefo’r holl broblema cymryd drygia sy ’na’r dyddia yma, er na chlywis i ddim sôn am betha felly tua’r clyb chwaith, naddo?’

‘Naddo wir, diolch i’r drefn. Ond ’dach chi ’di clwad ’u bod nhw’n ama rhai o’r plant o beintio dros ryw arwyddion Seusnag tu allan i un o’r clybia yfad crand ’na?’

‘Peintio arwyddion? Henffasiwn braidd, ’dach chi ddim yn meddwl?’

‘Ia falla, ond mi fuo’r polîs acw yn holi rhei’cw ychi. Dim ’u bod nhw’n ’u hama nhw, wrth gwrs. Fasa rhei’cw byth yn gneud ffasiwn beth. Chwilio am wybodaeth ro’dd y polîs ’te. Ond ma’ gin i ofn yn ’y nghalon. O’s wir. Ma’r petha diarth ’ma’n pwnio syniada i’ penna nhw.’

‘Duw, Duw, taswn i’n chi, mi faswn i’n mynd adra a rhoi pob bocs matsys o dan glo. Baswn, myn cythra’l.’

‘O bobol bach, peidiwch â sôn wir.’

Hy. Fyddwn i ddim yn cael darn o’i chacen Nadolig hi eleni, ond dim ots. Ar ôl i mi fynd adre a chael fy nhe mi es ati i olchi bob tun a bocs plastig yn y tŷ. A dyna fi’n barod am yr hyn fyddai’n digwydd bob blwyddyn. Ymhell cyn y Calan mi fyddai pobl wedi cael llond bol ar eu danteithion ac yn cofio am yr hen greadur ar ei ben ei hunan bach. Mi fyddai’n gyfle iddyn nhw fod yn Gristionogol a chael gwared ar eu gormodedd ar yr un pryd.

‘Helô! Lle ’dach chi? ’Di ca’l ’y ngyrru yma i ddanfon y mins peis ’ma i chi, ylwch, ac i ddeud bod pawb yn deud Dolig Llawan a Blwyddy’ Newy’ Dda. O’s gynnoch chi ddim coedan Dolig?’

Wel, plentyn oedd hwnna a dim dichon iddo wybod yn well. A’r nesaf.

‘Wedi dŵad â thipyn o sosej rôls i chi, ylwch. Ma’n siŵr na chawsoch chi rai. Rhyw betha bach fel’ma sy’n gneud y Dolig ’te, ne’ dyna fel bydda i’n ’i gweld hi. Blwyddyn Newydd Dda i chi a chofiwch chi swatio’n gynnas rŵan pan ddaw y tywydd mawr.’

Ac un arall.

‘Sut Ddolig gawsoch chi? Mi fuon ni’n meddwl gofyn i chi ddŵad acw i ginio Dolig, ond mi fasach wedi drysu’n lân yng nghanol sŵn y plant ’cw. Wedi dŵad â thipyn o dwrci i chi, ylwch.’

A’r hulpan hurt ei hunan wrth gwrs.

‘Ma’ pawb acw ’di bod yn meddwl amdanach chi, wrth ’n bod ni’n rhyw fath o berthyn ’te. Dyma ddarn o’n teisan Dolig ni i chi, ylwch.’

Erbyn dechrau’r flwyddyn mi fyddai gen i lond y lle o sbarion pobl. Mi arbedai hynny dipyn ar fy mhensiwn i, ac mi fyddai’r adar yn falch o’r gweddillion wrth i Ionawr droi’r tu min atyn nhw. Lwc fod drws fy nhŷ i allan o’r golwg.

7: Rhan Un.

Fu hi ddim yn flwyddyn newydd dda i mi. Roedd llai nag wythnos o’r g’nawes wedi mynd, a’r tywydd yn oer gythreulig. Swatio wrth y tân gymaint fyth ag y medrwn roeddwn i ond un noson mi es i ddanfon y botel wag at y ddôr ac oedi am ennyd i syllu ar y tŷ tywyll dros y ffordd. Roedd y ddau yna’n cael amser da ddiawledig yn rhywle. Dyma fi’n troi’n ôl am gynhesrwydd y tŷ, a’r peth nesaf roeddwn i’n mesur fy hyd ar y llawr a’m pen i’n clecian ar y cerrig. Dŵr oedd wedi colli o rywle ac wedi rhewi. Roedd fy mhen i’n brifo ond fedrwn i ddim teimlo unrhyw waed arno fo. Mi wyddwn y byddai’n rhaid i mi symud neu fferru ond wrth geisio codi aeth gwewyr drwy ’nghoes i. Roeddwn i wedi troi fy nhroed neu rywbeth. Beth gythraul wnawn i? Doedd yr un diben i mi weiddi: doedd neb o fewn clyw, ond roedd yn rhaid i mi symud neu rewi’n gorn. Mi lwyddais i’m codi fy hun i fyny drwy gymorth cerrig y wal ond fedrwn i roi dim pwysau ar fy nhroed. Roeddwn i’n gweld goleuadau’r arfordir yn ddwbl a threbal y noson honno. Mi es i lawr yn ofalus ar fy mhedwar a’i gwneud hi felly at y drws. Roedd yn rhaid i mi godi ar fy nhraed i’w agor, a’r boen yn erchyll. Wedi cloi’r drws mi ymlusgais i’m cadair wrth y tân ac eistedd ynddi y bûm i am hydoedd yn ceisio twymo. Roedd poen fel ddannoedd yn fy nghoes ac ymhen hir a hwyr mi benderfynais roi cynnig ar ei golchi. Anodd uffernol oedd cyrraedd y gegin gefn ond mi lwyddais yn y diwedd, a llwyddo i ferwi tegellaid o ddŵr. Rhoi dysgl ar y llawr, arllwys y dŵr iddi, joch o finegr ynddo fo, ac mi wthiais fy nhroed yn raddol i mewn i’r trwyth chwilboeth. I ddechrau roedd y boen yn erchyll ond o dipyn i beth mi ges esmwythâd. Mi ail-ferwais y tegell i wneud cwpanaid o goffi ond gorfu i mi ei hyfed yno yn y gegin gefn. Doedd dim diben ceisio mynd â hi at y tân. Roedd arna i eisiau bwyd hefyd ac mi dorrais dipyn o frechdan hefo marmalêd i mi fy hun. Fedrwn i ddim meddwl am goginio. Wedi bwyta es i'r gwely gan gredu mai gorffwys a chynhesu fyddai ddoethaf. Bu'n rhaid i mi orwedd ar wastad fy nghefn. Allwn i ddim troi drosodd, ond roedd y boen yn llai a finnau'n cynhesu.

Ces fy neffro gefn trymedd nos gan wewyr dirdynnol yn fy nghoes. Doedd dim amdani ond mynd i'w golchi unwaith eto. Mi ollyngais fy hun yn ofalus dros yr erchwyn ond dyma fi'n syrthio'n glewt ar y mat. Mi gyrhaeddais y gegin ar fy mhedwar a goleuo'r tân trydan. Yn ei olau es fel ci i'r gegin gefn a'm codi fy hunan i gadair er mwyn gwneud cwpanaid o goffi. Cwpanaid dda oedd hi hefyd. Yna es ati unwaith eto i olchi fy nhroed mewn dŵr a finegr. Mi giliodd y boen dan y driniaeth ond cyn gynted ag yr oeddwn i yn fy ngwely unwaith eto dyma hi'n ôl. Fedrwn i yn fy myw gysgu. Ymhen hir a hwyr daeth y radio fach ger y gwely i gadw cwmni i mi. Fûm i erioed mor falch o glywed yr heniaith. Cyn hir mi ddyddiodd a dyna pryd ces i afael mewn cwsg. Roedd wedi deg arna i'n deffro. Roedd yn gynnes braf yn y gwely a'm troed yn llawer esmwythach. Gorwedd yno bûm i nes teimlo chwant bwyd a phenderfynu codi.

Roedd fy ffêr fel ffwtbol ac yn ddu-las. Fedrwn i roi dim pwysau arni ac mi ges y drafferth ryfeddaf i wisgo. Go damia! Roeddwn i wedi gadael y tân trydan ynghynn drwy'r nos. Dim ots. Roedd yn werth y gost er mwyn cael cegin mor gynnes. Eistedd o'i flaen y bûm i gydol y dydd gan gropian i'r gegin gefn bob hyn a hyn i wneud cwpanaid o goffi a phigo tameidiau o fwyd. Roeddwn i'n ceisio credu fod fy ffêr i'n gwella ac yn gwybod yn iawn nad oedd hi ddim. Fedrwn i ddim gwisgo esgid, hyd yn oed pe bai gen i awydd mynd allan. Mi allwn geisio mynd at y ddôr ond os llwyddwn dichon y byddwn i wedi rhewi i farwolaeth cyn i neb sylwi arna i. Drithro'r diwrnod hwnnw mi olchais fy nhroed a'i dal yn hir yn y dŵr bob tro i leddfu'r boen. Y trydydd tro roedd yn rhaid i mi ddefnyddio dŵr a mwstard gan fod y finegr wedi darfod.

Roeddwn i bron â thorri 'nghalon wrth ei gweld yn nosi. Mi es i'r gwely'n gynnar ond gorwedd yn effro y bûm i'n synfyfyrio, a'r boen yn plycio yn fy ffêr. Roedd yn rhaid i mi gael help, ond sut? Beth ddôi ohono i? O'r nefoedd!

Roeddwn i ar fy nhraed erbyn pump o'r gloch. Prin iawn oedd sŵn y traffig ond roeddwn i wedi blino, ac wedi diflasu'n llwyr yn fy ngwely. Mi gropiais i'r gegin i oleuo'r tân trydan, yn ôl i wisgo drwy ddygn drafferth, ac yna ar fy mhedwar i'r gegin gefn i wneud coffi. Doedd arna i ddim awydd bwyd ac roedd y llefrith wedi suro. Be ddiawl wnawn i? Heb yfed fy nghoffi mi eisteddais o flaen y tân mewn cyfyng-gyngor, a phendwmpian. Ces fy neffro a'm dychryn gan sŵn dyrnu'r drws.

'Helô! Helô! O's 'ma bobol?'

'Helô, helô! Aros. Dw i'n dŵad rŵan.'

Trafferth y cythraul oedd cyrraedd y drws ond dim byd tebyg i'r boen wrth geisio codi i'w ddatgloi. Pan lwyddais i'w agor dyna lle'r oedd y dyn llefrith.

'Uffar dân, be 'di'r matar ddyn? 'Dach chi fel y galchan.'

'Wedi troi 'nhroed rydw i, dw i'n meddwl. Fedra i mo'i chyffwrdd hi ar y llawr.'

'Gweld 'ch bod chi heb nôl y botal lefrith ddoe ro'n i ac ofn 'ch bod chi'n sâl ne' rwbath. Ylwch, dowch i ni'ch ca'l chi i mewn i'r tŷ. Ma' hi'n oer gythreulig allan 'ma.'

Mi helpodd fi yn ôl i'r gegin a'm sodro mewn cadair.

'Ylwch rŵan, dowch i mi dynnu'ch hosan chi . . . y nefoedd fawr mi 'dach chi 'di gneud mwy na throi'ch troed, choelia i byth. Mi a' i i chwilio am ambiwlans rŵan. 'Rhoswch chi lle rydach chi a pheidiwch â symud. Cofiwch rŵan.'

'Naci, paid. Paid, bendith i ti, ne' mi fydda i'n destun siarad.'

'Ond blydi 'el ddyn, ma'n rhaid i mi! Fedra i mo'ch gada'l chi'n fan'ma fel hyn.'

'Wel gofyn i rywun alw'r doctor 'ta. Ma' 'na bres ar y dresal, yli.'

''Sdim eisio pres siŵr Dduw. Wel olreit 'ta, os ma' dyna fasa ora gynnoch chi, ond peidiwch chi â chyffro o'r fan'na rŵan. Mi ddeuda i wrthyn nhw am anfon rhywun gynta medran nhw. Ers pryd 'dach chi 'di bod fel hyn?'

'Syrthio wrth roi'r botal lefrith allan 'nes i. Pryd ro'dd hynny, d'wad?'

''R Arglwydd, ond ma' hynny'n gneud dwynos a dwrnod! Blydi 'el!'

'Ia, do's 'na neb o gwmpas i mi alw arnyn nhw, ti'n gweld.'

'Neb o gwmpas, myn diawl! 'Dach chi 'di bod yn fan'ma'n ddi-ymgeladd yr holl amsar a neb yn gwbod dim? Be gythra'l sy'n dŵad o'r lle 'ma, 'dwch? Ylwch, dw i'n mynd gynta medra i. Swatiwch chi wrth y letrig ffeiar 'na rŵan.'

Ac i ffwrdd â fo a finnau'n teimlo'n well oherwydd fod rhywun yn gwybod am fy mhicil i.

'Helô, helô, lle 'dach chi?'

Rhyw wraig oedd yn rhedeg hyd y cowrt, gan weiddi. Cyn pen dim roedd llond y gegin o bobl yn gogr-droi fel haid o ieir, ac o fewn munudau mi gerddodd meddyg bach pinc i mewn ac edrych, heb agor ei fag.

''Sbyty. Y munud 'ma. Mi alwa i ambiwlans. Lle ma'r ffôn, 'dwch?'

'Do's gynno fo ddim ffôn, ychi,' meddai rhywun.

'Dim ffôn! Wel, wel. O, dim ots, mi alwa i'r feddygfa o'r car. Na. Gwell na hynny, mi a' i â chi'n ôl yno yn y car. Ma' 'na ddigon o bobl yma i roi help llaw i chi gyrra'dd at y car, ac mi fydd hi'n haws i mi weithredu o'r fan honno.'

'Ond gythra'l ddyn, fedra i ddim gada'l fy nhŷ yn ffwr-bwt fel'na. Ma' angan amsar i mi ga'l trefn ar betha.'

'Peidiwch chi â phoeni rŵan,' meddai rhyw wraig, 'mi 'drychwn ni ar ôl pob dim. Jyst meddyliwch chi am wella.'

'Gwella! Gwella! Dw i ddim yn sâl! Mymryn o anaf i 'nhroed, dyna'r cwbwl.'

'Nid anaf bach 'di hwnna,' meddai'r meddyg, 'ond peidiwch chi â chynhyrfu rŵan. Mi gymera i'r allwedd gynnoch chi ac mi rown ni glo ar y drws. Wedyn mi gaiff y Gwasanaetha Cymdeithasol yrru rhywun yma i ga'l trefn ar bopath. Fydd dim angan i neb arall wneud dim.'

A dweud y gwir roeddwn i'n ddigon bodlon gadael iddo fo gymryd y cyfrifoldeb. Fyddai hen daclau'r pentre ddim yn gallu busnesa na chario dim oddi yno.

‘Dyna chi,’ meddai ar ôl cloi’r drws, ‘ma’r allwedd gen i, ylwch. Does dim angen i chi boeni dim; mi fydd rhywun draw yma cyn amsar cinio i wneud yn siŵr fod popath mewn trefn, ac mi edrychan nhw ar ôl y lle nes dowch chi’n ôl. Do’s ’na ddim problam, wir i chi.’

‘Os ’dach chi’n deud.’

Mi deflais i un cip olaf ar yr hen dŷ, a’r peth diwetha welais i oedd y tŷ dros y ffordd yn rhythu’n ddall arna i.

7: Rhan Dau.

Roedd y meddyg bach pinc yn iawn, chwarae teg iddo fo. Tra oeddwn i’n eistedd mewn cadair-olwyn yn y feddygfa mi allwn glywed llais merch yn galw am ambiwlans, a dal i aros amdani hi roeddwn i pan ddaeth gwraig debyg iawn i nyrs ata i.

‘Ylwch, mi dw i ar fy ffor’ acw rŵan. Mi fydda i wedi llnau’r tŷ ac mi gadwa i olwg arno fo nes byddwch chi’n ’ch ôl.’

‘Diolch yn fawr i chi.’

‘Dyna chi. Deudwch i mi, ’dach chi’n ca’l papura newydd ac os ydach chi o lle ’dach chi’n ’u ca’l nhw? Ac o’s ’na rwbath arall sy eisio’i stopio, ’blaw’r llefrith? Ac o’s ’na rwbath neilltuol sy eisio i mi ’i ’neud? Ac o’s gynnoch chi gi ne’ gath ne’ rwbath?’

‘’Rhoswch da chi! Un peth ar y tro. Dw i’n cymysgu’n lân.’

‘Reit. Dowch i mi weld rŵan. Lle ro’n i, ’dwch?’

Mi ddaethon ni i ben â hi’n burion rhyngom ein dau, a finnau’n cymryd at y wraig yma’n syth. Diolch byth mai hi oedd am warchod. Roeddwn i’n dechrau sylweddoli nad ar chwarae bach y byddwn i’n gwella. Mi gymerai fwy na diwrnod neu ddau cyn y byddwn i gartre, ond pam dylwn i ofidio? Roeddwn i’n ddiogel, a dyna oedd y peth mawr. Pob croeso i’r bobl yma fy nhrin a’m trafod fel y mynnen nhw.

A dyna fel bu hi nes i mi fy nghael fy hun mewn gwely yn yr ysbyty. Rhyw le digon estron oedd hwnnw a finnau’n teimlo’n unig ymhell o gartre. Mi fu nyrs fach siriol iawn yn rhoi tabledi i mi ac yn egluro’u pwrpas nhw, ond doeddwn i fawr callach. Roedd yn llawer gwell gen i ei chlywed yn dweud nad oedd dim i boeni amdano fo. Saeson oedd y bobl aeth â fi am luniau pelydr-X hefyd, er eu bod nhw'n glên iawn. Mi ddaeth meddyg i ddangos y lluniau i mi'n ddiweddarach. Fedrwn i wneud na rhych na rhawn o'i bregeth ond mi gesglais mai mymryn o asgwrn bach oedd ar fai. O beth bychan roedd o wedi peri cythraul o drafferth.

Y peth gorau gen i oedd gweld gwraig yn dod â llond trol o lyfrau i'r ward. Gyda thri neu bedwar o lyfrau Cymraeg yn gwmni a'r boen yn fy nghoes wedi mynd roeddwn i'n rêl boi yn eistedd yn fy ngwely'n gynnes braf, yn cael fy mwyd a'm tendans ar gost y wlad. Gobeithio'r nefoedd y byddai'r wraig o'r Gwasanaethau wedi cael gwared â'r holl fwyd Nadolig ac y cawn innau gyfle i egluro iddi pam fod cymaint o'r stwff yn y tŷ.

Mi ddaethon ata i fore trannoeth a chyhoeddi ei bod yn bryd trin y ffêr. Erbyn amser cinio roeddwn i'n ôl yn fy ngwely a'r hen droed wedi ei charcharu mewn rhwymyn tynn, rhyfedd. Prynhawn digon cymysglyd fu hwnnw ond pan ddeffroais i drannoeth roeddwn i'n llawer tebycach i mi fy hun. Mi wnes ginio da iawn ohoni a setlo i ddarllen gan anwybyddu'r rhai oedd yn dod i mewn i ymweld â chleifion.

'Helô. Sut rydach chi'n teimlo erbyn hyn?'

'Y . . . 'rargian fawr, o lle daethoch chi?'

'Poeni amdanach chi roeddan ni'n dau a phoeni ma' pawb arall yn yr ardal hefyd wrth feddwl am yr hyn ddigwyddodd.'

'Ia wir, ac wrth 'mod i'n rhydd y pnawn 'ma doedd na byw na marw gan y wraig 'ma na fasan ni'n dŵad i'ch gweld chi.'

'Meddwl ro'n i basa'n well i ni ddŵad 'dach chi'n gweld. Ma' pawb wedi dychryn yn ofnadwy wrth feddwl amdanach chi wedi brifo a neb yn dŵad ar 'ch cyfyl chi.'

'Wel lwc garw i'r dyn llefrith ddallt fod 'na rwbath o'i le ne' dyn a ŵyr be fasa wedi digwydd i mi.'

'Wel ia wir. Do's 'na neb yn cerddad ffor' yna rŵan, nag oes. Wn i ddim pryd basa'r rhai ohonan ni sy'n gyrru heibio wedi sylwi'ch bod chi mewn helbul.'

'O, mi fasa 'na rywun yn siŵr o fod wedi dallt, ychi.'

'Wn i ddim wir. Unig iawn 'dach chi'n y fan'na, 'ntê, 'n enwedig wrth fod y petha 'na dros y ffor' i chi'n dal ar 'u holides.'

‘Os mai ar ’u holides ma’n nhw ’ntê, cariad.’

‘Duwcs! Be ’dach chi’n feddwl, felly?’

‘O, peidiwch â gwrando arno fo. Mae o wrth ’i fodd yn codi bwganod.’

‘Codi bwganod, cariad? Mi wyddon ’i fod o’n dal i fynd i’r ysgol, ne’ dyna be ma’r plant yn ’i ddeud.’

‘Bobol annw’l, ydi o? Ro’n i’n meddwl ’u bod nhw’n dal ar ’u gwylia.’

‘Wel dyna ddeudodd hogyn y drws nesa ’cw, ac mae o’n hen beth bach digon geirwir fel arfar.’

‘Ond ’rargian fawr, pam nad ydyn nhw ddim ’di dŵad adra ’ta?’

‘Wel, fel ma’r gŵr ’ma’n deud, mae o yn yr ysgol yn ôl y plant. Ac yn y clwb ’na hefyd, yn ôl pob sôn.’

‘Tewch â deud! Wel be gebyst sy wedi digwydd, deudwch?’

‘Wn i ddim, ond ma’r gŵr ’ma’n deud wrtha i ei bod hitha i’w gweld o gwmpas llefydd crand y dre ’na hefyd, ychi.’

‘Ond dydan ni ddim yn gwbod hynny i sicrwydd, ydan ni cariad? Dim ond be glywis i, ’ntê.’

‘Wel wir, welsoch chi ddyn ’run fath â hwn rioed, yn cychwyn stori, ac yn ’i gwadu hi wedyn.’

‘Mae’n siŵr ’i fod o’n iawn, ychi, er ’i bod hi’n anodd y cythra’l gin i goelio.’

‘Peidiwch â deud wrth neb ar ’n hôl ni, cofiwch.’

‘Yn hollol, gan na ŵyr hi mwy na finna ddim yn iawn. Dim ond dyfalu rydan ni, ’ntê.’

‘Ia wir, cariad. Taw pia hi ’ntê. Dydan ni ddim eisio cychwyn stori ddi-sail, ’n nag ’dan?’

‘Nag ydan siŵr, ond ma’r cwbwl yn ddyrys iawn wir.’

‘Ydi. Cofiwch chi, mi roeddwn inna wedi dechra ama’ fod ’na ryw ddrwg yn y caws wrth ’u gweld nhw cyhyd heb ddŵad yn ’u hola’. Ond duwcs, be ’di’r matar arna i? ’Dach chi rioed wedi dŵad yn unswydd i ’ngweld i?’

‘Ydan, siŵr iawn. Rŵan, oes ’na rwbath rydach chi ’i angan?’

‘Ia wir, oes ’na rwbath medrwn ni ’i neud? Fedra inna, mwy na hitha, ddim llai na meddwl amdanach chi’n diodda yn y fan’na ’ch hunan bach, a hynny mewn pentre bychan ac mewn gwlad Gristionogol.’

'Gwlad be? Cariad, mi wyddoch faint fydd yn y capal ar fora Sul.'

'Dydw i fy hun ddim 'di arddel unrhyw fath o grefydd ers blynyddo'dd, fel gwyddoch chi'ch dau. Na, ma' arna i ofn ma'r byd sy'n newid. Dydi pobol ddim yn gwbod busnas 'i gilydd fel byddan nhw erstalwm.'

'Mi rydach chi'n iawn, ac mae llawer o'r bai am hynny ar y teledu.'

'Oes wir, mae pobol yn gwbod llawer mwy am be sy'n digwydd ar hwnnw. A rŵan, oes 'na rwbath medar y wraig 'ma a finna 'i 'neud i chi? Meddyliwch rŵan.'

'Nac oes, ychi, dw i ddim yn meddwl, ond diolch yn fawr i chi am ofyn. Ma' 'na wraig o'r Gwasanaetha 'na yn gwarchod y tŷ 'cw. Ond dw i'n ddiolchgar iawn i chi am ddŵad yr holl ffordd i 'ngweld i, cofiwch.'

Hwyrach mai eisiau cael dweud iddyn nhw ymweld â'r hen greadur roedden nhw. Wn i ddim, ond doeddwn i ddim yn teimlo mor unig ar ôl iddyn nhw fynd. Y nefoedd! Pam roeddwn i mor anniolchgar a'r ddau wedi trafferthu dod yr holl ffordd i'm gweld i? A chwarae teg i bawb, mi fu hanner y pentre yno'r dyddiau canlynol, a phob ymweliad yn ddolen arall rhyngddo i a chartre.

7: Rhan Tri.

'Ydach chi'n meddwl 'mod i'n 'tebol i fynd adra bellach?' meddwn i wrth nyrs oedd yn troi a thynnu fy nhroed i rai dyddiau'n ddiweddarach.

'Ma'n rhaid i chi 'marfar 'mynadd.'

'A deudwch i mi, 'ch troed chi ne' 'nhroed i ydi hwnna rydach chi'n 'i gam-drin?'

'Peidiwch â bod yn fabi. Mi rydach chi'n gwella'n ara deg ond dydw i ddim yn meddwl medrwn ni ada'l i chi fynd adra nes byddwch chi wedi dysgu cerddad yn iawn.'

'Ond y nefoedd wen, mi 'nes i hynny hefo'r hen wraig 'y mam pan o'n i yn 'y nghlytia 'mhell bell yn ôl.'

'Do's dim eisio rhegi, nag oes, na bod yn ddi-chwaeth, a nid rhwbath i'w drin yn ysgafn ydi hyn wyddoch chi. Mi fydd yn rhaid i ni fod yn siŵr, yn enwedig â chitha'n byw ar 'ch pen 'ch hun.'

'Wel bobol bach, be wna i? On'd ydyn nhw'n berwi'n dragwyddol ar y weiarles a'r teledu fod 'na brindar gwelya mewn sbytai?'

'Ma' hynny'n ddigon gwir. Mi fydd yn rhaid iddyn nhw ga'l lle i chi mewn cartra henoed dros dro.'

'Be?! Y nefoedd fawr, be gythra'l wnawn i yng nghanol hen betha'n aros am 'u diwadd?'

'Peidiwch â rhegi! Nid lle felly fydd o siŵr iawn. Mae 'na lawar sy'n gneud 'u cartra mewn llefydd felly.'

'Ond adra rydw i eisio mynd.'

'Twt lol, peidiwch â bod mor blentynnaidd. Mi gewch chi fynd adra pan fyddwn ni'n fodlon y medrwch chi ddygymod â bod ar 'ch pen 'ch hun, a dim un diwrnod cynt. Be tasach chi'n brifo eto?'

'Os 'dach chi'n deud.'

'Rŵan, rŵan, peidiwch â thorri'ch calon. Mi gewch chi fynd adra ond mi gym'rith amsar i'ch coes chi gryfhau, wyddoch chi.'

I gartre henoed y bu'n rhaid i mi fynd; i fysg yr hen greaduriaid anniddorol a difeddwl oedd yn trigo yn y lle, ond er mawr syndod i mi roeddwn wedi cartrefu cyn pen dim a cholli'r awydd am fynd adre. Wedi'r cyfan roeddwn i ymysg pobl, ac roedd y gweithwyr yno'n amyneddgar ac yn werth y byd. Mi fyddwn i'n cael ymwelwyr hefyd o dro i dro er fy mod i ymhellach o gartre nag oeddwn i yn yr ysbyty, ac un gyda'r nos mi ryfeddais wrth weld bagad o bobl yr ardal yn cyrraedd gyda'i gilydd.

'Wyddoch chi,' meddai un ohonyn nhw ar ôl i ni gwblhau seremoni holi hynt fy iechyd i, 'rydw i'n credu fod ardal gyfan wedi dychryn o achos yr hyn ddigwyddodd. Mae'n afresymol yn yr oes sy ohoni hi fod neb yn gorfod diodde fel yna.'

'Ia,' meddai gwraig fyddai'n gorfod distewi er mwyn rhoi cyfle iddi hi ei hunan siarad, 'mae pawb yn gweld hyn yn adlewyrchu'n ddrwg iawn arnon ni fel cymunad.'

'Ydi wir,' meddai rhywun arall, 'ma'r peth wedi pigo cydwybod pawb, ychi.'

'Wel bobol bach, do's 'na ddim angan i neb ofidio. Fy mlerwch i oedd o.'

'Ia,' meddai'r prif siaradwr, 'ond yr hyn ma' pawb yn 'i deimlo, ychi, ydi'n bod ni wedi mynd yn gymdeithas ddi-werth iawn os ydan ni am ganiatáu i'r cyfryw betha ddigwydd. Wel, hyn oedd ein neges ni beth bynnag, i dorri'r stori'n fyr. Hynny ydi, mi gaiff hi ddeud gan mai hi sy wedi gwneud y trefniada.' A dyma droi at y wraig honno.

'Yn hollol. Ma' pawb yn yr ardal yn poeni, fel ro'n i'n deud, ac yn ceisio dyfalu pa gamra gallen ni eu cymryd i wneud yn siŵr na fydd y ffasiwn beth byth yn cael digwydd eto. Wel, mi aeth rhai ohonon ni o gwmpas i gasglu arian. Wedi meddwl roeddan ni y byddan ni'n gallu cael un o'r tacla' yna y bydd yr henoed yn eu gwisgo er mwyn rhoi galwad am help mewn angen, ond yn anffortunus, fel rydan ni'n dallt, dydi'r gwasanaeth yna ddim ar gael yn ein cylch ni.'

'Dim digon o alw amdano fo iddo fo dalu 'dach chi'n gweld,' meddai rhyw ddyn, wrth iddi orfod arafu i gymryd ei gwynt, 'a do's gin y petha preifat 'ma gythra'l o ddim diddordab mewn cynnig gwasanaeth os nad o's 'na elw sylweddol i' neud.'

'Felly,' meddai hithau fel trên stêm yn ailgychwyn, 'ar ôl i ni drafod y matar a cha'l cyfla i wneud ymholiada mi welson fod gynnon ni ddigon o arian i dalu am osod ffôn yn y tŷ i chi, ac i dalu rhent y flwyddyn gynta hefyd.'

'Wel wir, wn i ddim be i'w ddeud, ond diolch yn fawr iawn i chi i gyd am feddwl amdana i.'

'Do's dim rhaid i chi ddeud dim,' meddai rhywun, 'mi 'dan ni'n gythgam o falch o ga'l gneud rhwbath.'

'Ond bobol annw'l, mi rydw i'n ddiolchgar i bawb, cofiwch. Ddyli's i rioed fod pobol yn meddwl cymint ohona i.'

'Dyna chi,' meddai'r arweinydd, 'mi rydan ni'n dysgu rhwbath newydd bob dydd, 'n tydan ni. Ond mi fydd yn rhaid i chi arwyddo am y ffôn 'na, wyddoch chi.'

'Wrth gwrs,' meddai hithau, 'mi ddaw rhywun â'r ffurflen draw yma i chi gael ei harwyddo hi cyn gynted ag y byddwn ni wedi gneud y trefniada drostach chi.'

Pwy na fyddai'n ymfalchïo wrth feddwl fod gan bobl gymaint o feddwl ohono fo? Mi fyddai'n rhaid i mi roi gair o ddiolch yn y papur bro, faint bynnag gostiai hynny.

8: Rhan Un.

'Helô! O's 'ma bobol?'

'Dowch i mewn, dowch i mewn.'

'Wedi picio draw am funud i weld os 'dach chi'n setlo.'

'Ydw nen tad, diolch yn fawr i chi.'

'O, da iawn, da iawn. Dw i'n siŵr 'ch bod chi'n 'i gweld hi'n braf ca'l bod yn ôl ar 'ch aelwyd 'ch hun.'

'Ydi wir, ma' hi. 'Dach chi'n deud calon y gwir.'

'A mi rydach chi'n dŵad i ben â phetha'n iawn?'

'Yn burion, diolch i chi am ofyn. Ma' gwraig o'r Gwasanaetha 'na am alw ddwywaith yr wsnos i neud yn siŵr fod popath fel y dylia fo fod.'

'Da iawn wir. Ma' angan rhywun i edrach tipyn ar 'ch ôl chi. Ydach chi'n cerddad yn weddol?'

'Siort ora, ychi. Hefo cymorth ffon 'te. Y drwg penna ydi 'mod i'n methu mynd ymhell.'

'Wel ia. 'Mynadd pia hi, ychi. Mi wyddoch yr hen air ma'n ara' deg ma' mynd ymhell.'

'Ia m'wn, ond cofiwch chi, nid y mynd ymhell sy'n 'y mhoeni i ond y dŵad yn ôl.'

'Deudwch chi. Wel, hyn o'dd gin i. Ro'dd y gŵr eisio i mi alw i ddeud wrthach chi'ch bod chi'n gwbod yn iawn lle 'dan ni'n byw os byddwch chi'n hangan ni. A pheidiwch â bod ofn gofyn. Cofiwch chi rŵan. Nid deud er mwyn deud rydw i.'

'Diolch yn fawr iawn i chi, a diolchwch i'r gŵr drosta i. Ia, ma' arna i ofn y bydd yn rhaid i mi ddysgu gofyn. 'Ddylis i rioed y basa hi'n dŵad i hynny.'

'Ia. Do's 'na neb ohonan ni'n mynd yn ddim 'fengach, nag oes? Da bo chi rŵan, a chofiwch be ddeudis i.'

Bobol bach, feddyliais i erioed y gallai pobl fod mor garedig. Naddo myn cebyst. Y noson y cyrhaeddais i adre a'r diwrnod wedyn mi fu'r ardal gyfan, bron iawn, yn edrych amdana i.

'Helô! 'Dach chi yma? Ma'n ddrwg gin i na fedrwn i ddim galw neithiwr pan gyrhaeddoch chi adra, 'n enwedig gan 'n bod ni'n rhyw fath o berthyn, yntê.'

'Dyna chi. Peidiwch â phoeni dim. Roedd hi'n hwi, rhed, a

brysia yma rhwng pawb a phob dim, er bod pobol y Gwasanaetha wedi gneud gwaith da iawn o ga'l y lle'n barod ar 'y nghyfar i.'

'O, ma'n dda gin i glwad. A finna'n poeni 'mod i'n methu dŵad yma. A wyddoch chi, ma'n rhaid i mi ddeud bod graen yma. Ond mi rydach chitha wedi cadw'r lle fel pìn mewn papur 'n tydach, o ran hynny, gydol y blynyddo'dd.'

'Duwcs, mi wnaethon nhw waith da, chwara teg iddyn nhw. Ma'n rhaid canmol lle ma' galw am hynny. A diolch i chitha am alw.'

'Twt lol, mi faswn wedi dŵad ynghynt, fel ro'n i'n deud, taswn i wedi medru.'

'Wel dyna chi. Ma'n braf ca'l gweld pobol. Gymrwch chi banad?'

'Bobol bach na 'na i. Peidiwch â thrafferthu, bendith i chi. Mi rydan ni i gyd wedi bod yn poeni'n ofnadwy wrth feddwl amdanach chi'n y fan'ma'n ddiymgeladd, mewn poen.'

'Ia, ond ma' 'na fai mawr arna inna, cofiwch. Wedi fy nghadw f'hun o hyd braich rydw i gydol y blynyddo'dd.'

'Ia siŵr. Eisio bod yn annibynnol 'te. On'd ydan ni i gyd yn hoffi cadw'n lle i ni'n huna'n. A chitha wedi byw yn y fan'ma ar 'ch pen 'ch hunan bach gydol y blynyddo'dd 'te.'

'Wel mi fydd yn rhaid i betha newid, ma'n siŵr gin i.'

'Mi ddyliach fedru dibynnu ar 'ch cymdogion, fan leia. Ac o sôn am gymdogion, 'dach chi wedi clwad rhwbath o hanas y rheina sy i fod i fyw dros y ffor' 'ma?'

'Nag dw i, wir i chi. 'Run gair. Mi fuo fi'n hannar disgw'l 'u gweld nhw'n galw yn yr hosbitol, wrth fod cymint ohonach chi wedi dŵad i edrach amdana i, a chwara teg i chi i gyd am 'neud; ond gwag oedd hi yna pan es i ffwrdd, a gwag oedd hi pan ddychwelis i.'

'Ia. Dydyn nhw ddim wedi bod ar gyfyl y lle ers y Dolig, cyn bellad ag y gŵyr neb, a rhyw fyw go ryfadd o'dd 'na rhwng y ddau ohonyn nhw cyn hynny, 'n ôl fel ro'n i'n dallt.'

'Tewch â sôn, da chi. Mi fydda i'n treio peidio busnesa, ond anodd ydi peidio sylwi ar fyw 'r unig rai sy'n trigo ar fy mhwys i.'

'Wel wrth gwrs. Mi fasach yn rhyfadd iawn tasach chi ddim yn sylwi.'

'Ella baswn i wir. Mi fydda 'na sŵn y cythra'l yna amball dro rhwng y naill beth a'r llall. Er bod 'na rwbath yn ddigon nobl yn y ddau ohonyn nhw ar brydia, cofiwch chi.'

'O'dd 'na? Do'n i ddim yn 'u 'nabod nhw'n dda o gwbwl, ychi, mwy na'r mwyafrif o bobol y lle 'ma. Ma'r plant 'cw'n rhoi gair da iawn iddo fo tua'r clyb 'na, mi wn i hynny, ac ma'r lle hwnnw'n fendith i rieni, ychi. Rhwla i'r plant 'cw fynd yn lle'u bod nhw'n cwyno a ffraeo yn y tŷ.'

'Mi dw inna wedi clwad geirda iddo fo tua'r clyb 'na, ond ma' gin i ofn yn 'y nghalon fod 'na rwbath go ddifrifol wedi digwydd dros y ffor' 'ma, tasan ni'n gwbod y cwbwl.'

''Dach chi'n llygad 'ch lle. Ma' rhwbath rhyfadd iawn yn y peth.'

'Oes wir. Dyrys iawn.'

'Wel, ma'n well i mi'i throi hi. Cofiwch, os byddwch chi angan unrhyw help, dim ond gofyn sy eisio i chi.'

'Diolch yn fawr i chi. Mi ddo i draw at y ddôr hefo chi, ga'l i mi ga'l tipyn o wynt.'

'Cymrwch chi bwyll rŵan, a pheidiwch â threio gneud gormod.'

'O, ma' popath yn iawn, ychi. Cerddad cymint ag y medra i o'dd y cyngor ges i gynnyn nhw cyn dŵad adra. Eisio i mi 'nghadw f'hun yn ystwyth, ma'n siŵr gin i.'

'Ma'n siŵr, a chofiwch rŵan, os bydd angan rhwbath arnach chi . . .'

Mi oedais a'm pwys ar y ddôr. Doedd fawr i'w weld ond y traffig gwallgo'n rhuthro heibio ac ambell gar yn canu ei gorn arna i. Peth braf oedd cael codi llaw ar bobl. Roedd y tywydd yn cynhesu hefyd, gan i mi fod yno yrhawg cyn teimlo brath yr oerfel. Be gythraul oedd wedi digwydd dros y ffordd? Roedd ffenestri'r tŷ fel llygaid cwningen farw. Dyma fi'n troi'n ôl am y tŷ ac oedi i edrych ar yr arfordir. Go annelwig oedd hwnnw hefyd, ond mi wyddwn i'n iawn lle dylai pobman fod. Tybed 'mai draw y ffordd yna roedden nhw, ymysg y miloedd oedd yn fawr eu poen a'u trafferth? Efallai wir, ond Duw, roedd hi'n dda cael bod adre.

8: Rhan Dau.

Mi godais yn gynnar fore trannoeth er mwyn dal y dyn llefrith. Roedd angen ailddechrau'r llefrith ac roeddwn i eisiau cael diolch yn iawn iddo fo hefyd. Rhy hwyr! Roedd o wedi bod ac wedi gadael potel i mi. Sut gythraul roedd o'n gwybod? Wrth bwyso ar y ddôr mi ges achos i ddifaru na fuaswn wedi gwisgo côt. Roedd awel Mawrth yn ddigon main yn y bore.

'Helô! Helô!'

Pwy gythraul? Fedrwn i weld neb: roeddwn i'n synnu fod neb o gwmpas ar ddeutroed mor gynnar ar y dydd. Ac yna mi gwelais hi'n tuthio tuag ata i a bag papurau newydd oren llachar yn bownsio wrth ei hochr hi.

'Helô 'ngenath i, sut rw't ti?'

'Dw i'n iawn, diolch. 'Dach chi'n well?'

'Wel ydw wir, diolch yn fawr i ti.'

'Ro'n i eisio dŵad i'ch gweld chi'r noson daethoch chi adra ond chawn i ddim gin y bobol 'cw.'

'Duwcs annw'l. Pam d'wad?'

'Roeddan nhw'n deud basa mwy na digon o bobol yma a do'dd dim eisio i mi fod ar y ffor' a gneud niwsans ohona fy hun meddan nhw.'

'O, mi wela i, ond go brin basat ti ar y ffor' 'te. Cofia di, mi wna'th 'na beth mwdral o bobol alw. Hwyrach bydd hi'n well i mi ga'l dy weld di, ysti, pan fydd pobol mewn oed wedi anghofio.'

'Olreit. Ylwch, ma'n well i mi fynd rŵan i mi ga'l gorffan y papura 'ma cyn i'r bŷs ddŵad ond mi ddo i'ch gweld chi pnawn 'ma ar fy ffor' o'r ysgol. Ta ta rŵan.'

Roedd mwy o ddyfnder yn honna nag a feddyliais i ar y cychwyn. Mi fu'r wraig o'r Gwasanaethau acw'r bore hwnnw a'i sgwrs yn well moddion na ffisig. Mi fu un neu ddau arall acw hefyd cyn diwedd y prynhawn ond edrych ymlaen at ymweliad yr hogan bach yna roeddwn i. Ac mi gofiodd. Newydd droi pedwar oedd hi yn ôl y radio pan glywais i sŵn ei thraed yn prancio ar hyd y cowrt.

'Do's 'na neb adra 'dach chi'n gweld a wedyn gesiwch i lle ma'n rhaid i mi fynd i ga'l fy nhe.'

'Ia, mi wela i. A sut ma'r hen wraig, d'wad?'

'Peidiwch â gada'l iddi hi'ch clwad chi'n 'i galw hi'n hen ne' mi gewch chi hec o row ond ma' hi'n tsiampion a ma' hi'n deud 'i bod hi'n 'fengach na chi.'

'Wel ydi, ma' hi, siŵr o fod, rŵan a 'mod i'n meddwl am y peth.'

'Niwsans ydi gorfod mynd yno ychi achos mi faswn i'n medru gneud te'n iawn i mi fy hun ond ma'r bobol 'cw'n deud bod yn well i mi fynd rhag ofn i mi bechu.'

'Ia. Ma'n siŵr 'i bod hitha'n ddigon unig, ysti.'

'Ydi ond mi fasa'n well gin i ga'l gneud fy mwyd fy hun achos ma' hi'n meddwl ma' hogan bach ydw i o hyd ychi ac yn mynnu rhoi'r bwyd rong i mi nes bydda i'n teimlo'n fawr ac yn dew bob tro bydda i wedi bod yno'n ca'l bwyd.'

'O, dim yn dallt ma' hi ysti. A dw't ti ddim yn dew, dyna un peth sy'n eitha siŵr. Rw't ti'n lwcus 'i bod hi'n meddwl cymint ohonat ti.'

'God, wn i ddim achos ma' hi'n cwyno drw'r amsar 'dach chi'n gweld a ma'n nhw'n deud adra na do's dim byd yn matar arni hi dim ond 'i bod hi'n hen ond y drwg ydi'i bod hi'n leicio cwyno.'

'Deud ti. Cofia fi ati hi, 'nei di.'

'Olreit. Eisio i chi gymryd mwy o ddŵr hefo fo o'dd medda hi, os 'dach chi'n dallt be ma' hynny'n 'i feddwl achos dydw i ddim.'

'Be ddeudodd hi? Ydw, mi rydw i'n dallt. Deud ti wrthi hi bydda i'n dŵad draw yna i ddeud y drefn gynta byth ag y bydd fy nhroed i'n caniatáu i mi gerddad cyn bellad.'

'Blincin ec, na 'na i ddim deud ne' mi fydda i'n ca'l row am ddeud ne' rwbath felly a pheidiwch â deud wrthi hi 'mod i wedi deud. Ylwch, 'dach chi eisio negas achos dyna be o'n i eisio'i ofyn.'

'Ddim heno 'ma, diolch i ti. Ma' pobol y Gwasanaetha 'ma 'di gneud yn siŵr fod gin i bopath ar y funud.'

'Olreit 'ta. Mi alla i alw yn y boreua ychi pan fydda i'n gneud fy rownd bapur i weld os byddwch chi eisio rhwbath.'

'Wel mi rw't ti'n ffeind iawn, hogan, ond mi fydd yn rhaid i minna ddŵad i ddygymod â cherddad, ysti. Dyna be o'dd y doctoria'd yna'n 'i ddeud wrtha i.'

‘’Dach chi’n siŵr rŵan achos mi rydw i’n pasio bob bora ychi.’

‘Mi ddeuda i wrthat ti be wna i. Mi ddo i at y ddôr ben bora, fel g’nes i heddiw ’ma, os bydda i angan negas, ac os byddi di mor ffeind.’

‘Olreit. ’Dach chi ’di clwad amdanyn nhw dros y ffor’ ydach chi?’

‘Rydw i’n gweld nad ydyn nhw ddim yn byw yna. Be fu felly, d’wad?’

‘Do’s ’na neb yn gwbod yn iawn ychi, achos mae o’n dal i ddŵad i’r ysgol ac i’r clyb ond do’s gin i ddim eidîa lle mae o’n byw rŵan a dydw i ddim yn leicio gofyn iddo fo ond ma’r plant i gyd yn deud ’u bod nhw wedi sepyretio achos mi roeddan nhw’n ffraeo’n ofnadwy jyst cyn y Dolig ma’ pawb yn deud.’

‘Wel oeddan. Mi clywis i nhw wrthi hi, ond ro’n i’n meddwl mai rhyw storom ha’ o’dd honno.’

‘Sut ’dach chi’n ca’l storm ha’ a hitha’n Ddolig?’

‘O, dim ond ffor’ o siarad, ysti.’

‘O, wela i. Be ddigwyddodd y noson honno ’ta?’

‘Wel chlywis i’r fath beth yn ’y mywyd. Ro’dd hi’n gweiddi ac yn rhegi fel cath, ond chlywis i mo’no fo’n gneud hynny, ma’n rhaid i mi gydnabod. Roeddan nhw’n pledu llestri at ’i gilydd, goeliat ti? Ond mi roeddan nhw’n ffrindia mawr y bora wedyn, yn swsian ar ben y drws fel ro’dd o’n mynd am y bỳs.’

‘Oeddan nhw? Ma’ hi’n biti gin i drosto fo ychi. Ond ylwch mi fydda i’n pasio bob dydd jyst ar ôl wyth o’r gloch a wedyn dowch chi i ddeud wrtha i os byddwch chi eisio negas ond ma’n well i mi fynd rŵan ne’ mi fydd ’na hec o blagard achos ma’ hi’n grêt am ddeud y drefn ac yn meddwl am neb ond hi’i hun ac ma’ hi’n deud ’i bod hi’n poeni os bydd hi’n ’y ngweld i’n hwyr ’run fath â taswn i’n saith oed.’

‘Wel ia, fel ’na ma’ hi’n gweld petha; ysti.’

‘Ia. Blincin rybish ’te, ond ma’ hi’n well i mi fynd ’run fath yn union ond cofiwch chi weiddi arna i os byddwch chi eisio rhwbath.’

‘Ia, dos di. Mi fydda i’n siŵr o alw os bydd angan. Ffwr’ ti rŵan.’

8: Rhan Tri.

Cyn pen dim roeddwn i wedi dysgu symud o gwmpas yn ddigon deheuig ar bwys fy ffon. Roedd y wraig o'r Gwasanaethau'n dod heibio fel roedden nhw wedi addo, gan fynnu glanhau'r lle i gyd.

'Ma'n well i mi 'neud 'ch golchi chi, ychi. Dyna am be dw i'n ca'l fy nhalu, er bod hwnnw'n ddigon 'chydig, coeliwch chi fi.'

'Gnewch banad a steddwch i lawr, bendith i chi. Ma'n well gin i hynny o'r hannar.'

''Dach chi'n siŵr? Faswn i fawr o dro'n golchi, ychi.'

'Twt lol, mi fedra i 'neud hynny o olchi 'sgin i'n iawn. 'Nd ydi'r peiriant 'na'n gneud y cwbwl bron ar 'i ben 'i hun.'

'Wn i ddim wir. Ma'n syn gin i fod hen beth mor henffasiwn yn gweithio o gwbwl. Wel dyna chi, gnewch chi'ch golchi os mynnwch chi, ond gadwch y smwddio nes bydda i yma'r tro nesa. Ma'n well i mi 'neud hynny yn lle'ch bod chi wrth ben 'ch traed.'

'A be taswn i'n swil ynglŷn â phwy sy'n trafod 'y nillad isa i?'

'Mi fasach wedi newid yn ofnadwy, 'nôl fel dw i'n ddallt.'

'Be ddeudsoch chi?!'

'Ylwch, peidiwch â chymryd arnach. Mi glywsoch yn iawn y tro cynta.'

'A phwy sy wedi bod yn deud 'rotsiwn beth? Mi darn-ladda i o.'

'A fasa hynny'n ddim byd newydd chwaith na fasa, 'nol be dw i 'di glwad.'

'Pwy sy'n deud y fath anwiredda?'

'Pwy 'dach chi'n feddwl fasa'n gwbod petha felly tua'r dre 'cw?'

'Y nefoedd fawr, mi wela i. Y c'nafon dig'wilydd yna sy wedi bod yn palu clwydda amdana i.'

'Hei, cymrwch chi ofal! Wyddoch chi byth pwy sy'n perthyn i bwy.'

'Na wn myn cythra'l. Dw i'n dechra dallt hynny.'

'Wel dyna chi 'ta. Na, a deudy gwir ma'n nhw wedi bod yn holi llawar amdanach chi unwaith dallton nhw 'mod i'n galw yma. Ma'n nhw'n gweld 'ch eisio chi, ma'n siŵr gin i.'

'Ydyn nhw wir! Wel, peidiwch â choelio pob dim ma'r rheina'n ddeud wrthach chi. Sut gythra'l daethon nhw i wbod 'ch bod chi'n galw yma?'

'Sut ma'n nhw'n dŵad i wbod pob dim? Mi dw i 'di dysgu llawar gynnyn nhw.'

'O'r Arglwydd mawr!'

'Ond o ddifri rŵan, mi fedra i neud llawar mwy na llnau a smwddio cofiwch, os mynnwch chi. Be am 'ch pensiwn chi? Mi fyddwch angan hwnnw ddechra'r wsnos nesa 'ma. Sut dowch chi i ben â hynny?'

'A deud y gwir i chi, ro'dd gin i awydd 'i chynnig hi i lawr am y dre 'na ddydd Llun.'

''Rargian fawr, 'dach chi'n meddwl fod hynny'n beth doeth?'

'Ydi nen' tad. Mi ga i'r bŷs o'r ochor arall i'r ffor' 'ma, ychi, a 'nôl be 'dach chi'n ddeud wrtha i ma' hi'n hen bryd i mi fynd i lawr 'na i'w bacstandio nhw.'

'Ond 'dach chi'n meddwl 'ch bod chi wedi cryfhau digon? Dyna o'dd gin i mewn golwg. Mi alla i godi'ch pensiwn drostach chi'n rhwydd, os nad ydach chi'n teimlo'n ddigon 'tebol.'

'Diolch yn fawr iawn i chi, ond rhoi digon o waith i'r droed yma ddeudon nhw tua'r sbyty 'na.'

'Wel, wn i ddim os o'dd hynny'n golygu 'ch bod chi'n mynd i galifantio. Ond dyna fo. Cymrwch chi ddigon o bwyll, beth bynnag.'

'Do's gin i ddim dewis ar y matar hwnnw, o's 'na. Ond peidiwch â phoeni, mi alwa i am dacsi i ddŵad â fi adra os aiff petha'n drech na fi. A deud y gwir i chi mi dw i'n edrach ymlaen yn arw am ga'l sgwrs hefo'r hen hogia.'

'O ia! Ac i lle'r ewch chi i ga'l y sgwrs honno? Gofalwch na fyddwch chi'n rhy simsan i ddŵad adra.'

'Wel y negro wen, ydyn nhw wedi bod yn deud petha fel'na wrthach chi hefyd? Wel tawn i'n margo'r munud 'ma!'

'Ia, mi synnach be dw i wedi bod yn 'i glwad.'

'Ond mi gawn i draffarth y cythra'l i feddwi ar yr hyn alla i sbario allan o 'mhensiwn.'

'Dyna chi. Gwatsiwch chi'ch bod chi'n bihafio rŵan, ne' mi fydda i'n ca'l gwbod. 'Dach chi'n siŵr nad ydach chi ddim eisio i mi 'neud dim byd arall?'

'Wyddoch chi, mi rydw i'n falch iawn o'ch help chi, ond y peth gora gin i ydi ca'l sgwrs.'

'Ia, a hwyrach cawn ni gyfla i fynd i chwilio tipyn ar bac rhai erill o'r criw 'na un o'r dyddia 'ma.'

Cwta wythnos oedd ers iddi hi ddechrau galw ac eisoes roeddwn i'n cyfri'r dyddiau at ei hymweliadau hi. Roedd hi'n hen beth mor ddymunol a di-lol. Ond gwae'r hen hogia pan welwn i nhw.

8: Rhan Pedwar.

Mi cychwynnais hi o'r tŷ'n llawn asbri'r bore Llun canlynol gan baratoi i dafodi'r hen hogia. Roeddwn i wedi cael clamp o frecwast er mwyn magu nerth. Digon oriog oedd y gwasanaeth bysiau ar y gorau ond wn i ddim beth oedd o'i le'r bore hwnnw. Mi fûm yn aros am hydoedd ac roeddwn i wedi hen alaru erbyn iddo fo gyrraedd. Mi ges drafferth y cythraul wrth fynd arno fo gan fy mod i wedi cyffio erbyn hynny, a mwy fyth o helbul i ddod o hyd i'm harian a'm cerdyn henoed. Rhyw greadur hynod ddi-serch oedd y gyrrwr. Mi gychwynnodd yn wyllt fel roeddwn i'n ceisio eistedd, nes fy hyrddio i fyny'r bŷs a dim ond drwy lwc y glaniais i mewn sedd ac nid ar fy hyd ar lawr.

''Dach chi'n iawn, 'dwch?' meddai yn y dre wrth fy ngwylio'n ceisio mynd i lawr ar bwys fy ffon.

'Mi dw i'n weddol ond dim diolch i'ch dreifio chi, chwaith.'

'Hwyr o'n i 'ntê, ac yn treio dal i fyny. Ma'n rhaid i mi droi yn f'ôl yn syth bìn rŵan, ylwch.'

'Mwya'r brys, mwya'r rhwystr, yntê. Ond peidiwch â phoeni. Mi fydda i byw ar waetha popath.'

Mi es am y post orau medrwn i. Roedd fy mraich wedi cael ysgegiad go ddrwg a hynny'n ei gwneud yn anodd i mi roi fy mhwys ar fy ffon. Roedd arna i ofn yn fy nghalon fy mod i wedi torri asgwrn arall er nad oedd y boen hanner mor filain â honno fu yn fy ffêr. Mi sefais yng nghiw'r post gan ofni fy mod i'n troi'n fabi. Mi fuaswn i wedi hoffi cael eistedd am dipyn ond doedd na mainc na chadair ar gael. Pam gebyst na fuaswn i wedi derbyn cynnig y wraig o'r Gwasanaethau yn lle llusgo i'r dre fel hyn? Roedd y felan wedi cael gafael go iawn erbyn i mi gael f'arian. Mi wyddwn na fyddai'r hen hogia ar eu cornel! Roeddwn i ar fedr galw am dacsi pan gofiais fod angen tipyn o siopa arna i. Wrth i mi lusgo tua'r siopau mi ddes at y gornel a dyna lle'r oedd y criw yn fawr eu hwyl wrth wylio'r ymwelwyr cynnar yn tin-droi o gwmpas y lle.

'Duw annw'l hogia, ylwch pwy sy 'di codi o farw'n fyw.'

'Dew, clwad dy fod di 'di bod yn yr hosbitol, achan.'

'Be gythra'l 'di'r ffon 'na a'r holl stumia s'gin ti?'

'Sut doist ti 'mlaen hefo'r nyrsys 'na? Hen dacla beiddgar 'te, yn mynnu busnesa lle basa'n well gin ddyn iddyn nhw beidio.'

'Siarad di fel gwelist ti betha, 'ngwas i, ac mi gadwa inna 'mhrofiada i mi fy hun. G'na myn diawl. Ond nefi, ma'n dda ca'l 'ch gweld chi eto, cofiwch. Ydi, wir Dduw. Ac ydw, mi rydw i'n well, diolch i chi i gyd am beidio gofyn, er i'r cythra'l dreifar 'na 'neud 'i ora i'm lladd i ar y bỳs y bora 'ma.'

'Duw annw'l, be oedd felly?'

'Cychwyn wna'th yr uffar cyn i mi ga'l ista, 'ntê. Mi ges 'y nhaflu hannar y ffor' i fyny'i blydi bỳs o.'

''R Arglwydd, be o'dd y matar ar y diawl?'

'Hwyr o'dd o medda fo pan es i ato fo i ddeud y drefn ar ôl i ni gyrra'dd y dre 'ma. Fel'na ma'n nhw rŵan 'te. Dim 'mynadd i neb na dim.'

'Un o'r petha ifanc 'ma o'dd y diawl, debyg?'

'Naci wir i ti, ro'dd o'n ddyn yn 'i oed a'i amsar, yr hen gythra'l iddo fo.'

'Dew, ti rioed yn deud. Ac yli, ma'n rhaid i ti fadda i ni am beidio â dŵad i dy weld di.'

'Oes, wir. Do'dd dim bỳs hwylus i ga'l i ddŵad draw ffor'na, ti'n gweld.'

'Nag o'dd. Mi fuo fi'n holi.'

'Ac ma'r 'ffernols yn beryg bywyd p'run bynnag, fel ti'n deud.'

'Mi fuo 'na sôn am logi bỳs yn sbesial.'

'Arglwydd ia, ma' 'na ddigon ohonach chi i neud eitha trip ysgol Sul. A be oeddat ti'n feddwl wrth sbesial? Sbesial i ddŵad i' ngweld i, ne' sbesial i ga'l potio ar y ffor' yn ôl?'

'Ia'n Duw.'

'Tipyn o'r ddau. Ia, myn diawl.'

'A be ti'n feddwl fasan nhw wedi'i ddeud tua'r hosbitol 'na tasan nhw wedi'n gweld ni'n dŵad i gyd hefo'n gilydd?'

'Meddwl bod 'na griw o ddoctoria'd arbennig o alluog wedi cyrra'dd, ma'n siŵr gin i.'

''R Arglwydd, ia.'

'Ia'n Duw. Mi gawn ni beintyn i ddathlu gynta byddan nhw 'di agor.'

'Ia siŵr. Os o's gin ti ddigon o amsar heddiw?'

'Oes nen' tad, a finna wedi mynd i'r draffarth o ddŵad i lawr yma.'

'Siort ora!'

'Tsiampion.'

'Duw, ma'n dda gin i dy weld di'n ôl, cofia, er dy fod di'r fath fwnci diawl.'

'Yli di'r cythra'l . . .'

Dyna lle buon ni am un hanner awr yn sgwrsio a gwylio. Mi lwyr anghofiais fy mwriad o'u dwrdio nhw am ddweud gormod o'm hanes i wrth y wraig o'r Gwasanaethau. Syndod cymaint oedd yn digwydd mewn tre mor fechan. Roedd pobl yn oedi ac aros yn lle gyrru drwodd fel cath o dân. O'r diwedd mi benderfynwyd ei bod hi'n amser peint a finnau'n rhyfeddu bod fy mraich wedi dod ati ei hun cystal. Methu dirnad y byddwn i bob tro sut byddai gan gynifer o wŷr a gwragedd o oed gweithio amser i stelcian mewn tafarn ar awr ginio. Doedd hi ddim yn rhwydd i'r holl griw ohonon ni gael lle i eistedd gyda'n gilydd.

'Deud i mi,' meddai rhywun toc, 'be sy 'di dŵad o'r tŷ crand 'na yn d'ymyl di?'

'Ma'r tŷ 'i hun siort ora ond wn i ddim be gythra'l sy wedi digwydd i'r bobol o'dd i fod i fyw ynddo fo.'

'Dyna be ti'n golli wrth fynd ar dy holides, ti'n gweld.'

'Wel ia, siŵr Dduw. Alli di ddim mynd oddi cartra a chadw golwg ar y blydi lle'r un pryd, alli di?'

'Wel gwag o'dd o pan es i, a gwag o'dd o pan ddois i'n f'ôl.'

'Ma' hi'n ôl yn byw hefo'i thad, ysti.'

'Duw, ydi hi wir?'

'Ffact i ti. Ma' hi'n mynd o gwmpas y dre 'ma fel tasa pia hi'r blydi lle.'

'Wel 'nôl fel 'dach chi 'di bod yn ddeud wrtha i, ma' hynny'n wir.'

'Ydi myn diawl, ti'n iawn.'

'W't, mi rw't ti. Wel ma' pia'r hen ddyn 'i thad hi hannar y lle.'

'Ac mi ddylsat 'i gweld hi hyd y dre 'ma, mor ffroenuchal â rioed, myn diawl i.'

'Ydi hi wir. Ro'n i wedi clwad rhyw sibrwd. Cofiwch chi hogia, ma'n rhaid i mi ddeud nad o'n i ddim yn 'i cha'l hi'n ffroenuchal o gwbwl pan fyddwn i'n siarad hefo hi.'

'Wel wyddost ti, rhyw olwg digon beth'ma dw i'n weld arni hi. Fel tasa hi'n nychu ne' rwbath.'

'Be? Sut ddiawl gall hi fod yn nychu a hitha ar ben 'i digon?'

'Ella'i fod o'n beth rhyfadd i'w ddeud, ond felly rydw i'n 'i gweld hi.'

'Ia wel, hogia. Rhyw fyw digon rhyfadd o'dd rhyngddyn nhw, ychi, ma'n rhaid i mi ddeud, pan oeddan nhw'n byw acw.'

'Duw, ti rioed yn deud.'

'Duw Duw, ddeud'ist ti rioed mo hynna wrthon ni o'r blaen.'

'Dim eisio tramgwyddo'i gymdogion newydd ro'dd o, siŵr Dduw.'

'Ond ma' hi'n edrach yn ddrwg, cofiwch.'

'Anodd ydi cydymdeimlo hefo rhai sy'n treio bod yn bobol fawr 'te.'

'Ti'n iawn, myn diawl. Pry 'di codi odd' ar doman ydi o ac o'r un gwreiddyn ma' hitha.'

'Arglwydd mawr, gan bwyll rŵan hogia. Mi welis i amal i bry allai bigo'n dda ddiawledig, ond welis i rioed yr un 'di magu gwreiddia.'

'Duw Duw, paid â rwdlan gythra'l. Mi wyddost yn burion be 'sgin i.'

'Olreit, olreit! Paid â chynhyrfu dy hun. Mi ddysgis inna be o'dd hi 'chydig cyn Dolig.'

'O'r nefoedd, ia. Mi glywis i fod 'na gythra'l o dwrw wedi bod yno.'

'Twrw, myn diawl! Chlywis i mo'r fath araith gin ddynas ffor' cerddodd 'y nhraed i rioed, naddo wir Dduw i chi. Ro'dd gin i g'wilydd cydnabod 'mod i'n dallt amball i air.'

'Hy! Dyna ti. Mi glywis inna dy fod di 'di ca'l ocsiwn lestri.'

'Ocsiwn o gythra'l. Do'dd dim digon o lestri cyfa' ar ôl i gynnal ocsiwn, myn diawl. Fuo ond y dim iddi hi hitio rhyw gar hefo'r tebot.'

'Negro wen!'

'A lle roeddat ti? Yn y gràn-sdand?'

'Wel 'r Arglwydd, gan fod 'cw'r fath dwrw gefn nos mi es i'r ardd yn slei bach ga'l i mi ga'l gweld. Gneud 'i ora i'w thawelu hi ro'dd o, chwara teg iddo fo, ond mi ro'dd hi ar gefn 'i chythra'l.'

'Y nefi blŵ!'

'Ti rioed yn deud!'

'Dim rhyfadd bod y diawl yn torri'i goesa wrth faglu drw'r ardd yn nh'wllwch nos i sbecian ar 'i gymdogion.'

'Be ddeud'ist ti? Yli di'r cythra'l, mi fedra i droi'r ffon 'ma i ddiban arall, ysti.'

'Ylwch, os 'dach chi'ch dau am gwffio cerwch allan i'r cefn, bendith tad i chi.'

'Ia wir Dduw. Fasa hwn mo'r lle cynta i mi ga'l 'y nhaflu allan ohono fo o'ch achos chi'ch dau.'

'Hy! Gwranda arno fo!'

'Ia. Un da ar y diawl i gega. Ond o ddifri, ro'n i'n methu dallt o'r dechra sut ro'dd gin ddau mor ifanc arian i 'neud lle mor grand.'

'Pres 'i thad hi oeddan nhw 'te. Dim ond y gora o'dd yn ddigon da i'w hogan bach o.'

'Ia, mi wn i hynny, ond y nefi blŵ, do's gin neb ddigon o lestri i fedru fforddio pledu'i gilydd hefo nhw. A wyddoch chi, mi fuo 'na ryw ffyrm yno cyn iddyn nhw gyrradd yn gosod yr ardd. Do, myn cythra'l.'

'Y nefoedd.'

'Wel y diawlia'd diog.'

'Taw â deud. Ac yli sut ma' petha rŵan. Go damia, dda'th dim lles rioed o ddifetha plant.'

'Naddo wir Dduw. On'd o'dd y bits bach o gwmpas y lle 'ma hefo dynion erill pan o'dd hi ar fin priodi.'

'Oedd, ac yn ddigon dig'wilydd ynglŷn â hynny hefyd.'

'Wn i ddim be welodd yr hogyn 'na ynddi hi rioed, na wn wir Dduw. Mae o'n hen beth digon clên, 'n ôl fel dw i'n dallt. Nid 'mod i'n 'i nabod o cystal ag ma'r pry ungoes diawl 'ma.'

'Watsia di dy hun, y cythra'l. Ond na. Wir i chi hogia, mi fu'r ddau ohonyn nhw'n bur dda wrtha i. Ro'n i yno nos Dolig. Hi dda'th draw i 'ngwadd i yno, chwara teg iddi hi.'

'Duw! Wna'th hi wir?'

'Wel myn cythra'l i! Ma' 'na ryw dda ynddi hitha, siŵr o fod.'

'O's ma'n siŵr, ond be o'dd yn fy nharo i'n rhyfadd pan o'n i yno o'dd 'i bod hi'n deud nad o'dd hi am fynd hefo fo i weld 'i deulu dros y Calan. Nid fel'na baswn i'n disgw'l i bâr newydd briodi ymddwyn.'

'Mi roeddan nhw wedi bod hefo'i thad hi dd'wrnod Dolig, debyg?'

'Oeddan, dyna fel roeddan nhw'n deud wrtha i, ond 'i fod o 'di mynd i ryw barti gyda'r nos.'

'Dew, mi ro'dd hi'n hunanol braidd 'nd oedd.'

'Nefoedd ma' merchad wedi mynd yn betha rhyfadd, hogia.'

'Twt lol, peidiwch â malu. Mi wyddoch gystal â finna be o'dd y matar.'

'Y? Be ti'n refru?'

'On'd o'dd 'na barti mawr yn y clyb 'na nos Calan. Eisio mynd yno at 'i ffrindia ro'dd meiledi, siŵr Dduw.'

'Ti'n iawn, myn diawl. Synnwn i fotwm corn nad o'dd hi'n falch o ga'l 'i gefn o.'

'Wel siŵr Dduw, hogia. 'Ddylis i ddim am hynny pan o'n i yno'r noson honno. 'I thad hi sy'n berchan yr hen glyb 'na 'ntê.'

'Ia, fwy ne' lai, ac ma'n siŵr bod y blydi lot ohonyn nhw'n feddw gaib ar 'u ffor' adra.'

'Oeddan ma'n siŵr, a'r polîs yn gneud diawl o ddim am hynny.'

'Hy! A be sy'n gneud i chi feddwl mai adra roeddan nhw'n mynd? Falla mai parti goriada drws ffrynt o'dd o.'

'Duw, ti'n meddwl, d'wad? Faswn i'n gwbod dim am betha felly na faswn, a finna'n byw'n ddistaw bach yn y wlad.'

'Wel diawl, oeddat ti'n meddwl mai dim ond chdi a'r nyrsys 'na o'dd yn ca'l hwyl?'

'Yli di'r uffar, mi dw i 'di bygwth rhoi'r ffon 'ma ar dy gefn di unwaith.'

'Treia 'ta llanc.'

'Uffar dân, 'newch chi'ch dau fyhafio'ch huna'n.'

‘Ia wir Dduw, ’dan ni eisio ca’l dŵad i’r fan’ma ar ôl heddiw.’

Erbyn hynny roedd yr hen hogia’n hwylio adre am eu cinio, a finnau wedi cael modd i fyw ac yn hynod falch i mi wneud yr ymdrech. Damia! Roeddwn i wedi anghofio’r siopa. Dim ots. Roedd gen i ddigon dros nos yn y tŷ. Mi wnâi esgus i mi fynd i’r siop drannoeth neu ofyn i’r hogan bach yna fynd drosta i.

Mi ddychrynais wrth weld mai’r un bỳs oedd yn f’aros i, ond roedd gyrrwr gwahanol arno fo, diolch i’r drefn. Rhyw lefnyn oedd o, ond mi neidiodd o’i sedd tu ôl i’r llyw wrth fy ngweld i’n bustachu i mewn.

‘Nefi blŵ, cymrwch bwyll,’ meddai a chydio yn fy mraich. ‘Be ’di’r brys? Ma’n dda gin i weld bod rhywun yn gallu meddwi ar gwrw’r dre ’ma.’

‘Paid ti â chega rŵan, ’ngwas i, rhag ofn i mi roi’r ffon ’ma ar dy war di.’

‘Hei, watsiwch chi’ch hun. Ma’ gin i radio fan hyn, ylwch, i alw’r cops os byddwch chi’n codi twrw. Ylwch, dyma chi. Steddwch fan hyn a dowch â’ch ticad yma ga’l i mi’i roi o yn y peiriant ’ma.’

‘Dyma ti, fachgan.’

‘Reit . . . dyma chi, a gofalwch na ’newch chi ddim treio codi pan gyrhaeddwn ni, nes bydda i wedi stopio.’

‘Diolch yn fawr iawn i ti. Ond d’wad i mi, do’s dim peryg i ti anghofio, o’s ’na?’

‘Wel os g’na i, gwaeddwch. Do’s ’na ddim byd yn matar ar ’ch llais chi, ’ddyliwn i.’

Mi gofiodd, chwarae teg iddo fo, a chodi o’i sedd i’m helpu i fynd allan, ond erbyn hynny roeddwn i mewn picil enbyd. Cael a chael fu hi i mi allu mynd drwy’r ddôr i wneud dŵr allan o olwg pobl.

9: Rhan Un.

Rhyfeddu at dawelwch bore Sul roeddwn i wrth olchi llestri brecwast. Roeddwn i'n cryfhau'n ddyddiol ac yn edrych ymlaen am gael ymweld â'r dre unwaith eto drannoeth. A dyna pryd clywais i sŵn traed ar y cowrt! Be gythraul oedd ar y dyn llefrith ei eisiau? Ond nid fo oedd yno. Mi wyddwn hynny'n iawn cyn i mi glywed y curo awdurdodol ar y drws.

''Rhoswch, 'rhoswch, dw i'n dŵad gynta medra i.'

Be ddiawl oedd ar ei ben o? Oedd rhaid iddo fo guro'r eildro? Oedd o'n ceisio deffro'r holl wlad? Ond y nefoedd wen, pan agorais i'r drws beth oedd yno ond dau blisman, un cyffredin ac un â golwg bwysig gythreulig arno fo yn gap a phig ac yn rubanau i gyd. A finnau yn sefyll o'u blaenau nhw a'r lliain sychu llestri'n dal yn fy nwylo.

'Peidiwch â chynhyrfu dim,' meddai'r un crand. 'Ma' popath yn iawn.'

'Os 'di popath yn iawn, pam gythra'l ma' 'na ddau blisman ar garrag 'y nrws i ben bora Sul? Ond ylwch, dowch i mewn 'ch dau, a chaewch y drws ar 'ch ôl.'

Mi edrychodd y plisman yn fanwl ar y drws wrth ei gau o a sibrwd wrth y crand.

'Cwait rait pi si, cwait rait. Deudwch i mi, 'ch hun 'dach chi'n byw?'

'Ia'n tad. Fy hunan dw i 'di bod ers amsar go faith bellach.'

'Ond do's gynnoch chi na chadwyn nac unrhyw ddyfais diogelwch ar y drws 'ma.'

'I be'r awn i i wario pres ar ryw geriach felly? Do's 'na ddim byd yn fan'ma sy'n werth 'i ddwyn.'

'Mi fasach yn synnu, wyddoch chi. Rydw i'n gweld amryw betha sy'n werth arian heb i mi fynd i edrach yn fanwl. Yn werth tipyn go lew ddwedwn i, 'n ôl fel ma' prisia hen betha'n mynd y dyddia yma.'

'Duwcs annw'l, 'dach chi rioed yn deud.'

'Ydw wir. Mi faswn i'n dwys ystyriad diogelwch y lle 'ma, taswn i'n chi. Mi anfonwn ni'r swyddog atal trosedda i ga'l gair hefo chi. Tec y nôt of ddat pi si.' A hwnnw'n ufuddhau ar ei union.

'Diolch.'

Doedd waeth i mi ei ddandwn o ddim er nad oeddwn i'n bwriadu rhoi rhagor o gost ar yr hen le nac awydd cael plisman arall yn stilio gythraul.

'Ond nid dyna pam rydan ni wedi galw, wrth gwrs.'

'Ma'n dda gin i glwad. Leiciech chi gwpana'd o goffi gan 'ch bod chi wedi trafferthu ymweld â fi ar fora Sul fel hyn? Welis i rioed yr un gw'nidog mor gydwybodol, naddo wir Dduw.'

Chymrodd y diawl ddim ato o gwbl.

'Dim diolch i chi. Mae arna i ofn mai gwneud ymholiada rydan ni.'

'Dew, 'dach chi rioed yn deud. A sut gall hen gr'adur fel fi fod o fudd i chi?'

'Dwedwch i mi, chlywsoch chi ddim sŵn anghyffredin tua'r ffor' 'na yn ystod y nos?'

'Dim sŵn rhyw fan go fawr ne' lorri mae o'n 'i feddwl, ychi,' meddai'r llall, a'r crand yn hylldremio arno fo.

'Be aflwydd 'dach chi'n feddwl? On'd do's 'na betha felly yn gyrru heibio 'ma fel y diawl bob awr o'r dydd a'r nos a neb yn hidio'r un blewyn am hynny. Mi dw i 'di hen gynefino.'

'Felly'n wir. Ceisiwch feddwl rŵan. Chlywsoch chi ddim byd allan o'r cyffredin?'

'Dim sŵn rhwbath go fawr yn stopio ne'n startio yn ymyl y tŷ 'ma?' meddai'r llall gan anwybyddu gwg ei feistr.

'Naddo wir i chi, ond do's gin i na drws na ffenast yn wynebu'r ffor' fawr, fel gwelwch chi, a fedra i weld na chlwad yr un dim heb fynd at y ddôr.'

'Mm. Ia, mi wela i. Wel y peth ydi, wyddoch chi, fod yna rywrai wedi torri i mewn i'r tŷ dros y ffor'.'

'Be?! Lladron yn fan'ma! Yn ystod y nos neithiwr! 'R Arglwydd mawr!'

'Rŵan, rŵan, peidiwch â chynhyrfu. Mi ddaethon ni yma ar 'n hunion pan gawson ni wbod, ac rydan ni'n gneud ein gora i ffeindio be ddigwyddodd.'

'Ia,' meddai'r llall, 'y broblam ydi nad o'dd 'na neb o gwmpas allsa fod wedi gweld ne' glwad rhwbath.'

'Wel nag o's, debyg! Fi 'di'r unig un sy'n byw o fewn cyrra'dd.

Ond Duw, ma' hi'n syn na fasa rhywun o'dd yn gyrru heibio wedi gweld rhwbath. On'd o's 'na fynd a dŵad drw'r nos.'

'Mm. Ia, yn hollol. Mi fydd yn rhaid i ni wneud apêl am wybodaeth. Tec y nôt of ddat pi si.' Ac yntau'n gwneud hynny'n syth.

'Duw, ma'n rhaid bod hi'n go ddrwg yna 'ta?'

'Ydi ma' hi, ma' arna i ofn. Ma'n ymddangos fod llawar iawn wedi ca'l 'u dwyn, yn ddodrafn ac offer trydanol a phetha o'r fath.'

'Dyn a ŵyr be sy 'di mynd i gyd. Fedran ni ddim deud yn iawn, 'dach chi'n gweld, nes daw rhywun i ddeud wrthan ni.'

'Sdedi on pi si,' meddai'r crand. 'Ia, ma' gynnon ni dasg go anodd ma' arna i ofn, ond mi fydd yn rhaid i ni neud ein gora i'w datrys.'

'Wel bydd 'n Duw gan 'u bod nhw'n bobol mor bwysig tua'r dre 'na.'

'Rydan ni'n gneud ein gora i bawb, wyddoch chi.'

'Ydan wir, ond 'dach chi'n iawn yn deud 'u bod nhw'n bobol bwysig a mi fyddan yma cyn pen dim i neud yn siŵr 'n bod ni'n gneud 'n gwaith.'

'Now now pi si, no nîd ffor ddat.' Ond roedd arlliw gwên ar ei wyneb o. 'Fel ma' hwn yn deud, ma'n well i ni fynd. Thalai hi ddim iddyn nhw gyrra'dd a'n ca'l ni'n sgwrsio fan hyn.'

'Ia. Ma'n rhaid i ni'i throi hi ond treiwch weld os medrwch chi gofio rhwbath am neithiwr. Ac os gwnewch chi, gadwch i ni wbod.'

'Mi wna i 'ngora ond fydda i fawr o fudd i chi, ma' arna i ofn.'

'Dyna chi. Ac ylwch, watsiwch chi'ch bod chi'n ca'l tsiaen ar y drws 'ma rŵan rhag ofn i rywun ddŵad a'ch dwyn chi. Wyddoch chi byth pa hen betha sy' o gwmpas y dyddia yma.'

'Cwait rait pi si, cwait rait. Na wyddoch wir. A chofiwch geisio cofio rŵan. Unrhyw beth.'

Ac i ffwrdd â fo a'r llall wrth ei sodlau fel ci defaid.

9: Rhan Dau.

Bobol bach! Pwy feddyliai y gallai'r fath beth ddigwydd yng nghefn gwlad? Yng nghefn gwlad, myn diawl! Mi ddigwyddodd hyn am y wal â fi tra oeddwn i'n cysgu'n dawel. Doeddwn i erioed wedi clywed am ddim o'r fath yn digwydd yn y cyffiniau. Mi es ati i dwtio a glanhau er ei bod yn fore Sul. Fyddai hi'n ddoeth i mi adael y tŷ yma'n wag yn y dyfodol, a'r plisman pwysig yna wedi dweud fod pethau o werth yma? Mi fyddai'n well i mi gael gair â'r wraig o'r Gwasanaethau pan ddôi ar ei rhawd ddydd Mawrth. Roedd y plismyn yna wedi sôn am un arall o'u criw yn dod i'm gweld i, ond y nefoedd a wyddai pryd, o'u hadnabod nhw. Y nefi blŵ, a finnau wedi byw yn y tŷ yma gydol y blynyddoedd heb boen yn y byd.

Ar ôl cael trefn ar y tŷ fedrwn i ddim cadw'n llonydd. Dyna pam yr es i olwg yr ardd. Mi fyddwn i wrth fy modd yn trin yr ardd erstalwm ac yn cael sgwrs â hwn a'r llall drwy'r gwrych, ond roeddwn i wedi bod yn gwneud llai a llai'r blynyddoedd olaf yma. Roedd gofyn dechrau arni hi cyn i'r tyfiant gwyllt gael gafael o ddifri, os byddai fy nhroed i'n caniatáu. Wrth gwrs, mi allwn i dalu am gael ei phlannu, os oedd yna ddynion yn gwneud y cyfryw waith bellach. Neu efallai y gallwn i ei gosod i rywun oedd awydd cael gardd. Ond wedyn mi fyddai un arall yn busnesa o gwmpas y lle, ac roedd y ffermwr drama yna'n ddigon o farn yn hynny o beth. Hwyrach y byddai gan y wraig o'r Gwasanaethau ryw syniad? Tybed oedd yna help i'w gael o'r cyfeiriad yna?

'Helô, sut rydach chi?'

'Y nefoedd . . . y . . . O . . . y . . . helô! Negro wen, mi ddychrynsoch fi am funud.'

'O sori! Ro'n i'n meddwl 'mod i'n 'ch gweld chi'n fan'na'n pwyso ar y giât.'

'Ddowch chi i mewn? Ma'n ddrwg gin i glwad am 'ch tŷ chi.'

'Thanciw. Na, ddo i ddim i mewn. Ddim rŵan os nad o's ots gynnoch chi. Ma' gynnon ni foddyr ofnadwy hefo'r byrglyri 'ma. Sut gwyddach chi am y peth?'

'O, y nhw, y gleision, fuo yma'n holi'r peth cynta'r bora 'ma. Gawsoch chi lawar o gollad?'

'Do, ma' arna i ofn. Fedra i ddim dallt sut gallon nhw gario ffyrnitiyr a phetha electricyl ac ornaments allan heb i neb weld na chlwad dim.'

'Wel wir i chi, chlywis i'r un smic, fel ro'n i'n deud wrth y polîs. Duw, sut cawson nhw wbod, 'dwch?'

'O diyr, peidiwch â cham-ddallt. Do'dd neb yn disgw'l i chi wbod dim. Fedrwch chi weld dim byd drw'r bàc, yn na fedrwch. A tasach chi wedi gweld mi fasach yn helplys, 'n basach. Fedrach chi ddim mynd i alw am help heb iddyn nhw'ch gweld chi.'

'Na fedrwn ma'n wir, ond ma'n rhaid bod rhywun wedi gweld rhwbath hefo'r tŷ ar ochor y ffor' fawr fel'na.'

'Ia wir. Meddwl am yr holl bobol o'dd yn dreifio heibio ro'n i, a neb wedi riportio dim byd sysbisiys i'r polîs. Sut da'th y polîs i wbod, ddeudoch chi? Y dyn llefrith ffoniodd nhw i ddeud 'i fod o'n meddwl bod rhwbath yn rong.'

'O, mi wela i. Mae o'n sylwi ar lawar o betha, chwara teg iddo fo.'

'Wel, lwcus 'i fod o wedi sylwi ar hyn eniwe.'

'Ia wir. Ma' gin inna destun diolch iddo fo.'

'O's 'na wir. Pam felly?'

'O duwcs, mi fuo fi yn y sbyty, ychi. Mi dorris i ryw asgwrn bach yn fy ffêr. Dyna sut rydw i a 'mhwys ar y ffon 'ma. Lwc ar y naw iddo fo ddallt 'mod i'n methu mynd allan.'

'Wel, wel! Diŷr mi. 'Dach chi'n well?'

'Ydw'n tad, diolch yn fawr i chi.'

'Wn i ddim byd o hanes y pentre 'ma ers cyn Dolig, ychi. Ma'n debyg 'ch bod chi'n gwbod 'n bod ni wedi sepyretio.'

'Chi a'r gŵr? Ydach chi wir?'

'Ydan.'

'Na, do'n i ddim 'di clwad, er 'mod i'n ama bod rhwbath o'i le.'

'Ia. Dydw i ddim wedi'i weld o byth ers iddo fo fynd adra dros y Niw Îyr, er 'i fod o'n byw yn y dre 'cw'n rhwla, yn ôl yr hanas. Ac yn mynd i'r ysgol 'te.'

'Ma'n ddrwg gin i glwad, coeliwch chi fi. 'Dach chi'n siŵr na fynnwch chi ddim panad o goffi? Mi fydda i'n fy nhretio fy hun tua'r amsar yma o'r bora.'

'Na. Na wir, thanciw. Ma'r hen ddyn hefo fi. Mae o'n siarad hefo'r plismyn 'na rŵan i dreio'u ca'l nhw i neud rhwbath. Ma'n nhw'n hôplys. Y cwbwl ma'n nhw'n intyresded ynddo fo ydi ca'l lisd o be sy wedi mynd. I be, do's gin i ddim eidîa.'

'I geisio gweld os medran nhw ga'l rhyw hanas ohonyn nhw'n rhwla. A gofalwch 'ch bod chi'n gneud copi ar gyfar yr insiwrans rhag i chi orfod gneud yr un gwaith ddwywaith. A bendith y nefoedd, gnewch yn siŵr bod y ddwy yn union 'run fath.'

'O, do'n i ddim wedi meddwl am hynny. Ydach chi'n ffamiliyr ag insiwrans, felly?'

'Mi fuo gin i 'mys yn y brywas yna rywdro, ychi.'

'Fuo 'na wir! 'Dach chi ddim wedi gweld 'y ngŵr i o gwbwl, ydach chi?'

'Naddo wir i chi, ond go brin baswn i'n 'i weld o, 'ntê. Er 'mod i'n clwad 'i fod o'n boblogaidd iawn tua'r clyb 'na. Ac yn yr ysgol hefyd, 'n ôl pob sôn.'

'Ia wel. Dwn i ddim be am hynny chwaith. Dw inna wedi clwad riwmyrs. Wel, ma' hi wedi bod yn neis 'ch gweld chi eto, ar waetha'r syrcymsdansys. A byddwch yn ofalus o hyn ymlaen.'

'O, mi wna i. Mi rydw i'n mynd i ga'l ffôn ychi, rhag ofn bydda i angan rhwbath.'

'Sensibl iawn. Wel, ma'n well i mi fynd.'

9: Rhan Tri.

Hepgor fy nghoffi wnes i a mynd i bwyso ar y ddôr. Doedd yna fawr i'w weld heblaw dau gar heddlu, un mawr ac un bach, rhyw fan wen, a chlamp o gar mawr crand. Ac eto mi ges aml i sgwrs gan fod mwy o gerdded heibio'r bore hwnnw nag a welais i ers llawer dydd.

'Helô. Bora da i chi. 'Dach chi'n dal i wella, dw i'n gweld.'

'Ydw'n tad. Peth go ddiarth 'ch gweld chi'n cerddad ffor'ma.'

'Ia . . . ydi . . . ydi ma' hi. Ar fy ffor' i weld 'y mrawd rydw i, ychi.'

'Duwcs! Draw i'r ffarm? Ond yn y car bydda i'n 'ch gweld chi'n mynd i bobman y dyddia yma.'

'Ia, ma' car mor handi 'n tydi, ond 'mod i ffansi ca'l tipyn bach o wynt y bora 'ma, 'ntê.'

'O, deudwch chi.'

'Ia . . . bobol mawr, be sy'n digwydd dros y ffor' 'ma, 'dwch?'

''Rargian fawr, 'dach chi rioed yn deud 'ch bod chi 'di cerddad cyn bellad â hyn heb sylwi ar geir yr heddlu?'

'Wel . . . y . . . na, y . . . hynny ydi ro'n i wedi sylwi bod 'na ryw geir ond do'n i ddim wedi edrach yn fanwl arnyn nhw.'

'Nag oeddach, debyg. Mi synnach faint o bobol sy 'di bod heibio bora 'ma a'r un ohonyn nhw wedi ama dim 'mlaen llaw. Methu dallt rydw i sut ma' 'na gymint o gerddad heddiw 'ma a'r hen balmant mor wag fel arfar.'

'Y, ia. Ia siŵr, fel'na gwelwch chi hi, 'ntê.'

'Ia. Do's dim byd fel plismyn am dynnu pobol, o's 'na? Roeddan nhw'n curo 'nrws i'r bora 'ma cyn i mi godi bron. Nid fod gin i unrhyw wybodaeth iddyn nhw, cofiwch. Mi gysgis i fel babi bach drw'r cwbwl.'

''Dach chi rioed yn deud. 'Naethoch chi wir. A be'n union sy wedi digw'dd yna felly, 'dwch?'

'Wel wn i ddim i sicrwydd, dim ond fod rhywrai 'di torri i mewn gefn nos neithiwr.'

'Tewch â deud. Wel wir-ionadd i. Goeliach chi galla'r fath beth ddigw'dd mewn lle fel hyn?'

'Ia, a hynny ar ddydd Sul! Ma'r hen blismyn 'ma o'r farn 'u bod nhw wedi defnyddio lorri ne' rwbath o'r fath i gario'r petha odd'na. Dyna sut roeddan nhw'n holi os oeddwn i 'di clwad rhwbath.'

'Wel y tacla hy! O's 'na lawar o betha wedi mynd, felly?'

'Oes wir, fel ro'n i'n dallt ganddi hi gynna. Wrthi hi'n 'u rhestru nhw ma'n nhw rŵan. Dodrafn. Dau deledu ac un o'r petha canu miwsig 'na. A phetha letrig a darlunia ac ornaments. A jiwylri hefyd.'

'Brensiach annw'l! Gobeithio'u bod nhw wedi 'u hinsiwrio, 'ntê.'

'O, ma'n siŵr gin i 'u bod nhw, ychi. Dydyn nhw ddim yn brin o geiniog ne' ddwy.'

'Dydi'i thad hi ddim yn brin, 'dach chi'n feddwl. Dyna be sy i'w ga'l, ychi, am ada'l tŷ a'i lond o betha drud yn wag am wythnosa bwygilydd.'

'Ia ma'n siŵr gin i, mwya'r piti, yn yr oes sy ohoni hi.'

'Siŵr iawn. Do's neb yn gwbod pa hen dacla sy'n prowlan o gwmpas mewn ceir y dyddia yma.'

'Nag o's. A wyddoch chi, a sôn am geir, faswn i ddim yn trafferthu mynd i weld 'ch brawd taswn i'n 'ch lle chi.'

'Bobol bach, pam?'

'Mi gwelis i o a'r teulu yn gyrru heibio 'ma gwta chwartar awr yn ôl. Mynd am y capal, ma'n siŵr gin i, 'n ôl 'u harfar ar fora Sul.'

''N boeth y bo nhw! Ro'n i 'di anghofio'n llwyr 'u bod nhw'n capela ar fora Sul. O wel, mi ges gyfla i ga'l sgwrs hefo chi 'nd do?'

'Do. A mi gawsoch weld be sy'n digw'dd dros y ffor' 'ma. Da bo chi rŵan.'

Lwc fy mod i wedi gwisgo côt a het gan i mi fod wrth y ddôr am allan o hydion. Roedd perygl y byddwn i'n eu tramgwyddo nhw dros y ffordd wrth gynnal seiat ar ôl seiat yn y fan honno. Oddi yno'n ddigon tinfain yr aeth hi a'i thad yn y diwedd, beth bynnag, a doedd yr heddlu ddim yn edrych yn falch iawn chwaith. Dim fod hynny'n loes yn y byd i mi wrth wneud fy nghinio'n bur galonnog.

Mi alwodd amryw i holi hynt fy iechyd i'r prynhawn hwnnw a rywsut mi fyddai'r sgwrs yn troi bob tro at y digwyddiadau dros y ffordd. Ychydig wyddwn i, ond gan fod pawb arall yn gwybod llai roedd fy ngwybodaeth i'n graddol gynyddu.

Rhwng popeth mi fu'n ddiwrnod difyr dros ben. Fin nos mi es i ddanfon rhywun at y ddôr. Roedd y dydd yn ymestyn. Wedi bolltio'r ddôr mi bwysais arni a syllu ar y tŷ amddifad dros y ffordd. Ar fy ffordd yn ôl mi fûm yn edrych ar lewyrch goleuadau trefi'r glannau'n treiddio drwy'r niwlen ysgafn, cyn mynd i mewn a chloi'r drws am y nos.

Pan oeddwn i'n eistedd o flaen y tân a'm llyfr ar fy nglin, ar ôl swper a diwedd y rhaglenni Cymraeg call ar y radio, dechreuais feddwl. Neithiwr, pan oeddwn i'n cysgu, roedd dynion wrth eu drygioni am y wal â fi. Roedd yn rhaid eu bod nhw'n gwybod am y tŷ gwag ac wedi cynllunio'n fanwl. Felly mae'n rhaid eu bod nhw wedi sylwi fy mod innau'n byw yma ar fy mhen fy hun. Beth ddywedodd rhywun am bob math o ddihirod yn crwydro'r wlad? Roedd rhai o'r trugareddau yn fy nhŷ i yn werth pres, yn ôl y plisman yna. Oedd y lladron yn gwybod hynny? Oedden nhw'n ddynion cas yn ogystal ag yn ddynion drwg? Dim rhyfedd fod y gleision eisiau i mi gryfhau'r drws. Doedd yna ddim ond y clo i'm hamddiffyn i. Myn diawl, mi fyddwn fel aderyn mewn cawell.

Mi oleuais lamp y gornel a phenderfynu ei gadael hi'n olau drwy'r nos ar waetha'r gost. Gobeithio fod y bits yn gweithio. Doeddwn i ddim am fentro allan i weld. Mi roddais i'r teledu ar waith a chodi ei sŵn cyn uched ag y medrwn i. Pam gythraul na fuaswn i wedi pwyso arnyn nhw am gael y teliffon yna yn lle 'mod i yn y fan yma allan o glyw pawb?

Dyma fi'n rhoi rhagor o lo ar y tân a setlo i lawr i geisio darllen ac anghofio, ond ar waetha'r teledu mi allwn glywed synau tu allan. Rywdro mi dybiais fod rhywun yn sefyll wrth y ffenestr a theimlais ias yn chwalu drosta i. Feiddiwn i ddim troi i edrych. Mor hawdd fyddai iddyn nhw dorri'r ffenestr a dod i mewn. Roeddwn i'n ddiymadferth hollol.

Mi es i bendwmpian rywdro gan i mi ddeffro'n sydyn. Roedd y tân wedi diffodd a finnau'n rhynnu. Roedd glesni'r bore bach yn llenwi'r tŷ a sŵn traffig cynnar bore Llun i'w glywed ar y ffordd. Mi es i'r gwely er mwyn cynhesu a syrthio i gysgu ar f'union. Roedd hi'n gefn dydd golau arna i'n deffro: bron yn ddeg o'r gloch yn ôl y cloc bach wrth y gwely. Go damia, a finnau wedi bwriadu mynd i nôl fy mhensiwn. Mi fyddai'n rhaid i mi fyw hebddo fo tan drannoeth. Wrthi'n gwisgo roeddwn i pan glywais rywun yn curo a sgrytian y drws.

'Helô! Helô!'

Llais rhyw wraig o'r tu allan.

'Helô! Dw i'n dŵad rŵan.'

''Dach chi'n iawn?'

'Ydw'n tad, diolch yn fawr i chi,' meddwn i gan agor y drws.

''Dach chi'n siŵr rŵan?'

'Ydw'n tad, dim ond 'mod i 'di cysgu'n hwyr.'

'O ma'n dda gin i. Ar fy ffor' at 'y ngwaith ro'n i a gweld y gola tu allan yn dal yn ola ac mi ro'n i ofn bod rhwbath o'i le.'

'O Duw, ro'n i wedi anghofio'r cwbwl am y gola 'na.'

'O, mi dw i'n falch, cofiwch. Mi es yn ôl adra yn y car i'ch ffonio chi ond dydach chi ddim ar y ffôn eto'n nag 'dach? On'd ydi pobol y ffôn 'ma'n ara deg, 'dwch?'

'A deud y gwir i chi ro'n i'n dechra meddwl hynny fy hun. Dw i'n credu 'i bod hi'n well i mi fynd i holi amdano fo rhag ofn i mi farw fel twrch daear yn y fan'ma.'

'O, dw i ddim yn meddwl fod 'na lawar o beryg o hynny. Ond ylwch, ma'n rhaid i mi fynd. Dw i i fod i ddechra am ddeg ac mi rydw i'n hwyr fel ma' hi.'

''Rargian fawr! Wel diolch i chi am 'ch traffarth. Dw i yn ddiolchgar, credwch chi fi.'

'Dyna chi. Da bo chi, a chofiwch am y ffôn 'na rŵan.'

'Mi wna i. Da bo chi.'

'Ia wir g'newch. Rhag ofn iddyn nhw anghofio.'

9: Rhan Pedwar.

Digon tawel fu hi ddydd Llun, ond beth oedd i'w ddisgwyl wedi miri'r Sul. Piltran o gwmpas y bûm i gydol y dydd gan ofni gweld y nos yn cyrraedd. Gobeithio i'r drefn y byddai'r plisman hwnnw'n galw'n weddol fuan. Os byddai o'n galw o gwbl! Mi allai'r gleision wneud addewidion gwag hefyd. Dyna fo, roedd yn rhaid eu bod hwythau'n llawn eu trafferth. Tybed fyddai'r wraig o'r Gwasanaethau'n deall pe bawn i'n egluro f'ofnau wrthi hi? Doeddwn i ddim am i bobol gael hwyl am fy mhen i, ond doedd gen i neb arall, a fynnwn i ddim byw'n barhaol gyda dychrynfeydd y nos.

Roeddwn i wedi bolltio'r ddôr a chloi'r drws cyn eistedd i gael fy nhe'r diwrnod hwnnw, ond pan oeddwn i ar ganol fy mhryd dyma sŵn troed ar y cowrt. Pwy gythraul? Mi gurodd rhywun y drws. Rhyfedd iawn! Mi fyddai pawb oedd yn gybyddus â fi'n gweiddi, a dim ond rhywun felly fyddai'n gwybod sut i agor y ddôr. Mi afaelais yn dynn yn fy ffon a mynd i ateb y drws.

'Helô. Pnawn da. Sut ry'ch chi?'

'O Duw, y chi sy 'na. Pam gythra'l na fasach chi'n gweiddi ga'l i mi ga'l gwbod?'

'Ma'n ddrwg gyda fi. Feddylies i ddim. Ond sut ry'ch chi? Fe glywes am eich damwain chi. Roedd e'n newyddion mawr yn y clwb, wyddoch chi. Dyna beth ofnadw i ddigwydd mewn pentre gwledig fel hyn, yntê.'

'Ia 'ntê. Fel pobol yn gada'l 'u gwragadd.'

'O, a ry'ch chi wedi clywed am hynny, y'ch chi?'

'Ydw . . . duwcs, ylwch, dowch i mewn yn lle 'mod i'n 'ch cadw chi ar y rhiniog. Chi oedd y dwytha ro'n i'n 'i ddisgw'l, er 'mod i'n falch iawn o'ch gweld chi, cofiwch.'

'Diolch. Ie, rwy wedi bod yn ddieithr yn ddiweddar, ma'n rhaid i fi ddweud.'

'Ydach ond hidiwch befo hynny rŵan. Wedi dŵad i weld ynglŷn â'r tŷ rydach chi, debyg? Ma'r peth yn ddychryn i ardal gyfan, coeliwch fi.'

'Ydy mae'n siŵr. Fe ddaeth yr heddlu i ddweud wrtho i ddoe ond fe glywes i gymaint o straeon yn yr ysgol heddiw nes i fi benderfynu galw i'ch gweld chi, gan mai chi fydde'r tebyca o wybod y gwir.'

'O, mi wela i . . . y . . . llygad y ffynnon, fel petai.'

'Yn hollol. Dyna chi.'

'Wel ma'n ddrwg gin i'ch siomi chi ond ma' arna i ofn mai 'chydig o wybodaeth 'sgin i. Mi fuo'ch gwraig a'i thad i fyny 'ma bora ddoe i weld be o'dd wedi mynd. Mi alwodd hefo fi am funud ac ma' 'na gryn gollad 'nôl fel ro'dd hi'n deud. Dodrafn wedi mynd, a phetha letrig ac ornaments, ymysg petha erill.'

'Felly wir. Mmm. Cryn golled felly, ma'n siŵr.'

'Ydach chi ddim am fynd i weld?'

'Na, ma'n well i fi beidio rhag peri dryswch i'r heddlu. Doeddwn i ddim yn disgwyl peth fel hyn.'

'Pwy rioed ddisgwyliodd beth o'r fath? I bobol erill mewn llefydd erill ma' lladrada'n digwydd, ond be arall o'dd i'w ddisgw'l wrth ada'l tŷ'n wag yr holl amsar? Ond bobol annw'l, be 'di'r matar arna i ddim yn cynnig panad o de i chi a hwnnw ar y bwr'.'

'Diolch i chi. Fe fydde cwpaned o de yn dderbyniol iawn. Fe fydd yn rhaid i fi fynd am y clwb yn y man.'

'Duw annw'l, mi 'dach chi'n ddyn prysur ddiawledig. Ydach chi ddim wedi ca'l te?'

'Na, ond peidiwch gofidio. Fydda i byth yn bwyta'r amser hyn o'r dydd. Fe ges i ginio yn yr ysgol.'

'Deudwch chi. Ma'ch arferion chi'r to ifanc yn ddyrys iawn i mi. Dyma chi. Estynnwch at y siwgwr a'r llefrith.'

'Diolch. Ry'ch chi'n iawn ynglŷn â'r tŷ. Dyw pethe ddim wedi bod yn rhwydd iawn ar 'n priodas ni y misoedd olaf hyn.'

'Mi ro'dd 'ch gwraig yn deud hynny wrtha i bora ddoe. Ond mi ro'n i wedi clwad sibrydion cyn hynny, cofiwch. Peth dyrys 'di bywyd 'te.'

'Ma'n dda gyda fi'ch bod chi'n deall. Na, dyw pethe ddim wedi bod yn rhwydd o gwbl. Efallai mai priodi oedd y camgymeriad.'

'Be? 'Dach chi rioed yn deud 'rotsiwn beth?'

'Ma' digon o gyple'n byw gyda'i gilydd heb briodi'r dyddie hyn.'

'Ond y nefoedd wen, 'dach chi ddim yn credu o ddifri basa hi'n well i'r ddau ohonoch chi fyw gyda'ch gilydd heb briodi? Nid bod 'na ddim byd newydd yn hynny, cofiwch chi, dim ond mai enw llai parchus fydda'n ca'l 'i roi arno fo erstalwm.'

'Ma' llawer i'w ddweud dros y fath drefniant, wyddoch chi. Ma' ffrindie i fi sy'n byw fel'ny.'

'A Duw a helpo'r plant myn cythra'l, tasa rhwbath yn mynd o'i le.'

'Falle. Ma' angen dealltwriaeth, ry'ch chi'n iawn fan'na. Un peth rwy'n berffaith siŵr ohono fe yw mai camgymeriad oedd derbyn y tŷ yna a'i gynnwys fel anrhegion priodas. Nid fy nhŷ i oedd e, wyddoch chi, a fues i erioed yn gartrefol ynddo fe.'

'Deudwch chi. Mi alla i ddallt basa 'na anfanteision mawr mewn rhyw drefniant felly. Ac mi ro'n i'n meddwl 'ch bod chi'n gwario arian y cythra'l ar y tŷ 'na, o bâr mor ifanc.'

'Oeddech, mae'n siŵr. Ei thad roddodd y cyfan i ni. A'i ffrindie wrth gwrs. Dyna pam roeddwn i'n teimlo o hyd mai cael byw yn nhŷ fy ngwraig roeddwn i a doedd hi ddim yn fyr o edliw hynny i fi chwaith.'

''Dach chi rioed yn deud. Ma' hi'n llesol i ddyn ymdrechu: dyna be dw i 'di ddeud rioed. Chafodd y rhan fwya ohonon ni ddim dewis.'

'Na, ma'n siŵr. Ie, ymdrechu i greu cartre ma' dyn ei hun yn berchen arno, iddo fe a'i blant. Wel, rwy'n gorfod ymdrechu nawr, 'ta beth.'

'Mi creda i chi. Lle 'dach chi'n byw rŵan, 'mod i mor hy a gofyn?'

'O, yn y dre chi'n gwbod, gyda ffrindie. Nid nepell o'r ysgol. Rwy'n gorfod bod yn ofalus, welwch chi. Ma' gan 'i thad hi rai ffrindie pur ryfedd. A phur gas hefyd, pe bai'n dod i hynny.'

'Be? 'Dach chi'n rioed yn meddwl deud 'ch bod chi'n poeni am 'ch diogelwch?'

'Fe synnech. Tylwyth go arw ydyn nhw yn y bôn. A dweud y gwir, synnwn i ddim pe bai yna rywbeth od ynglŷn â'r lladrad hyn. Dyna i chi un rheswm pam nad wy'n awyddus i fynd i weld y tŷ.'

'Be? 'R Arglwydd cymrwch ofal be 'dach chi'n ddeud, bendith tad.'

'Peidiwch â gofidio. Dy'ch chi ddim yn 'u hadnabod nhw na'u ffrindie.'

'Ia. 'Chydig wn i amdanyn nhw, ma'n rhaid cydnabod. 'Dach chi am banad arall?'

'Dim diolch. Wyddwn inne ddim chwaith. Ddim mewn pryd ta p'un.'

'Wel, wel.'

'Fe wnân nhw unrhywbeth am arian, wyddoch chi. Dyna pam rwy mor amheus o'r lladrad hyn.'

'Wn i ddim be i'w gredu. 'Dach chi 'di rhoi agoriad llygad i mi.'

'Alla i brofi dim, a fydd yr heddlu'n gallu gwneud dim chwaith, fe gewch chi weld. Mi fydde'n union fel y rhain i drefnu'r holl beth.'

'Wel Duw annw'l. A finna'n poeni f'enaid. Ro'n i ofn mynd i 'ngwely neithiwr rhag ofn bod yna ryw ddihirod a'u llygaid ar fy lle inna.'

'O, peidiwch â gofidio. Fe fydden nhw'n ofalus i beidio gwneud dim fydde'n peri tramgwydd i'r heddlu. Dim ond cymryd pethe fydde'n rhwydd i'w gwerthu fydden nhw. Fe fydde llawer gormod o drafferth i waredu hen bethe fel hyn. A dim arian yswiriant i'w gasglu chwaith, wrth gwrs.'

'Ma'n dda gin i glwad, wir Dduw. Ofn mai rhyw hen dacla o ffwr' oeddan nhw o'dd arna i, ac mai yma bydden nhw'n taro nesa.'

'O, does dim angen i chi ofidio. Dwedwch i fi, faint o olion torri i mewn oedd yna?'

'Dydw i ddim wedi bod i weld, ychi, fel rhai o bobol y lle 'ma fu yna'n busnesa pnawn ddoe. Faswn i ddim mor hy. Ond mi wn i'r dyn llefrith alw'r heddlu gan 'i fod o wedi sylwi fod y drws ar agor.'

'Felly'n wir. Hy! Ma'n rhaid 'u bod nhw wedi trefnu'r cyfan yn ofalus.'

'Wel diołch i'r nefoedd 'ch bod chi 'di galw. 'Dach chi 'di symud gofid mawr iawn odd' ar fy meddwl i.'

'O, ma'n dda 'da fi am hynny. Rwy wedi gwneud un peth defnyddiol heddiw 'te.'

'Ia, wel. Do's mo'r angan i mi bryderu os mai dynion lleol oeddan nhw. Mi fasan nhw'n gwbod yn union be oeddan nhw'n 'i 'neud, fel bydda'r hogia wrth botsio erstalwm.'

'Jiw. Oeddech chi ddim yn gwneud hynny, oeddech chi?'

'Yr hogia ddeudis i. Na, ofni rhyw estronia'd gythra'l fydda'n sbydu'r cwbwl o'u blaena heb barch at ddyn na diawl ro'n i.'

'O, peidiwch gofidio dim. A nawr ma'n well i fi fynd.'

'Diolch yn fawr i chi am alw. Mi ddo i allan hefo chi, ga'l i mi folltio'r ddôr.'

'Peidiwch trafferthu. Fe wna i hynny. Rwy'n ddigon tal.'

'O'r gora 'ta. Ac mi rydach chi'n poeni am 'ch diogelwch 'ch hun?'

'O, ddim mewn gwirionedd. Dyw hi ddim gwerth y drafferth o ymosod arna i, welwch chi, ac fe fydde'r heddlu a phawb arall yn gwybod ar unweth pwy oedd yn gyfrifol.'

'Cymrwch ofal, 'mwyn dyn. Ma'r dydd yn darfod yn gadarn 'nd ydi o.'

'Ydi, a'r arfordir i'w weld yn glir heno. Wyddoch chi, rwy'n gwneud yn ardderchog â'r plant, yn y clwb ac yn yr ysgol, ond draw acw yr hoffwn i fod. Acw ma' 'nghartre i, ac rwy'n teimlo'r hir'eth. Weithie rwy'n teimlo'r hoffwn i adael y cyfan a dychwelyd yna.'

'Gan bwyll rŵan. Nid ar chwara bach ma' neb yn ca'l gwaith y dyddia yma. Naci myn cebyst.'

'Ry'ch chi'n iawn. Ma' hynny'n ofid i fi hefyd ond fe ddof i ben â hi rywsut. Ma' gormod o atgofion poenus yn y rhan hon o'r wlad. Wel, ma'n well i fi fynd am y clwb 'na.'

Mi oedais innau ar y rhiniog wedi cael ei gefn o. Roedd y goleuadau i'w gweld yn glir yn y llwydwyll a finnau'n meddwl eto am y miloedd oedd yn byw danyn nhw. Wyddai'r un ohonyn nhw am fy modolaeth mwy nag y gwyddwn innau amdanyn nhw. Dyma fi'n ail-gloi'r drws. Mi fyddai'n amser swper cyn bo hir ac yna mi ddylwn gael noson dda o gwsg.

9: Rhan Pump.

Do, mi ges i noson dda o gwsg, a chodi'n gynnar drannoeth. Roedd y cythraul bŷs yn hwyr fel arfer ond doedd dim gwahaniaeth gen i ar fore o wanwyn mor ogoneddus. Mi ddaeth yn y diwedd a'r hogyn bach hwnnw'n codi o'r tu ôl i'r llyw i'm helpu i.

'Helô, Taid. 'Dach chi am 'i chychwyn hi eto? Peidiwch chi â meddwi heddiw 'ma.'

'Taw, bendith i ti! 'N tydi rhai o'r tacla 'ma 'sgin ti ar y bŷs yn fy nabod i. Cofia di, dw i'n ddiolchgar iawn i ti am fy helpu i fel hyn. Nid llawar fasa'n gneud. Ond 'machgan annw'l i, lle ti 'di bod? Mi fydd pob siop a thafarn wedi cau erbyn i ni gyrra'dd, gei di weld.'

'Ylwch, tendiwch chi'ch hun rŵan. 'Dach chi'n ista'n saff yn fan'na, ga'l i ni ga'l cychwyn? Ia, disgw'l i ni 'neud gormod ma'n nhw ychi, a ninna'n colli amsar ar hyd y ffor' wedyn.'

'Deud ti. Ma'r bysys 'ma'n handi iawn rŵan rhagor na fel byddan nhw, ond mae o'n llawar iawn o waith i chi sy'n 'u gyrru nhw.'

Hwyrach fod bai arna i am gwyno. Mi yrrodd fel y diawl beth bynnag, a chyrraedd pen ei daith mewn da bryd. Am unwaith mi ges fy mhensiwn yn bur hwylus, a mynd i chwilio am yr hen hogia. Dyna lle'r oeddan nhw ar eu cornel yn mwynhau'r heulwen.

'Duw, dyma fo'r diawl, hogia.'

'Ia. Lle roeddat ti ddoe?'

'A pha ddryga rw't ti 'di bod yn 'u gneud draw 'cw?'

'Dryga! Am be gythra'l ti'n malu d'wad?'

'Wel diawl, rw't ti ne' rywun tebyg i ti 'di torri i mewn i'r tŷ 'na yn d'ymyl di.'

'O Duw, mi wela i be 'sgin ti rŵan.'

'Be ddiawl oeddat ti'n feddwl o'dd gin i'r lembo hurt?'

'Watsia be ti'n gega'r uffar.'

'Duw, Duw, rhowch y gora iddi hi'ch dau. Pa dŷ 'di hwnnw d'wad?'

'Y tŷ mawr crand 'na dros y ffor' i mi. Ia wir, hogia. Nos Sadwrn. Wel, fora Sul ma'n siŵr gin i, a finna'n cysgu fel babi blwydd am y wal â nhw.'

'Tŷ hogan be ti'n 'i alw fo.'

'Ia wir i chi. Mewn lle bach heddychlon fel fan'cw. Wn i ddim be sy'n dŵad o'r hen fyd 'ma, hogia. Na wn i, wir Dduw.'

'Ma' hi'n ôl yn byw hefo'i thad, ysti.'

'Ydi. Deud i mi, hefo goriad y torron nhw i mewn?'

'Be ti'n feddwl?'

'Paid â chymryd arnat, y diawl. Mi wyddost yn iawn be mae o'n feddwl.'

'Yli di'r cythra'l! Na, chwara teg, nid chi 'di'r rhai cynta i mi glwad yn bwrw amheuon.'

'Ia wasi. Cythreulia'd mewn cnawd ydi'r teulu yna, myn diawl.'

'A do's dim eisio i titha gymryd arnat dy fod di mor ddiniwad achos i ti ga'l mynd i rai o'u partïon crand nhw.'

'Watsia be ti'n gega'r diawl.'

'Hy, sut ti'n meddwl g'nath yr hen ddyn 'i thad hi 'i arian?'

'Yn onast 'ddyliwn i, fel finna.'

'Be ddeudist ti? 'R Arglwydd mawr, fuost ti rioed na fasat ti'n dwyn y llefrith allan o de rhywun, caet ti hannar y cyfla.'

'Yli di'r uffar, chdi 'di'r ola ddylsa gega am betha felly, myn diawl i.'

'Fedri di beidio arthio arno fo, a deud wrthan ni be ddigwyddodd?'

'Duw, do's dim llawar i ddeud, ychi. Mi ro'ddan nhw, y gleision, acw'r peth cynta fora Sul yn holi os o'n i wedi rhoi panad o de i griw o ladron yn ystod y nos. Hwnna sy o gwmpas y dre 'ma, mi wyddoch amdano fo, y peth boliog 'na sy'n streipia i gyd, a rhyw was bach wrth 'i gynffon o.'

'O Duw, os gadawon nhw betha iddo fo ma'n rhaid nad ydi'r polîs yn cymryd y peth o ddifri.'

'Nag 'dyn, myn diawl. Ma'r pwysa i gyd yn y gwaelod yn 'i achos o.'

'Ydi. Ma'r diawl wedi saliwtio'i ffor' i'r top.'

'Ro'n i'n ama nad o'dd 'na fawr ym mhen y diawl pan o'n i'n siarad hefo fo.'

'Nag oes. Mi fasat ti a fynta 'n gneud dau o rai glas ar y diawl hefo'ch gilydd.'

'Yli di'r cythra'l . . .'

'Taw am funud iddo fo fynd ymlaen hefo'i stori.'

'Ia wir Dduw, rydach chi fel dau gi hefo gast yn cwna.'

'Tendia di, 'ngwas i, wyddost ti ddim amdani hi. Ia, ro'dd o, y pwysfawr 'i hun, a hitha, draw acw, a'r gleision yn llyfu o'u cwmpas nhw. Mi fuo hi'n deud wrtha i gymint o betha o'dd wedi mynd. Pob dim o werth ro'dd modd 'u gwerthu'n rhwydd. Ma'n rhaid bod gynnyn nhw lorri ddodrafn i gario cymint.'

'Fuost ti'n siarad hefo fo?'

'Naddo wir i chi.'

'Hy! Go brin basa'r diawl yn sbio ar hen furgun fel chdi. Wneith o gythra'l o ddim hefo neb os nad ydyn nhw o fudd iddo fo.'

'Wel mi ges i fy holi gan y polîs, beth bynnag, a hynny am y tro cynta yn 'y mywyd.'

'Paid â deud cythra'l o gelwydd, y diawl.'

'Ia wir Dduw. Mi wyddon ni dy hanas di'n rhy hir, wasi.'

'Duw Duw, mi wyddoch yn iawn be dw i'n feddwl.'

'Hy! Fedri di gyfri sawl gwaith ti 'di ca'l dy redag i mewn?'

'Twt lol. Matar gwahanol o'dd hynny.'

'Ia siŵr iawn. Rŵan dowch yn 'ch blaena. Ma' hi'n amsar peint.'

'Na. Na, ddo i ddim heddiw 'ma hogia. Ma'n rhaid i mi fynd am y bỳs. Ca'l a cha'l o'dd hi'r wsnos dwytha i mi gyrra'dd heb wlychu 'nhrywsus.'

'A be ddiawl oeddat ti'n 'i ddisgw'l ar ôl yfad pedwar peint?'

'Negro wen, 'nes i ddim o'r fath beth, 'nes i?'

'Do, wir Dduw.'

'Ffact i ti.'

'On'd oeddan ni'n dy watsiad di wrthi hi.'

'O Duw, dw i'n dallt rŵan. 'Ro'n i'n meddwl bod rhywun wedi 'ngneud i pan es i gyfri 'mhres ar ôl cyrra'dd adra.'

'Rhywun wedi dy 'neud di! Y nefoedd, dyna be fasa gwyrth.'

'Yli, tendia di dy hun, y diawl. Ond diawl hogia, dim rhyfadd bod yr hogyn bach 'na o'dd yn dreifio'r bỳs yn deud 'mod i wedi meddwi.'

'Wel ty'd yn dy flaen 'ta, ac ymddwyn yn gall heddiw.'

'Na 'na i wir. Ma'n rhaid i mi fynd am y siopa 'na. Mi ddo i am beint yr wsnos nesa.'

Roedd dirfawr angen gwneud tipyn o siopa arna i. Ar ôl gorffen mi es am y bỳs. Lwc i mi wneud hefyd. Pan gyrhaeddais adre mi sylweddolais fod rhywun yn y tŷ.

'Duwcs annw'l, mi roesoch fraw i mi am funud.'

''Rargian, be 'di'r matar felly?'

'Dychryn 'nes i wrth ddallt bod 'na rywun i mewn 'ma. Ro'n i 'di anghofio'r cwbwl amdanach chi'n dŵad ar ddydd Mawrth.'

'Ia, yr hen ladrad 'na sy 'di'ch styrbio chi debyg. A deud y gwir mi ro'n inna'n dechra dyfalu lle goblyn roeddach chi.'

'Wel ia, ma'n ddrwg gin i. Chofis i ddim byd, fel ro'n i'n deud.'

'Dim ots. Lle 'dach chi 'di bod, 'dwch, 'di'ch gwisgo mor smart?'

'Yn smart! Dim ond i nôl fy mhensiwn rydw i 'di bod. A gneud rhyw fymryn o siopa 'te. Mi fuo'r polîs yma'n fy holi fi bora Sul, ychi a ma' arna i ofn 'u bod nhw 'di 'nghymysgu i'n lân.'

'A ma'n nhw 'di bod yn siarad hefo'r swyddfa 'cw hefyd. Ma'n nhw ofn i rywun 'ch dwyn chi dw i'n credu.'

'Twt lol, peidiwch â chyboli. Be wnâi neb hefo rhyw hen grystyn sych 'run fath â fi?'

'Mi synnach be ma' rhai pobol yn fodlon 'i ddwyn pan gân nhw gyfla. 'Dach chi wedi 'styriad rhoi tsiaen ar y drws 'na?'

'Dyna be oeddan nhw'r gleision yn 'i bregethu. I be cawn i beth felly, 'dwch, a finna'n nabod pawb yn y lle 'ma?'

'Oeddach chi'n nabod y rhai fuo dros y ffor' 'ma nos Sadwrn? Ne' be tasa rhyw hen dincars yn galw? Wyddoch chi byth pwy sy'n crwydro'r wlad y dyddia yma.'

'Peidiwch â deud y ffasiwn beth, bendith i chi! Mae o'n fy nychryn i. Rodd arna i ofn mynd i 'ngwely nos Sul.'

'Rioed! Ylwch, do's dim eisio i chi ddychryn. Dydi petha ddim mor ddrwg â hynny.'

''Dach chitha'n newid 'ch cân rŵan. Ond wyddoch chi, ma'

pobol yn deud y petha rhyfedda am yr hyn ddigwyddodd dros y ffor' 'ma.'

'Rhyngddoch chi a fi a'r wal 'na, mi dw inna wedi clwad petha o'r fath. Ma' 'na betha go od yn ca'l 'u deud, ond peidiwch chi â deud dim am y peth rhag ofn mai chi geith y bai.'

'Ia wir. Taw pia hi.'

'Siŵr iawn. A ma' 'na betha anodd iawn 'u credu'n ca'l 'u deud amdano fynta hefyd, ychi.'

''Rargian fawr! Sôn am fynd yn 'i ôl adra ro'dd o'r tro dwytha gwelis i o.'

'Hwyrach mai dyna'r peth calla galla fo'i neud, os 'di'r hanesion dw i'n 'u clwad am be sy'n mynd ymlaen tua'r clyb 'na'n wir. A rŵan, be amdanach chi? 'Dach chi eisio i mi neud rhwbath ne' dim ond sefyll yn fan'ma'n siarad?'

'Twt lol, gnewch banad o de ac mi steddwn ni i ga'l sgwrs.'

10: Rhan Un.

Mi fu'r heddlu cystal â'u haddewid. Mi alwodd rhyw draed mawr hefo fi un prynhawn a finnau'n digon balch o'i weld o. Ychydig o gyngor oedd ganddo fo, ond o ganlyniad i'w ymweliad mi drefnodd y wraig o'r Gwasanaethau i weithiwr osod cadwyn ar y drws. A larwm mwg. Fedrwn i yn fy myw weld sut roedd hwnnw'n mynd i atal lladron ond roedd pawb yn pwysleisio'i bwysigrwydd o. Mi gostiodd y ddeupeth yn ddigon hallt, beth bynnag. Roedd y gadwyn honno'n beth cymhleth iawn ac mi gymerodd hydoedd i mi ddod i'w deall hi. Yn sicr mi gâi unrhyw un drafferth i ddod i mewn pan fyddai hon yn ei lle, ond gobeithio'r nefoedd na fyddai neb yn ei gweld hi a meddwl fod gen i bethau gwerth eu lladrata yn y tŷ.

Ychydig ddyddiau'n ddiweddarach roeddwn i yn y siop yn chwilio am rywbeth at ginio. Doedd dim yno mewn gwirionedd ond y pecynnau cig moch, ond mi es ati i dyrchu drwy'r gist oer o ran ymyrraeth, ac fel roeddwn i wrthi mi ges grap ar sgwrs dwy wraig, a moeli 'nghlustiau'n syth.

''I mam hi o'dd yn deud wrtha i, 'dach chi'n gweld, a nid hi 'di'r unig un yn ôl pob sôn.'

''Dach chi rioed yn deud! Mi wn i fod 'na betha rhyfadd yn mynd ymlaen yn yr iwth clybs 'ma, ond dw i'n 'i cha'l hi'n anodd iawn coelio peth fel hyn.'

'Siŵr iawn. Ddaw 'na ddim da o lefydd fel'na. Ma' 'na ormod yn ca'l 'i neud dros bobol ifanc y dyddia yma.'

''Dach chi'n iawn. Fydda petha fel'ma ddim i'w ca'l erstalwm, a doeddan ni ddim ar 'n collad chwaith.'

'Nag oeddan, 'n enwedig pan ma' rhyw hen dacla diarth yn 'u rhedag nhw, a neb yn siŵr iawn pwy ydyn nhw.'

''Dach chi'n llygad 'ch lle. Pobol leol ddylsa redag petha fel'na. Pobol sy'n gwbod pwy 'di pwy a be 'di be.'

'Wel ia siŵr iawn. Helô. 'Dach chi'n dal i wella?'

'Ydw wir, diolch yn fawr i chi. Rydw i fel y cricsyn erbyn hyn.'

'Siarad am yr iwth clyb 'ma roeddan ni, ychi.'

'Ia, mi ro'n i'n ama hynny.'

'Ma' 'na betha rhyfadd iawn yn ca'l 'u deud am y lle.'

'O's 'na wir? Mi glywis inna ryw sibrydion beth amsar yn ôl. Pwy sy dani hi gynnoch chi rŵan?'

'Dim ond deud be dw i wedi glwad rydw i, cofiwch. Wn i ddim byd yn iawn ond ma' rhieni rhai o'r plant 'ma'n poeni'n ofnadwy.'

'A phoeni baswn inna tasa gin i ferch yn mynd yno, fel ro'n i'n deud gynna. Ma' rhywun yn dallt plant yn camymddwyn mewn lle felly achos ma' plant ydi plant yntê.'

'Wel ia, a chofiwch 'ch dwy, ma'r petha ma'n nhw'n weld ar y teledu'n rhoi syniada yn 'u penna nhw.'

'Ydyn ma'n nhw, gwaetha'r modd, ond mi fasach yn disgw'l i bobol yn 'u hoed a'u hamsar wbod yn well, yn basach?'

'A rhoi siampl dda i'r plant sy dan 'u gofal nhw.'

'Pwy sy gynnoch chi'ch dwy dan sylw? Hwnna o'dd yn arfar byw dros y ffor' i mi?'

'Deud ma'n nhw ychi, bod yr Awdurdoda wedi deud wrtho fo am gadw draw.'

''Rargian fawr! Bobol bach, 'dach chi'n siŵr?'

'Dyna be glywis i, 'ntê.'

'Ma'r stori'n dew drw'r lle 'ma. Synnu na fasach chi wedi clwad.'

'Wel do'n i ddim, wir i chi. Ddim gair. Ond cofiwch, dydw inna ddim wedi bod yn mynd allan gymint yn ddiweddar ag y byddwn i.'

'Dyna i chi be 'di'r stori, beth bynnag. Ma'r lle 'ma'n mynd yn waeth 'n tydi o?'

'Ma' hi'n iawn, ychi. Ma' hi'n mynd yn rhemp yma rhwng popath.'

'Wel, ma'n syn gin i glwad. Mi ces i o yn hen beth clên iawn bob gafa'l. A deud y gwir, mi roeddan nhw ill dau yn eitha cymdogion, o betha ifanc felly 'te. Biti garw iddyn nhw fethu cyd-fyw.'

'Ia wir. Ma'n dda gin i'ch clwad chi'n rhoi geirda iddyn nhw. Ond dyna fo, pwy a ŵyr be sy'n mynd ymlaen tu ôl i ddrysa caeedig neb yntê.'

'Falla bod gynni hi well rheswm nag y dyfalodd neb am 'i hel o odd'na, ychi.'

'Ia. Mi ddeuda i gymint â hyn. Ma' 'na lai o lestri yna na fydda'n arfar bod, a llai o bopath arall hefyd ar ôl pythefnos i'r Sul dwytha 'ma. Wel, ma'n well i mi'i throi hi. Da bo chi rŵan.'

Doedd yna ddim yn galw arna i, ond gogrdroi yn eu hunfan roedd y ddwy hen iâr wirion yna. Mi fyddai'n rhaid i mi aros nes dôi fy hogan bach i ar ei rhawd er mwyn cael y stori'n iawn.

Adre â mi dow-dow ar ôl talu am fy neges ac aros wrth y tŷ dros y ffordd i weld fy nghyfle i groesi. Trueni garw am y ddau ohonyn nhw. Pa gyfrinachau roedd y tŷ yna'n eu gwarchod tybed? Duw annwyl! Mi edrychais yr eildro. Roedd car yn y dreif, ac roeddwn i'n ei adnabod o.

'Helô! Sut rydach chi? Dowch yma am funud.'

Dyna lle'r oedd hi'n gweiddi drwy ffenestr un o'r llofftydd. Doedd gen i'r un rheswm dros wrthod ac felly mi gychwynnais i fyny llwybr yr ardd gan ddirfawr obeithio nad oedd hi'n disgwyl i mi ddringo'r grisiau ati hi, neu mi fyddai yna hen siarad. Ond diolch i'r drefn roedd hi'n fy nghyfarfod i wrth ddrws yr ochr pan gyrhaeddais i.

'Wrthi hi'n rhoi tipyn o sbring-clîn i'r lle 'ma rydw i. Ma' hi'n anodd credu fel ma' llwch yn hel pan 'dach chi'n gada'l tŷ'n wag. Ylwch, steddwch os medrwch chi weld lle'n rhwla.'

Mi chwifiodd ei braich i gyfeiriad y cadeiriau pin. Roedd yn rhaid nad oedd y rheiny at ddant y lladron. Dewis eistedd ar y fainc wrth y bwrdd wnes i, a gwrando.

'Ww, mi wna i goffi i ni'n dau rŵan. Ma' 'na goffi bîns yma'n rhwla os nad ydyn nhw wedi sboilio erbyn hyn. Rydach chi'n ffond o grownd coffi'n tydach, os dw i'n cofio'n iawn.'

'Ma' gynnoch chi eitha co.'

'O, wn i ddim. Wyddoch chi, mi dw i'n leicio'r fiw drw' ffenestri'r bàc. Ma'r mynydd yn grand iawn yr amsar yma o'r flwyddyn, 'n tydi o?'

'Ydi, ac ma' ganddoch chi olygfa fendigedig o'r cefn 'ma. Dyma i chi rwbath na wela i mono fo heb i mi ddŵad at y ddôr. Ma' gin bobman 'i ragoriaetha.'

'Wel oes wrth gwrs a dydw i ddim wedi iwsio hefo mynydd yn yr ardd, bron iawn. Ma'r holl liwia 'na'n lyfli.'

'Ydyn. Cofiwch, dw i 'di bod mewn manna lle na fasan nhw'n 'i alw fo'n fryn hyd 'n oed.'

'Egsagtli. Fasan nhw ddim yn sbio arno fo yn y risórts byddwn i'n mynd iddyn nhw i sgio.'

'Duwcs annw'l! Fyddach chi'n gneud rhyw gampa felly?'

'O byddwn. Pan o'n i yn y bôrdin sgŵl, yntê. Mi fydden ni'n ca'l winter brêc bob blwyddyn pan oeddan ni yn y siniyr iŷrs.'

'Deudwch chi.'

'Ia. Wedi penderfynu dŵad yn ôl yma i fyw rydw i.'

'Be? Dŵad yma i fyw ar 'ch pen 'ch hun. Dew!'

'Pam lai? Ddaw 'y ngŵr i ddim yn 'i ôl, ma' hynny'n bur syrten.'

'Wel, chi sy'n gwbod.'

'Ia. Mynd yn ffed-yp ma' rhywun wrth fyw yn nhŷ rhywun arall 'dach chi'n gweld. Ma'r hen ddyn 'cw'n ddigon ffeind a phopath, ond mi dw i'n teimlo baswn i'n leicio ca'l fy lle fy hun.'

'Dyna chi. Waeth pa mor dda 'di pobol wrthan ni, mi 'dan ni i gyd yn hoffi ca'l 'n hannibyniaeth.'

'Egsagtli. 'N enwedig a gin inna'r tŷ yma 'ntê.'

'Mi ddeuda i gymint â hyn. Mi fydda i'n falch ar y cebyst o ga'l c'mydog, a chofiwch fod 'na groeso i chi alw 'cw fel mynnoch chi.'

'Thanciw. Mi gofia i, ac ma' eisio i mi neud yr effort i ddŵad i nabod pobol y pentra 'ma hefyd.'

'Mm. Ia. Haws deud na gneud, coeliwch fi. Ma'n nhw'n gythreulia'd am gadw'u huna'n iddyn nhw'u huna'n. Hen deuluoedd y lle felly, 'ntê.'

'Ydyn nhw wir?'

'Ydyn, wir Dduw i chi. Rydw i 'di byw yma flynyddo'dd maith a dydw i byth yn teimlo 'mod i'n un ohonyn nhw'n go iawn.'

'Nag 'dach chi wir?'

'Do's 'na unlla i bobol gwarfod yma chwaith ar wahân i'r tipyn siop 'na a 'chydig ar y coblyn sy'n mynd yno.'

'Ia wir. Piti 'ntê. Dyma fo'ch coffi chi.'

'Diolch. Ia, mynd o'dd 'ma ma' pawb, at 'u gwaith a'u plesar. Anodd ar y cythra'l 'di cymdeithasu yma.'

'Ond mi dw i'n clwad bod fy annwyl ŵr yn micsio'n dda iawn yma.'

'Ydi o?'

'O, cym on rŵan. Ma'n rhaid 'ch bod chi wedi clwad.'

'Wel, mae o'n gweithio'n yn y clyb ieuenctid 'na, 'dach chi'n gweld.'

'Mi ro'dd o'n gweithio yno 'te, 'n ôl be glywis i. A be arall mae o'n neud o gwmpas y lle 'ma?'

'Wel, wn i ddim byd yn iawn, wir i chi.'

'Cym on! Ma'n rhaid 'ch bod chi 'di clwad y riwmyrs.'

'Clywch! Nid fy lle i ydi adrodd straeon wrthach chi heb wbod os o's 'na rithyn o wirionadd ynddyn nhw.'

'Twt lol. Rydw i wrth fy modd hefo gosip. A 'dach chi ddim yn meddwl bod hi'n ffêr i mi ga'l gwbod a finna'n byw yng nghanol petha?'

'Ydi, ma'n siŵr, ond 'dach chi'n gweld, wn i ddim mwy na'r hyn glywis i tua'r siop 'na'r bora 'ma, a rhyw stori wasgaredig ar y diawl o'dd honno. Y cwbwl wn i ydi fod yr Awdurdoda wedi gofyn iddo fo gadw draw o'r clyb oherwydd rhyw straeon 'i fod o'n cyboli hefo rhai o'r plant, fel 'dach chitha 'di clwad ma'n rhaid. Wn i ddim o'r manylion, wir i chi.'

'O wel. Dyna chi. Falla 'mod i 'di cyrra'dd yn ôl mewn pryd i watsiad y difelypments. Ma' hi'n mynd yn intyrestin yma.'

'Ond deudwch i mi, sut dowch chi i ben hefo byw yma a'r holl betha wedi ca'l 'u dwyn odd' 'ma?'

'Hei, 'dach chi'n troi'r stori rŵan. Ond dim ots. Ma' 'na ddigon o betha ar ôl yma ychi i neud y tro i mi. Do's gin i ddim intensiyn ca'l lot o egseitment ac mi fedra i brynu'r petha bydda i eu heisio.'

'Deudwch chi.'

'Ia. Mi gawn ni weld. Mi gawn ni weld.'

10: Rhan Dau.

Y diwrnod hwnnw roeddwn i'n bwyta fy nghinio'n araf, araf, gan gnoi pethau eraill yn fy meddwl. Mi allwn i ddeall merch yn cael llond bol ar fyw gyda'i thad. Awydd am benrhyddid fu prif nodwedd yr ifanc erioed, a hynny heb gyfri'r gost. Efallai nad oedd o'n un rhwydd i fyw gydag o chwaith, ond dyna ddau ddyn roedd hi wedi methu cyd-fyw â nhw. A beth ar wyneb y ddaear oedd y mater ar ei gŵr hi? Roedd o'n wirion bost os oedd gwirionedd yn yr hanesion yma. Trueni na ddôi fy hogan bach i ar ei thro er mwyn i mi gael gwybod y gwir.

Deuddydd bu'n rhaid i mi ddisgwyl cyn ei gweld hi. Roedd y prynhawn yn tynnu tua'i derfyn pan glywais i fiwsig ei thraed ar y cowrt.

'Helô! 'Dach chi adra?'

'Helô. Helô. Ty'd i mewn.'

'Newydd gyrra'dd o'r ysgol dw i a gesiwch lle ma'n rhaid i mi fynd i ga'l te wrth nad o's 'na neb adra a dyma fi'n meddwl tybad oeddach chi eisio tatws ne' rwbath trwm felly o'r siop.'

'Nag o's wir, ddim heddiw 'ma, diolch yn fawr i ti. Ma' gin i ddigon o'r rhai ddoist ti'r wsnos dwytha ar ôl. Dydw i ddim yn bwyta cymint a chymint, fel gwyddost ti. A sut ma'r hen wraig, d'wad?'

'O God, ma' hi'n iawn ychi ond 'i bod hi'n môn, môn, môn, drw'r amsar hefo hi. Hei, mi 'dach chi 'di clwad be sy 'di digwydd yn y clyb 'n tydach?'

'Mi glywis fod y dyn fydda'n arfar byw dros y ffor' 'ma wedi ca'l 'i hel odd'no.'

'Wedi ca'l 'i wahardd ma'n nhw'n ddeud ychi a dydi o ddim yn dŵad yno ac ma' hynny'n biti achos ro'dd pawb yn 'i leicio fo a roeddan ni'n ca'l hec o lot o hwyl hefo fo ac roedd o'n gallu ca'l pawb i neud petha iddo fo heb neud ffŷs am y peth achos felly ma'r clyb lîdyrs 'ma i gyd ychi.'

'Ond 'mechan i, ma'n rhaid fod gynnyn nhw reswm dros 'i hel o odd'na.'

'Pobol o'dd yn deud 'i fod o'n ca'l affêrs hefo rhai o'r genod sy'n mynd i'r clyb ond do'dd o ddim ychi achos dw i 'di siarad hefo lot o'r genod erill a do's 'na neb yn gwbod dim byd.'

'Bobol bach! Os w't ti'n iawn ma' hynny'n beth ofnadwy. Mi rw't ti'n siŵr, w't ti?'

'Ydw. Dw i'n siŵr ma' gneud straeon amdano fo ma'n nhw achos bod rhai ohonan ni'n mynd ato fo i siarad am 'n problema a ballu a dim byd arall a 'dan ni'n codi rhyw ddeisab ne' rwbath yn y clyb i brotestio.'

'Ydach chi wir?'

'Ydan. Ro'ddan ni 'di bod yn meddwl basan ni i gyd yn mynd i'r Cyngor a demonstretio ond dydan ni ddim am neud hynny achos basa lot ohonan ni'n gorfod mitsio a mi fasa pobol yn gweld bai arnan ni.'

'Taw ditha. Be 'di mitsio, d'wad?'

'O, wyddoch chi . . . y . . . be 'dach chi'n 'i alw fo? Wyddoch chi . . . y . . . peidio mynd i'r ysgol.'

'O Duw, chwara triwant ti'n feddwl?'

'Ia. Dyna chi.'

'Wel wir, chlywis i am neb yn chwara triwant at achos da o'r blaen. Ac ma'n rhaid 'ch bod chi'n 'styriad 'i fod o'n achos da.'

'O ydan. Dydi o dim yn ffêr bod pobol yn ca'l deud straeon fel'na sy'n sboilio bob dim i bobol erill.'

'Wn i ddim wir. Paid ti â gada'l i'r peth darfu gormod arnat ti. Ma' hi'n anodd deall trefn petha weithia, ysti.'

'Ydi ma'n siŵr ond dydi'r peth ddim yn ffêr ydi o?'

'Ma'n nhw'n deud bod 'na sail i bob sôn, ysti ac ma'n rhaid bod y stori yma wedi ca'l cychwyn rywsut.'

'Y drwg ydi bod pobol yn leicio siarad er mwyn gneud drwg i'r clyb a ma'n nhw wedi bod yn 'i erbyn o o'r dechra achos nad ydyn nhw ddim eisio i bobol ifanc ga'l nunlla i fynd.'

'Dw't ti rioed yn deud, debyg, fod 'na rywun wedi cychwyn y stori 'ma'n fwriadol?'

'Yn be?'

'Yn fwriadol. Cychwyn y stori er mwyn 'i chychwyn hi ti'n gweld.'

'Wel dyna be 'ma pawb yn y clyb yn 'i ddeud a 'dan ni i gyd

wedi rhoi'n henwa ar y ddeisab 'ma i ddeud nad ydan ni'n gwbod dim byd am ddim byd a mi dw i'n siŵr bod rhywun yn treio gneud drwg iddo fo.'

'Bobol annw'l, w't ti wir! Ond clyw, ydi hi'n iawn i ti oedi yn y fan'ma? Fydd hi ddim yn poeni amdanat ti?'

'Na fydd achos mi 'nes i ddeud wrthi hi ddoe 'mod i eisio galw yma ond mi fydd hi'n cwyno 'run fath yn union achos 'i bod hi'n meddwl nad ydw i ddim i fod i siarad hefo neb ond y hi. O God!'

'Wel 'r Arglwydd, paid â'i thramgwyddo hi ar fy nghownt i.'

'O dim ots ychi achos os na fydd hi'n cwyno am hynny mi ffeindith rwbath arall i fônio amdano fo.'

'Dyna ti, os ti'n siŵr. Deud i mi, pwy sy'n ca'l y bai am gychwyn y stori 'ma?'

'Do's 'na neb fel tasan nhw'n gwbod ond ma' pawb yn meddwl 'i fod o'n beth od 'i bod hi 'di cychwyn a neb yn gwbod dim am y peth.'

'Ma' 'na rai pobol sy'n ddigon o gythreulia'd i ddeud rhwbath. Oes wir i ti.'

''Dach chi'n gwbod 'i fod o'n gorffan yn yr ysgol ddiwadd y tymor nesa tydach, ac mi fydd 'na gollad ar 'i ôl o yn y fan'no hefyd achos ma' pawb yn 'i leicio fo er na fydda i ddim yno wrth gwrs.'

'Be ddeud'ist ti? Gorffan yn yr ysgol! Ydi o wir? Mi grybwyllodd rwbath o'r fath, o ran hynny, pan o'dd o yma beth amsar yn ol.'

''Na'th o? Fflipin ec! Be o'dd o'n neud yma 'ta?'

'O, wedi dŵad i weld pa ddifrod o'dd wedi'i achosi i'r tŷ ro'dd o, ysti. Rw't ti'n cofio, debyg? Pan dorrodd y bobol yna i mewn iddo fo. Mi grybwyllodd rwbath am orffan yn y pen yma o'r wlad yr adag honno.'

'Be? God, ydi o ddim am fynd odd' 'ma i fyw hefyd ydi o?!'

'Mi fydd yn rhaid iddo fo ysti, os ydi o am ga'l gwaith. Sôn am fynd yn 'i ôl adra ro'dd o.'

'Adra? Lle ma' fan'no 'dwch?'

'O draw ffor'na, tua'r llefydd pella 'na weli di os edrychi di drw'r ffenast 'na. Ydi hi'n ddigon clir allan 'na i ti weld yn iawn, d'wad?'

‘Nag ’di ond mi dw i ’di gweld nhw o’r blaen. Y De ’di fan’na ia?’

‘Wel ia, y llefydd pella ’na, fel ro’n i’n deud.’

‘Blincin ec! Mi fydd hi’n rhyfadd meddwl amdano fo i lawr yn bell bell draw ffor’cw ’n bydd?’

‘Wel bydd, ond mi fydda i’n rhyfeddu ysti, wrth feddwl am yr holl bobol sy’n byw draw ’na, na wyddon ni’r un dim amdanyn nhw. A llawar iawn rhagor sy allan o’n golwg ni.’

‘Lle? Yn y trefi mawr a ballu ia?’

‘Ia, am wn i. Y llefydd rw’t ti eisio mynd iddyn nhw ’ntê. Ma’n syn meddwl am yr holl bobol byddi di ’di dŵad i’w nabod mewn ’chydig flynyddo’dd na wyddost ti na finna ddim byd am ’u bodolaeth nhw rŵan.’

‘Ew, ia. Fflip, mi fydd hi’n sbort ca’l ’u c’farfod nhw i gyd ’n bydd. Mi faswn i’n leicio ca’l mynd gynta bydda i ’di gorffan yn y blincin ysgol ’na ond cha i ddim gin y bobol ’cw nes bydda i’n hŷn ond fedra i byth aros tan hynny.’

‘Hir pob ymaros medda’r hen air, ysti. Mi ddaw yr amsar, dim ond i ti fod yn ’myneddgar. Ac o sôn am orfod aros, ma’n siŵr bod ’na rywun arall sy’n teimlo felly erbyn hyn.’

‘Pwy? O blincin hec ia! Ma’n well i mi ’i g’leuo hi ne’ mi fydd hi wedi sori hefo fi. Ta ta rŵan.’

‘Ia, a phaid ti â phoeni. Mi ddaw’r d’wrnod i ti fynd yn ddigon buan, ysti, a Duw a ŵyr be wna i wedyn.’

10: Rhan Tri.

Duw annwyl, pwy gythraul oedd hwnna?

Rhyw fregliach ymosod ar y chwyn ger y ddôr roeddwn i pan glywais y bŷs o’r dre’n dod ac yn aros am y wal â fi. Dyma fi’n sythu mewn gobaith am sgwrs. Beth welais i ond y dyn smart yma’n croesi’r ffordd a cherdded yn dalog i fyny llwybr ei gardd hi at ddrws yr ochr. I mewn ag o ar ei union heb gymaint â churo. Wel, wel! Roeddwn i wedi lled-amau unwaith neu ddwy fy mod i wedi gweld dyn yn mynd yno, a beio fy nychymyg, ond heddiw doedd dim amheuaeth.

Roedd tua mis wedi mynd heibio erbyn hynny a'r tywydd wedi cynhesu tipyn. Roeddwn i'n falch iawn ei bod hi wedi dod 'nôl. Peth fach hoffus oedd hi ar waetha'i holl steil, ac aml i sgwrs gawson ni, ond fu fawr o dro cyn i dafodau'r pentre gael gwaith.

'Helô. Sut rydach chi? Ma'ch coes chi'n dal i gryfhau, gobeithio?'

'Ydi wir, siort ora diolch. A sut rydach chitha?'

'Dim achos i gwyno, ychi. Deudwch i mi, sut ma' petha dros y ffor' i chi?'

'Duwcs, ma' popath yn iawn am wn i. Pam 'dach chi'n gofyn?'

'O, dim. Dim byd o gwbwl. Dim ond 'mod i'n clwad yr hyn ma' pobol yn 'i ddeud 'te.'

'Ma' pobol bob amsar yn deud petha, wyddoch chi. Be ma'n nhw'n 'i ddeud rŵan, 'sgwn i?'

'Wn i ddim byd yn iawn fel ro'n i'n deud, dim ond be 'dw i'n glwad, ond ro'n i'n meddwl yn siŵr basach chi'n gwbod a chitha'n byw yn ymyl 'te.'

'Gwbod be, neno'r tad?'

'Wel deud ma' pobol bod 'na ddynion yn ôl ac ymlaen yno o hyd.'

'Deudwch chi. Wn i ddim byd, ychi. Ma'r tŷ 'cw â'i gefn at y ffor' fawr fel gwyddoch chi, a finna'n gneud fy ngora i gadw 'mhig allan o fusnas pobol erill 'te. Ond mi ddeuda i hyn. Do's 'na ddim trwst pobol a cheir yn mynd a dŵad yno gefn trymadd nos fel arfera fod.'

'Nag o's ma'n debyg. Mi fydda pobol yn deud 'r amsar hynny bydda 'na bartïon rhyfadd iawn yn digwydd yno, ond stori wahanol 'di hon 'te.'

'Os 'dach chi'n deud. Ma' hyn yn newydd i mi. Ydi, wir i chi.'

Fynnwn i ddim tramgwyddo f'unig gymdoges a gobeithio'r nefoedd na fyddai neb yn meddwl mai fi oedd wrth wraidd y stori. Mi fyddwn i'n gwylltio hefo'r bobl yma oedd am dynnu sgwrs â fi pan oedden nhw'n meddwl y medrwn i borthi eu chwilfrydedd nhw. Ac roedd hi'n rhyfeddod cymaint wyddai pobl am y digwyddiadau dros y ffordd er mai dim ond fi oedd yn byw ar y cyfyl.

Byw yno'n ddistaw iawn roedd hi cyn belled ag y gallwn i farnu er nad oedd gen i ddim amcan ar beth roedd hi'n byw. Doedd hi ddim yn gweithio: roedd hynny'n amlwg. Anaml y byddai'n mynd oddi yno. Mi wyddwn hynny gan byddwn i'n gweld y car yn y dreif yn wastadol bron. Am ryw reswm fyddai hi byth yn ei gadw yn y garais y dyddiau yma. Mi fûm i'n bwriadu holi'r hen hogia rhag ofn bod ganddyn nhw ryw oleuni ar bethau, ond heddiw roeddwn i wedi gweld y dyn yma ac wedi cynhyrfu gormod i fwyta fy nghinio.

10: Rhan Pedwar.

Un bore ddiwedd yr wythnos honno roeddwn i wrth y ddôr yn gynnar yn nôl y botel lefrith. Gobeithio dal fy hogan bach i roeddwn i, ac mi fûm yn ffodus. Mi ges gip ar oren llachar ei bag papurau yn y pellter ac mi ddaeth nerth ei thraed pan welodd hi fi.

'Sori, 'nes i mo'ch gweld chi am funud. 'Dach chi eisio negas?'

'Mi fydd, ond mi 'neith hi'r tro fora Sadwrn os w't ti'n brysur heno 'ma, ysti. Ma'n rhaid i mi ga'l tatws a nionod rywdro ne' fydd gin i ddim digon dros y Sul.'

'Reit. Mi ddo i yma 'n syth o'r ysgol.'

'Duwcs, paid â thrafferthu gormod chwaith, cofia. Mi wneith bora fory siort ora os w't ti'n brysur.'

'Na. Na, mi ddo i pnawn 'ma wir i chi a ma' gin i glamp o stori i ddeud wrthach chi hefyd ond ma'n well i mi fynd rŵan ychi er mwyn i mi ga'l gorffan y papura 'ma ne' mi fydda i wedi colli'r fflipin bŷs eto, a God ma' hi'n Wyrld Wôr Thri yn tŷ ni bob tro ma' hynny'n digw'dd 'run fath â tasa neb arall acw byth yn cysgu'n hwyr ond mi wela i chi pnawn 'ma. Ta ta rŵan.'

A finnau'n troi'n ôl am y tŷ mor hamddenol i hwylio brecwast. Rhyw ddiwrnod digon cuchiog oedd hi ond fod fy myd i'n wyn wrth feddwl am gael ei gweld hi. Mi dreuliais i'r prynhawn yn gwrando am y bŷs ysgol ac nid cynt y cyrhaeddodd o nag y clywn ei sŵn ysgafndroed ar y cowrt.

'Helô. Be 'dach chi eisio i mi ga'l i chi i gyd 'ta?'

'Dyma ti, yli. Mi dw i wedi'u sgwennu nhw i lawr i ti. Mi faswn yn mynd fy hun ond fedrwn i byth gario'r petha trwm 'na fel gwyddost ti.'

'Reit, mi a' i rŵan a wedyn mi ga i ddeud y stori 'ma wrthach chi ar ôl i mi ddŵad yn ôl.'

Prin roeddwn i wedi rhoi tro nad oedd hi yn ei hôl gan fy ngwneud i'n eiddigeddus o'i hieuenctid hi.

'Dyna chi. Dw i 'di ca'l pob dim a dyma fo'ch newid chi ylwch a ma'r risît yn y bag.'

'Twt lol. Do's dim angan i ti boeni am rwbath felly.'

'Mi ddylach chi tsiecio ychi achos ma'n nhw'n deud wrthan ni yn yr ysgol dylian ni neud yn siŵr bod yr hen bobol yn tsiecio pob dim. Hei, 'dach chi 'di clwad amdani hi dros y ffor' ydach chi?'

'Mi rydw i'n clwad pob math o straeon amdani hi. Be ti 'di glwad rŵan, d'wad?'

'Wel ma' pawb yn deud bod dynion yn mynd yna ati hi ychi.'

'Duwcs annw'l. O's 'na?'

'Oes a ma' pobol yn deud 'u bod nhw'n talu andros o lot o bres am fynd yna ychi achos ma' pob dim yn posh ofnadwy a pan o'dd y ddynas 'cw wrthi'n malu am y peth dyma'r hen ddyn yn gofyn gâi o fenthyg pres ac mi dreiodd hi roi clustan iddo fo.'

'Taw â deud! Ma' hi'n mynd yn beryg acw, ddyliwn i. O lle ma'r straeon 'ma'n dŵad, tybad?'

'Ma'r plant ar y bŷs i gyd yn deud 'u bod nhw'n wir a bod y dynion 'ma yn mynd yno i gysgu hefo hi.'

'Wel do's dim byd i ofidio amdano os mai mynd yno i gysgu ma'n nhw.'

'O hec, 'dach chi'n gwbod be dw i'n feddwl. Y . . . y . . . mi rydach chi'n dallt, yn tydach?'

'Ydw 'mechan i, mi rydw i, gwaetha'r modd. Ac mi rw't ti'n coelio hyn i gyd, w't ti?'

'Ydw. Wel . . . ydw. Am wn i. Ma' pawb yn y clyb yn deud 'u bod nhw'n dallt rŵan pam g'na'th o'i gada'l hi a ma' dim am bod 'na straeon c'lwyddog amdano fo mae o'n mynd odd'ma.'

'Wn i ddim wir, ysti. Dw i 'di deud wrthat ti be ddeudodd o pan o'dd o yma. A d'wad i mi, pam na fasa fo wedi mynd ddiwadd y tymor dwytha yn lle aros tan fis Awst, os o'dd o eisio mynd?'

'Diwadd tymor yr ha fydd hi'r adag hynny 'dach chi'n gweld a dyna pryd ma' pob dim yn newid yn yr ysgolion a ma' hi'n hawsach iddyn nhw altro petha'r amsar hynny ychi.'

'Deud ti. A'r amsar hwnnw byddi ditha'n gorffan, decini?'

'Blincin hec naci. Mi fydda i 'di gorffan rŵan jyst pan fydd hi'n haff-tyrm ddiwadd y mis achos ma' pawb ohonan ni sy'n gneud egsams yn gorffan 'r adag honno ychi ond bod rhaid mynd yn ôl yno wedyn i neud yr egsams ond fydd hynny ddim 'run peth â gorfod mynd i'r ysgol.'

'Duwcs annw'l! Ond i'r ysgol byddi di'n mynd 'run fath yn union?'

'Ia ond fydd dim rhaid i ni aros yno drw'r dydd 'dach chi'n gweld dim ond tra byddwn ni'n gneud yr egsams.'

'Wel, wel. Dyna beth rhyfadd 'te.'

'Ia. Mi faswn i 'di ca'l gorffan ddiwadd y tymor dwytha ychi achos 'mod i'n ddigon hen ond chawn i ddim gin y blincin pobol 'cw achos ma'n nhw'n mynnu 'mod i'n gneud yr egsams yn gynta.'

'Call iawn yn fy marn i a chditha wedi mynd cyn bellad yn yr ysgol.'

'Wn i ddim achos do's gin i ddim hôps o basio dim byd ond 'u bod nhw adra yn meddwl 'mod i'n fflipin jîniys ac mi rydw i'n ffed yp ar y blwmin lle.'

'W't ma'n siŵr. Felly ma' plant 'di bod 'rioed, ysti. Caru dy les di ma' dy rieni.'

'Fflipin ec wn i ddim wir.'

'A be wnei di ar ôl 'mada'l?'

'Mi ga i waith yn un o siopa'r dre ychi ne' yn un o'r heipar marcets tu allan ond mi fasa'n well gin i weithio yn y dre achos basa hi'n hawsach i mi fynd yno ac yn lot mwy o hwyl.'

'Bydd di'n ddiolchgar am ga'l rhyw fath o waith, myn cebyst i, a phetha fel ma'n nhw rŵan.'

'O mi wnân nhw ffeindio gwaith i mi am flwyddyn ne' ddwy ychi ar y peth job criesiyn 'na 'te ond y drwg ydi na cha i ddim llawar o gyflog ond mi fydda i'n mynd i ffwr' wedyn i chwilio am waith achos mi fydda i'n ddigon hen erbyn hynny.'

'Cymar di bwyll cyn i ti fynd i ada'l cartra. Chei di unlla gwell, ysti. Ma' gormod o lawar ohonon ni wedi gneud y camgymeriad yna.'

'Mi fyddan nhw'n arfar deud hynny wrthan ni yn y clyb hefyd.'

'Fyddan nhw? Ac o sôn am y clyb, ydi o'n dŵad yna rŵan?'

'Nag 'di ond ma'r clyb wedi gorffan dros yr ha rŵan beth bynnag a do'dd y clyb ddim 'run fath hebddo fo eniwe ychi.'

'Wyddost ti, yr hyn dw i'n fethu ddallt ydi fel rw't ti wedi newid dy farn amdano fo. Do'dd gin ti fawr o olwg arno fo pan o'n i'n siarad hefo ti'r ha dwytha.'

'Nag o'dd, dw i'n gwbod. Ond cyn iddo fo ddŵad yma i fyw o'dd hynny 'te a dŵad hefo ni ar y bŷs i'r ysgol a wyddach chi bydda fo'n mynnu'n bod ni i gyd yn mynd ar y bŷs o'i flaen o.'

'Fydda fo wir?'

'Bydda. Dim jyst pwsho o'ch blaen chi a'ch trin chi fel mýc fel ma' athrawon yn arfar 'i 'neud.'

'Wel ia. Ma' gin ti rwbath yn fan'na, siŵr o fod.'

'O's, ac mi ddaethon ni i 'nabod o'n well wedyn pan ddechreuodd o yn y clyb. Ro'dd o'n dallt pobol ifanc ychi a do'dd o ddim yn bôrin yn yr ysgol chwaith 'run fath â'r rest ohonyn nhw.'

Ystyried hynny roeddwn i wedi iddi fynd. Roedd hi bellach yn ferch ifanc a go brin y gellid disgwyl iddi ddygymod â ffyrdd athrawon. Hen ddiawliaid diflas a hunandybus ar y cythraul gwelais innau nhw pan oeddwn i yn yr ysgol a ches i erioed achos i newid fy marn. Roedd yn rhaid fod hwnna'n ddyn go arbennig.

10: Rhan Pump.

'Helô. Sut rydach chi?'

Mi allwn glywed llais fy nghymdoges yn glir y bore Llun canlynol pan oeddwn i'n aros am y bŷs, ond fedrwn i yn fy myw ei gweld hi.

'Fan hyn, ylwch. Tu ôl i chi fan'ma. Yn y dreif.'

'O, Duw annw'l, dyna lle rydach chi. Sut 'dach chi heddiw 'ma?'

'Tsiampion, diolch. Ar 'ch ffor' i nôl 'ch pensiwn rydach chi?'

'Dyna be o'dd 'y ngobaith i, tasa modd ca'l pobol y bysys 'ma i gydweithredu.'

'Twt lol, peidiwch â boddro hefo nhw. Dowch hefo ni yn y car.'

'Ni ddeudsoch chi?'

'Ia siŵr. O, dim ond fi a'r tipyn lojar 'ma 'sgin i. Mynd i'w ddanfon o at y trên rydw i.'

'Duwcs, 'dach chi'n siŵr rŵan?'

'Wel ydw siŵr, ma' 'na ddigon o le i chi. Dowch yn 'ch blaen.'

Nid dyna beth oedd gen i mewn golwg ond doeddwn i ddim yn mynd i wrthod cael fy nghludo. Er mor rhesymol oedd y bỳs, doedd o ddim i'w gael am ddim. Doeddwn i ddim wedi torri gair â hi oddi ar y diwrnod pan welais i'r dyn hwnnw'n mynd yno.

'Dowch i mewn, ylwch.'

Roedd hi wedi mynd i'r car ac agor drws blaen yr ochr arall. Mi fuasai'n well gen i gael eistedd yn y cefn er mwyn bwrw llygad dros bethau ond doedd gen i ddim dewis. Fel mynnai pethau fod dyna'r bỳs yn cyrraedd y funud honno: mewn da bryd pan oedd dim angen iddo fod.

'Dowch i mewn rŵan, i mi ga'l rifyrsio'r car i'r ffor' . . . a be goblyn mae o'n neud, deudwch? Mi gollith 'i drên os na frysith o.'

Ond aros fu'n rhaid i ni am rai munudau cyn iddo ymddangos. Gŵr tal oedd o mewn siwt dywyll ac yn cario bocs bach du. Gwallt cwta, sbectol, a chroen braidd yn frown. Estron, ac roeddwn i'n lled siŵr i mi fod yn saethu rhai o'i frid o, flynyddoedd a fu. Mynd i eistedd i'r cefn wnaeth o heb yngan gair, a thawel fuon ni yr holl ffordd. Oedd o'n flin, tybed, oherwydd fy mod i yn y sedd flaen? Neu oherwydd fy mod i yno o gwbwl? Y nefoedd, doedd hi erioed wedi gwneud hyn yn fwriadol? Efallai mai ei Saesneg o oedd ddim digon da i gynnal sgwrs. Duw, doedd yr uffarn erioed yn meddwl fod fy Saesneg i'n rhy garbwl iddo fo?

'Dyna chi,' meddai hi yn Gymraeg gan aros ar ganol y ffordd yn union gyferbyn â'r post. 'Cymrwch chi'ch amsar rŵan. Ydach chi'n mynd adra'n strêt?'

Dyma beth oedd cyfyng-gyngor. Fedrwn i ddim rhoi ateb yn ffŵr-bwt iddi a hithau wedi fy nghludo i'r dre, ond mi fedrwn i weld y gynffon o geir oedd yn dechrau magu o'r tu ôl iddi hi.

'Nag 'dw, ond ylwch, ma'n well i mi fynd ne' mi fydd y cap melyn ar 'ch ôl chi. Ma'n rhaid i mi neud dipyn o siopa a falla'r a' i am beintyn hefo'r hen hogia.'

‘O ia. Neis iawn. Ylwch, gweitiwch amdana i yn y pýb. Mi ga i gyfla am ddrinc bach ac mi gewch chitha lifft adra. Mi fydd yn tsiênj bach neis i minna.’

‘Reit ’ta. Diolch yn fawr i chi,’ meddwn innau gan gau’r drws a gwneud sioe fawr o bwyso ar fy ffon i geisio tawelu storm y cyrn. Beth gythgam ddywedai’r hen hogia pan ddôi honna i ymuno â ni?

Gan fy mod i’n gynnar roedd y post yn bur wag ac mi ges fy arian cyn pen dim. Doedd neb ar y gornel, ac felly ymlaen â fi am y siopau. Erbyn i mi ddychwelyd roedden nhw’n dechrau crynhoi.

‘Lle ’dach chi i gyd ’di bod y diawlia’d? Dyma’r trydydd tro i mi fod yma’n chwilio amdanach chi’r bora ’ma. Mi ’dach chi’n mynd yn ddiog yn ’ch hen ddyddia, ydach wir Dduw.’

‘Be gythra’l sy’n matar arnat ti’r bora ’ma’r diawl?’

‘O Duw, ia. Ro’n i ’di anghofio. Un diog fuost ti rioed ’te.’

‘Arglwydd mawr hogia, clywch pwy sy’n ’u deud nhw.’

‘A be gythra’l w’t ti’n ’neud yn cyniwar o gwmpas y lle ’ma mor gynnar heddiw?’

‘Wel be ti’n feddwl? Mi dw i ’di dal y bŷs i lawr ’ma, codi ’mhensiwn, a gneud fy siopa cyn i chi ddŵad dros yr erchwyn, y c’nafon. O’dd cwrw neithiwr yn rhy gry i chi ne’ rwbath?’

‘Be gythra’l ti’n refru? Mi wna i ddiwadd arnat ti’r munud ’ma os na thendi di dy hun.’

‘G’nei, ar dy dafod. Cofiwch, mi fasa’n dda ar y cythra’l gin i taswn i o fewn cyrra’dd i ddŵad am beint hefo chi amball noson. Do’s ’na gythra’l o ddim yn y twll acw.’

‘Paid â chymryd dy siomi, llanc. Adra byddwn ninna gyda’r nos.’

‘Ia, ma’ petha ’di newid yn goblyn, ysti.’

‘Ydyn nen Duw.’

‘Be? Mi fyddwch yn mynd am beintyn bach cyn ’swylio, do’s bosib?’

‘Dyna sut byddai hi erstalwm, ’te.’

‘Fuost ti yn nhafarna’r lle ’ma gyda’r nos y blynyddo’dd ola ’ma?’

‘Ma’r petha ifanc ’ma’n ’u gneud nhw’n beryg bywyd, ysti.’

‘Ydyn. Mi welis i amsar pan faswn i wedi plygu pob un wan jac ohonyn nhw fel stwffwl, baswn myn diawl.’

‘Mi wn i cystal â chditha’n bod ni’n dau wedi gweld dyddia gwell, ond ofn mynd i’r tafarna, wir Dduw.’

'Gyda'r nos 'te.'

'Mae o'n llygad 'i le, ysti. Ydi, myn diawl.'

'Mi wela i. Dyna pam 'dach chi'n mynd am 'ch peint ar awr ginio, debyg?'

'Wel doeddat ti rioed yn meddwl mai dŵad am beint ar awr ginio i dy blesio di roeddan ni, oeddat ti'r uffar?'

'Duw annw'l, rho'r gora iddi hi am funud, 'nei di.'

'Ia, ma' hi'n saffach o beth cythra'l yng ngola dydd.'

'Ond ma' 'na rai sy'n cerddad y strydo'dd 'ma fasa'n fodlon 'mosod arnat ti er mwyn dwyn dy bensiwn, tasan nhw'n ca'l hannar y cyfla.'

'Negro wen!'

'Ffact i ti. Nid malu cachu mae o.'

'Ar y drygia 'ma ma'n nhw, ti'n gweld.'

'Mi wn i am betha felly, hogia. Ma'n nhw'n berwi'n dragwyddol amdanyn nhw ar y weiarles a'r teledu.'

'A mi 'neith y 'ffernols rwbath i ga'l pres i dalu amdanyn nhw.'

Tybed mai dyma'r rheswm pam fod y wraig o'r Gwasanaethau'n awyddus i nôl fy mhensiwn drosta i? Ond mi fyddai caniatáu iddi hi wneud yn fy amddifadu o'r cyfle i weld yr hen hogia, a fedrwn i ddim colli hynny.

'Cofiwch chi, hogia, tydi hi ddim yn fêl i gyd yn fan'cw chwaith. Ma'n nhw 'di mynnu 'mod i'n rhoi tsiaen ar y drws ffrynt 'cw.'

''R Arglwydd, do'dd gin ti'r un? Fasa neb yn y dre 'ma'n meiddio bod heb un, ysti.'

'Na fasan, myn diawl.'

'Dyna ti, ti'n gweld. Dydi hi ddim yn saff yn unlla bellach.'

'Nag 'di. Dydi dyn ddim yn ddiogal yn 'i dŷ 'i hun myn diawl.'

'Ffact i ti. Mi a'th hen wreigan o'dd yn byw yn f'ymyl i fan'cw i gartra henoed am fod arni ofn byw yn 'i thŷ 'i hun. Ro'dd rhyw gythreulia'd wedi torri i mewn yno ddwywaith.'

'Gwbod bod yr hen gryduras ar 'i phen 'i hun ro'dd y diawlia'd.'

'Ia hogia, a fasa rhyw ddiawlia'd o'r fath fawr o dro yn dŵad acw mewn car, 'n na fasan?'

'Duw annw'l, be sy'n werth 'i ddwyn yn y mymryn lle 'na 'sgin ti?'

‘Wel ma’ pobol yn deud bod gin i hen betha sy’n werth pres.’

‘’R Arglwydd mawr, paid â chyhoeddi hynny ar benna’r strydo’dd fel hyn ’ta, ’r diawl hurt!’

‘Ia siŵr Dduw. Mi wyddost yn iawn am yr hanesion ti’n glwad ar y niws ag yn ’u darllan yn y papura.’

‘Gwn myn cythra’l.’

‘Wel callia ’ta, a chau dy geg.’

‘Yli, paid â phoeni. Ma’r diawlia’d yma’n gneud ati i dy ddychryn di. Ty’d. Mi awn ni am beint. Ma’n nhw ar agor bellach.’

‘Sut ddiawl ti’n disgw’l i mi fwynhau peint ar ôl clwad petha fel’na?’

‘Duw, Duw, gneud ’run fath â ninna, ’ntê. Dal i fynd, ysti, a gobeithio’r gora.’

A dyma’r hen griw fu mor herfeiddiol gynt. Roedd hi’n ddigon hawdd dweud wrtha i am beidio â phoeni. Haws dweud na gwneud. F’unig gysur i oedd gwybod eu bod hwythau’n teimlo’r un fath. Roedd gen i gadwyn ar y drws i rwystro rhai ar berwyl drwg rhag dod i mewn, ond peth arall fyddai eu hel i ffwrdd, a fyddai neb wrth fynd heibio ar y ffordd fawr yn gallu gweld fod dim o’i le. Roedd hi’n hen bryd i mi holi o ddifri am y ffôn yna.

10: Rhan Chwech.

‘Rw’t ti’n dawal ar y cythra’l y bora ’ma. A phrin ti ’di cyffwrdd dy gwrw chwaith.’

‘Y? Be ddeudist ti?’

‘’Dan ni wedi dy ddychryn di, d’wad?’

‘Yli, anghofia’r peth, wir Dduw. ’Run fath ma’ hi ym mhobman, ysti.’

‘Ia’n tad. Ma’n rhaid i ni fyw hefo’r byd fel mae o, gwaetha’r modd.’

‘A ’ngweld fy hun yn ca’l ’smwythyd wrth drafod petha fel ’na hefo pobol erill bydda i, ysti.’

'Digon hawdd i ti. Hefo pwy medra i siarad yn y lle 'cw? Mi welis i amsar, myn cythra'l i!'

'Be ti'n falu? Be 'sgin ti i boeni amdano fo? Dydi hi'n ddigon tawal lle ti'n byw fan'na.'

'Dyna be ti'n gredu'r diawl.'

'Duw, Duw, paid â gneud môr a mynydd o'r peth. Eithriada mawr ydi ymosodiada ar hen bobol.'

'Falla wir, ond mi fasa'n well gin i beidio bod yn eithriad, a finna heb na theliffon na dim.'

'Be? Dw't ti ddim ar y ffôn? Nefoedd fawr!'

'Sut ddiawl ti'n gallu gneud heb un mewn lle fel'na d'wad?'

'Mae o'n biltryn handi gythreulig ysti, ag wrth gwrs, tasat ti'n digwydd bod eisio help 'te.'

'Twt, ma'r diawl yn gallu gweiddi'n ddigon uchal.'

'Myn diawl, mi gwasga i di nes byddi di'n piso os na thendi di, y mwnci gythra'l.'

'Mi fasat yn gneud rhwbath methist ti neud lawar tro o'r blaen 'ta'n basat llanc?'

''Newch chi'ch dau roi'r gora i godi twrw.'

'Mi fasa ffôn wedi bod yn handi gythreulig pan frifist ti dy droed.'

'Mae o'n declyn drud ar y naw, cofia di. Ydi, myn cythra'l i.'

'Ia, ond 'dach chi'n gweld, ro'dd pobol y lle 'cw wedi gneud casgliad i ga'l un i mi pan o'n i yn yr hosbitol.'

'Duw annw'l. Ti rioed yn deud!'

'Wel ma' rhywun 'di gweld 'i wyn ar y pres yna erbyn hyn.'

'Oes wir Dduw. Mi faswn i'n mynd at y polîs taswn i'n dy le di.'

'Ia. Dyna be faswn inna'n 'neud hefyd. Ma' 'na ormod o'r math yna o dwyllo'n mynd 'mlaen.'

'Duw annw'l, peidiwch â bod mor ddrwgdybus. Wedi anghofio ma'n nhw.'

'Anghofio o gythra'l.'

'Ia, ac os 'di'r pres yn digwydd bod yn dy feddiant di ar ôl i bawb anghofio.'

'Nefoedd 'r adar, dydi pobol ddim fel'na ffor'cw.'

'Hy. 'Run peth ydi pobol yn bobman.'

'Ia'n Duw, dyffeia i nhw.'

'Duw annw'l, dim ond 'chydig bunno'dd o'dd o. 'Dach chi'n siarad fel tasa fo'n blydi ffortiwn.'

'O Duw, deud ti!'

'Mi rw't ti'n rhy ddiniwad o'r hannar.'

'Hy! Ffon i ddechra, myn diawl i, a ffôn wedyn.'

'Yli di'r uffar . . .'

'Hei! Rŵan, rŵan.'

A dyna pryd cerddodd hi i mewn. Doedd hi ddim yn gweddu i le mor werinol ond roeddwn i'n falch gythreulig ei bod wedi dod o hyd i mi gan na ddwedais wrthi ym mha dafarn y byddwn i. Mi fu'n siarad â rhywun ger y bar am beth amser, ac roedd wynebau'r hen hogia'n bictiwr pan ddaeth i eistedd wrth fy ochr i.

'O, 'dach chi'n 'ch ôl. Ac mi ddaethoch i ben â hi'n iawn 'ta?'

'Do, jyst! Do'dd gynnon ni fawr iawn o amsar i'w sbario.'

'Deudwch chi. 'Dach chi'n 'nabod y rhain, 'dwch?'

'Wel ydw'n tad, o ran 'u gweld felly 'ntê. Mi fasa'n anodd i neb fyw yn y dre 'ma heb 'u notisio nhw.'

'Basa debyg, er basa amal un yn mynd heibio heb sylwi ar griw o rai mor ddistaw.'

'Rîyli? Helô, sut 'dach chi i gyd?'

'Sdach chi?'

'Bora da.'

'Helô.'

'Grr.'

'Sut rydach chi? A sut ma'ch tad?'

'O, yn olreit, ma'n siŵr gin i. Dydw i ddim wedi bod in tytsh hefo fo ers wsnos ne' ddwy.'

'O!'

''Dach chi rioed yn deud.'

'Ylwch, fasach chi'n leicio un arall?'

'O na. Na dim jyst rŵan thanciw. Wrth 'mod i'n dreifio 'te.'

'Ma' i chi groeso cofiwch, ond dyna chi, os 'dach chi'n siŵr. Wn i ddim pam bod y rhain yn edrach mor gas arna i am gynnig.'

'O na, dydyn nhw rioed yn gas, ydyn nhw?'

'Wel os nag ydyn nhw, ma'u cwrw nhw 'di troi'n sur gynddeiriog.'

'O, diar mi, nag 'di rioed. Piti 'te.'

'Dim wedi arfar hefo merched ifanc yn dŵad i'w gweld nhw ma'n nhw, dw i'n credu, a hynny sy'n 'u gneud nhw'n swil.'

'O rîyli, dw i'n siŵr 'u bod nhw'n big hit hefo merched.'

'Peidiwch â mynd yn rhy bell ar y trywydd yna. Mi fedrwn i ddeud stori ne' ddwy wrthach chi.'

'Deud wrthi am d'orchestion di dy hun, y diawl.'

'Be? Bobol bach, fasa fo ddim yn gneud dim byd nôti, fasa fo?'

'Na faswn i nen' tad, ond fasach chi byth yn coelio rhai o'r hanesion medrwn i 'u deud wrthach chi am y rhain. Wel, os 'dach chi'n siŵr na fynnwch chi lyma'd arall, mi dw i'n barod pan 'dach chi.'

''Dach chi'n siŵr? Reit 'ta, mi awn ni. Tsieriô, bawb.'

'Hwyl rŵan hogia, mi ga i sgwrs hefo chi eto.'

'Byhafia dy hun, y diawl.'

''Dan ni yn mynd i ga'l dy weld di eto, ydan ni?'

'Gwadna hi'r cythra'l.'

'Yr uffar diawl.'

'A hogia . . . gobeithio na fydd fy nghlustia i'n llosgi'n golsyn ar y ffor' adra 'te.'

10: Rhan Saith.

'Dydi hwnna ddim yn bỳb rydw i'n ffamiliar hefo fo,' meddai wrth gychwyn y car.

'Nag ydi debyg. Tipyn yn henffasiwn ydi o 'te. Tafarn dynion. Ma'n well gin ferched lefydd tipyn crandiach. Yr hyn dw i'n fethu ddallt ydi sut gwyddach chi lle i ga'l hyd i mi.'

'Mi wn i dipyn mwy am 'ch habits chi na fasach chi'n feddwl! Ond o ddifri, ychi, ma' hi'n braf gwbod bod llefydd fel'na'n egsisdio o hyd. A'r bobol sy'n mynd iddyn nhw. Pobol naturiol. Hefo sèt go wahanol rydw i wedi arfar, wŷrs lỳc.'

'Pobol naturiol. Wel, falla'u bod nhw fel arfar ond mi ddychrynson am 'u bywyda pan ddaethoch chi i ista hefo nhw.'

'Wel do 'n do. Dydw i rioed wedi ca'l micsio hefo pobol y dre, ychi. Dyna o'dd y trwbwl hefo mynd i ffwr' i'r ysgol.'

'Deudwch chi. Ma'n siŵr gin i fod rhywun yn colli 'nabod felly.'

'Colli 'nabod! Ches i rioed mo'r tsians i ddŵad i 'nabod. Mi ges i 'nysgu i feddwl 'mod i'n well na phobol y lle. Ond be 'di'r ots. 'Chydig fydda i'n fynd allan o gwbwl rŵan.'

'Tewch â sôn! Mi fyddach yn arfar mynd allan gryn dipyn.'

'Byddwn. Ma' petha wedi newid, 'n tydyn nhw. Ond dim ots. A dydw i ddim 'di sboilio'ch dê owt chi, ydw i? 'Dach chi'n sowndio yn y dymps.'

'Rargian fawr nag 'dach. A deud y gwir, mi dw i'n ddiolchgar ar y naw i chi. Na, wedi ca'l tipyn o fraw rydw i.'

'O?'

'Yr hogia, wel dyna be fydda i'n 'u galw nhw er 'u bod nhw'n hen ddynion yn 'ch golwg chi, ma'n siŵr; y nhw o'dd yn deud 'i bod hi'n beryg bywyd mynd allan tua'r dre 'na wedi nos. Dyna pam byddan nhw'n mynd am 'u peint ar awr ginio, meddan nhw.'

'Call iawn. Mi all fod yn ddigon risgi i rywun hen ne' ifanc os nag 'dach chi'n iwsio'ch comyn sens. Ma' rhai pỳbs yn gallu bod yn rỳff ofnadwy. Ma hi gymint neisiach byw yn y wlad.'

'O. Mi 'dach chi'n setlo i lawr yn iawn, felly?'

'Ydw, er 'i fod o'n waith slo ofnadwy dŵad i 'nabod pobol.'

'Ydi ma'n siŵr. Ma'n nhw'n hen betha digon clên yn y bôn, cofiwch. Y rhan fwya ohonyn nhw beth bynnag. Amheus o ddieithria'd ydyn nhw, ychi, ac yn fusneslyd gythreulig ar yr un pryd.'

'Dyna sut ma' pobol dros y byd i gyd 'te, ma'n siŵr gin i? Fedrwn ni mo'u haltro nhw.'

'Na fedrwn, myn cebyst i. 'Dach chi'n deud calon y gwir fan'na.'

'Peidiwch ripîtio hyn wrth 'ch ffrindia' ond rydw i'n 'i gweld hi'n lot neisiach byw yma nag yn y dre hefo'r sèt byddwn i'n micsio hefo nhw. Dw i'n ffed-yp ar 'u leiff-steil nhw. Ma'n siŵr gin i mai dyna pam priodis i. Ro'dd o'n newid o'r bobol ro'n i'n iwsd iddyn nhw.'

'Ia. Wel ia. Dyna chi. Chi sy'n deud. Ma'n ddrwg gin i na wna'th y briodas ddim gweithio.'

'Diolch. Wn i ddim sut 'r a'th petha'n rong, ychi, a ninna wedi ca'l job yn yr ysgol iddo fo a cha'l y tŷ yn wedin presynt a phopath. Ro'n i'n meddwl 'n bod ni'n lwcus ond mi dw i'n meddwl rŵan bod fy ngŵr i jyst ar goll yng nghanol y lot. O wel, ma' hi'n rhy hwyr i boeni rŵan.'

'Ydi hi?'

'Be 'dach chi'n feddwl?'

'Anodd gythgam ydi barnu o'r tu allan, ychi. All neb ddeud sut fyw sy 'na rhwng unrhyw ddau.'

'Na fedar, siŵr iawn. Ond be oeddach chi'n feddwl?'

'Meddwl 'mod i'n 'ch gweld chi'n ca'l gwedd wahanol ar betha ro'n i, ac wedyn pwy a ŵyr?'

'Na, ma' hi'n rhy hwyr, wŷrs lỳc. A ma' gynno fo gariad newydd 'nôl fel dw i'n dallt. Fel 'dach chitha'n gwbod, ma'n siŵr.'

'Fi! Na wn i, wir. Wn i ddim byd amdano fo.'

'Na wyddoch wir? Bobol annw'l. O wel, dyna chi.'

'Ia. A dyma ni adra, beth bynnag.'

'Ia. Tendiwch chi. Mi stopia i ar 'ch ochor chi, ylwch, rhag i chi orfod croesi. O, wnes i ddim egsblênio am fy lojyr chwaith, naddo?'

'Naddo. 'Dach chi eisio gneud?'

'O, peidiwch â phoeni. Do's dim sgandal yn y peth, bilîf îw mi.'

11: Rhan Un.

'Wyddoch chi, ro'n i'n 'styriad mynd i holi ynglŷn â'r teliffon 'na ro'n i fod i'w ga'l,' meddwn i wrth y wraig o'r Gwasanaethau pan oedd hi'n cymryd hoe am gwpanaid o goffi hefo fi ryw fore.

'Teliffon ddeudsoch chi? Syniad da iawn. Wir i chi, wn i ddim sut ma' neb yn gallu gneud heb un yn yr oes sy ohoni hi, 'n enwedig mewn lle fel hyn.'

'Ia. Mi ro'dd pobol y lle 'ma wedi hel i ga'l un i mi, ychi, ne' felly deudson nhw, pan ges i'r niwad bach 'na i 'nhroed.'

'Nefi blŵ! Sawl gwaith ma'n rhaid i bawb ddeud wrthach chi — nid anaf bach o'dd o. Ro'dd y peth yn beryg. Mi allsa fod wedi bod yn ddigon am 'ch bywyd chi. Lwc garw i'r dyn llefrith 'ch ffeindio chi.'

'Rargian, peidiwch â deud y drefn. Mi wn i mi fod yn ffodus ond do'dd y peth ddim yn ddiwadd y byd chwaith.'

'Wn i ddim, wir. Mi 'dach chi'n llawar rhy ddi-hid i ddyn o'ch oed. Yn union 'run fath ag un neu ddau arall o'ch criw gwn i amdanyn nhw. Be ddeudsoch chi am y ffôn?'

'Wel, 'dach chi'n gweld, mi dda'th 'na griw o bobol y lle 'ma i 'ngweld i ryw noson yn y cartra hwnnw ces i fy hel iddo fo, er mwyn ca'l deud wrtha i fod 'na gasgliad wedi'i hel i ga'l ffôn i mi.'

'Pwy o'dd yn gyfrifol am y casgliad 'ma? Mi gawn ni rywun o'r swyddfa 'cw i fynd i holi.'

'Naci, naci, peidiwch, bendith i chi! Rhag ofn i'r bobol 'ma gam-ddallt. Gweld yr hen le 'ma mor unig rydw i, a meddwl basa peth felly'n gwmpeini, wrth 'u bod nhw wedi addo un 'te. Am dalu am 'i roi i mewn roeddan nhw, ac am rent blwyddyn. Doeddan nhw ddim yn meddwl baswn i'n byw yn hwy na hynny, m'wn.'

'Bobol mawr, peidiwch â rhyfygu!'

'Ia 'ntê. Ro'n i'n meddwl basa'n werth i mi arbad pres yn rhwla arall er mwyn talu'i rent o.'

'Go brin bydd rhaid i chi lwgu i'w fforddio fo. Dydi o ddim mor ddrud â hynny. Wel, os 'dach chi am holi be sy wedi digwydd i'r arian mi hola inna yn y swyddfa 'cw i weld os o's 'na ryw gynhorthwy i chi'i ga'l tuag ato fo.'

'O's 'na tybad? Diolch yn fawr i chi. Mi a'i i holi pan ga i gyfla.'

Doedd gen i ddim awydd mynd ac mi fu'n rhaid i mi ddweud celwydd neu ddau wrth y wraig o'r Gwasanaethau pan fu'n fy holi ynglŷn â'r peth wedyn. Wrth lwc fu dim rhaid i mi ofyn yn y diwedd. Un noson mi alwodd y ddau bwysig o'r pwyllgor hwnnw i'm gweld i.

'Rhywun oedd yn deud wrtha i nad ydyn nhw wedi rhoi'r ffôn yna i mewn i chi byth.'

'Yn hollol. Ac felly mi ddaeth o i'm gweld inna. Yn naturiol mi roeddwn i'n synnu. Roeddwn i'n cymryd yn ganiataol fod y gwaith wedi'i wneud erstalwm iawn. Chlywsoch chi'r un gair oddi wrthyn nhw?'

'Naddo wir i chi. Chlywis i na bw na be.'

'Rargian fawr. Mae'n beryg i bobol feddwl fod rhyw ddiffyg arna i. Alla i ddim dyfalu be ydi'r matar.'

'Yn hollol. Mae'n beryg i bobol ddechra siarad.'

''Dach chi'n iawn 'ch dau. Ma' 'na ddiawlia'd yn y lle yma 'neith stori allan o rwbath.'

'O, peidiwch chi â phoeni. Chaiff neb ddeud 'mod i ar fai. Nid basai neb yn gneud wrth gwrs, ond ma' peth fel hyn yn fygythiad i enw da rhywun. Mi fydda i ar y ffôn efo nhw y peth cynta bora fory.'

Roedd yn rhaid ei bod wedi gwneud hefyd a rhoi ram-dam go iawn iddyn nhw gan eu bod nhw yma drannoeth i wneud y gwaith. Roeddwn i wrth fy modd. Bellach mi allwn gael sgwrs ag unrhyw un pan fynnwn i, ac mi fedrwn alw am help pe bai angen. Ar ôl i'r dynion orffen eu gwaith mi fûm yn piltran o gwmpas y lle gan dyfalu pwy fyddai'r cyntaf i ffonio. Cyn bo hir mi ganodd gan beri i mi neidio bron allan o'm croen. Sôn am siom. Rhyw Saesnes o'r lle teliffon oedd yn holi os oedd o'n gweithio'n iawn. Doedd yr alwad yna ddim yn cyfri, meddwn i, ond rywsut doedd o ddim yr un peth disgwyl am yr alwad nesaf. A chanodd o ddim beth bynnag. Ddim gydol y dydd. Na bore trannoeth chwaith. Roeddwn i'n dechrau tosturio ataf fy hun ond rywdro tuag un ar ddeg dyma gnoc ar y drws.

'Helô, fi sy 'ma.'

'Rargian, dowch i mewn.'

'Thanciw, thanciw. Dydach chi ddim yn iwsio'r tsiaen 'na sy gynnoch chi ar y drws?'

'Rargian nag 'dw i. Ddim gefn dydd gola. Ar agor bydd y drws gin i gan amla oni bai 'i bod hi'n oer drybeilig 'te.'

'Wel wir, mi ddyliach gymryd y pricôsiyns, ychi. Mi fydda i'n iwsio f'un i bob amsar. Y peth riyli pwysig ydi mynd i'r habit o'i hiwsio hi bob tro, 'dach chi'n gweld.'

'Os 'dach chi'n deud, ond wir fydda i'n teimlo dim bygythiad liw dydd. Mi fydda i'n cloi'r drws pan fydd hi'n t'wllu ac yn 'i defnyddio os bydd rhywun yn galw wedyn. Os bydda i'n cofio 'te.'

'Wel wir, mi rydach chi'n cymryd risg, ychi. Wyddoch chi byth pa ryw hen garictyrs sy'n wandro o gwmpas y wlad.'

'Falla'ch bod chi'n iawn. Mi fydd yn rhaid i mi gofio'i rhoi hi yn i lle. 'Dach chi am banad o goffi hefo fi?'

'Os ca i. Lyfli. Mi welis i bobol y teliffon yma ddoe a dyma fi'n meddwl basa'n well i mi ddŵad drosodd i ga'l 'ch nymbyr chi.'

‘Dyna fo’n fan’na ar y ffôn, ylwch. Mi gewch gyfla i’w nodi tra bydda i’n y gegin gefn yn gneud coffi.’

‘Dyna chi. Mi wna i nôt ohono fo rŵan.’

‘Cofiwch chi, wn i ddim pa fudd ydi o chwaith, rŵan a ’mod i wedi’i ga’l o. Do’s ’na gythril o neb wedi ffonio ar wahân i ryw ddynas o’r lle teliffon o’dd eisio gwbod o’dd o’n gweithio, os clywsoch chi gwestiwn mor hurt rioed.’

‘Be?’ meddai gan chwerthin. ‘Sut roeddach chi’n disgw’l i neb ’ch ringio chi? Ydach chi wedi deud wrth bobol ’ch bod chi ar y ffôn? Do’s ’na neb yn gwbod be ’di’ch nymbyr chi, o’s ’na?’

‘Nag oes ’na, ’dwch? ’Ddylis i ddim am hynny. Ydi o ddim yn y llyfr mawr ’na adawson nhw ar ’u hola?’

‘Wel nag ’di, wyddoch chi. Ddim eto. Mi gymerith hynny amsar. Nymbyrs pobol erill a syrfisis a phetha felly sy ynddo fo rŵan. Rydach chi’n gwbod sut i’w iwsio fo, debyg?’

‘Ma’ gin i amcan go lew. Dyma fo’ch coffi chi, ylwch.’

‘Lyfli. Thanciw. Ylwch, dowch i mi weld y llyfr ’na. Mi gawn ni gwd lwc arno fo hefo’n gilydd rŵan.’

‘Ia, ac fel ’dach chi’n deud, mi fydd rhaid i mi roi ar ddallt i bobol ’mod i wedi ca’l y teclyn ’ma.’

‘Wel bydd siŵr. Mi ddyliach chi ga’l cardia bach hefo’ch enw a’ch adrés a’ch ffôn nymbyr arnyn nhw i’w rhoi i bobol. Wyddoch chi, dw i’n siŵr fod gin i rai blanc yn y tŷ ’cw. Syrplys o pan symudon ni yma. Mi ga i lwc amdanyn nhw pan a’ i yn f’ôl. Waeth i chi’u ca’l nhw ddim. Dydyn nhw’n ddim iws i mi.’

Mi dreulion ni hanner awr digon difyr yn chwilio am enwau a rhifau pobl yn y llyfr mawr hwnnw, ac mi ddes innau’n bur ddeheuig wrth y gwaith mewn byr o dro.

‘Dyna chi. Ma’n well i mi fynd rŵan. Wyddoch chi, ’dach chi’n gneud coffi lyfli.’

‘Wel diolch yn fawr i chi am ’ch help a phopath.’

‘Ia, ma’n rhaid i mi fynd. Ma’ fy lojyr i’n ôl yr wsnos yma. Mi fydd adra biffôr long ac eisio’i lynsh. O, dydw i ddim wedi egsblenio i chi amdano fo, ’n nag dw?’

‘Nag ’dach, ond do’s dim angan i chi neud, cofiwch.’

‘Peidiwch â phoeni. Not tw wyri. Ma’ popath yn ddigon diniwad. Dim ond aros hefo fi ocesiynali bydd o. Wn i ddim ydi pobol yn riyleisio'i fod o'n aros yma, ond dydyn nhw ddim yn dallt ma'n siŵr os ydyn nhw.'

'O, ma'n nhw'n gwbod, coeliwch chi fi. Do's dim cyfrinacha mewn lle fel hyn.'

'Nag o's, ac ma' 'na hen gosipio dw i'n siŵr. Ma' pob croeso i chi egsblênio iddyn nhw nad oes 'na ddim sgandal. Hen ffrind i mi ydi o.'

'Duwcs, ia?'

'Ia. Mi fyddwn i'n mynd dros y môr ar y sgi-ing holides rheiny ro'n i'n sôn amdanyn nhw, 'dach chi'n gweld, pan o'n i yn yr ysgol.'

'O. Dyna sut daethoch chi i'w nabod o?'

'Ia siŵr. Ifanc o'dd o bryd hynny. Gwd lwcin hefyd, a ninna'n genod gwirion 'te. Mi fydda yno'n sgio hefo'i deulu'n regilar bob gaea. Pobol gyfoethog iawn, iawn. Gweithio yn un o iwnifyrsitis pwysig y wlad yma mae o rŵan, ac yn gneud tipyn o'i risyrtsh yn yr êria yma. Eisio dal y trên i fynd i ryw fîting yn yr iwnifyrsiti ro'dd o'r diwrnod o'r blaen, 'dach chi'n gweld. Ro'dd arno fo angan bês yn y pen yma; rhwla lle galla fo ada'l llyfra a phapura a phetha felly. Fedra fo ddim cario'r lot yn ôl ac ymlaen hefo fo bob tro.'

'Mi wela i. Lwc garw fod gynnoch chi le iddo fo.'

'Ia wir, ond cofiwch, mi dw inna'n leicio ca'l tipyn o gwmpeini o gwmpas y tŷ acw. Ma' hi'n mynd mor bôring fel arall. Wel, ma'n well i mi fynd ne' mi fydd wedi cyrradd ac yn wyndro lle rydw i. Mi ddo i â'r cardia 'na draw pnawn 'ma os medra i 'u ffeindio nhw. Ac os ydyn nhw'n siwtybl 'te.'

'Diolch yn fawr i chi. Da bo chi rŵan.'

Roedd hi'n iawn wrth ddweud ei bod bron yn amser cinio. A finnau heb blicio'r un daten. A dweud y gwir, doedd gen i fawr o archwaeth at ginio ar ôl cael coffi mor hwyr, ond roedd yn well i mi fwyta rhywbeth rhag drysu fy nydd yn llwyr. Roeddwn i wedi dweud wrth bobl dro ar ôl tro fy mod i'n ei chael hi'n beth fach annwyl iawn a rŵan mi fedrwn i sicrhau pawb mai dim ond un dyn oedd yn mynd yno. Mi fedrwn sôn i mi ei gyfarfod hefyd, y diwrnod hwnnw yn y car. Dyna destun sgwrs penigamp, ac mi allwn rannu'r cardiau roedd hi am eu rhoi i mi'r un pryd.

11: Rhan Dau.

Mi ges gyfle i adrodd fy stori wrth ddwy wraig ar fy ffordd allan o'r siop drannoeth. Dichon mai dyna oedd ei dymuniad hi pan soniodd am y peth wrtha i.

'Dyna i chi sut ces i'r stori, yn syth o lygad y ffynnon, fel petai. Cymrwch chi'r peth fel y mynnoch chi. Rhydd i bob dyn 'i farn, yntê.'

'Ia, ac i bob dynas hefyd. 'Dach chi'n llygad 'ch lle. Ma'r bobol 'ma sy'n dŵad yma o'r trefi'n meddwl 'n bod ni sy'n byw yn y wlad yn ddigon diniwad i goelio rhwbath ddeudan nhw wrthan ni.'

'Siŵr iawn. Ond mi wyddon ni be 'di be.'

'Wel ia, fynnwn i ddim treio'ch camarwain chi'ch dwy.'

'Peidiwch chi â phoeni. Dydan ni ddim digon o ffylia'd i goelio stori fel'na.'

'Nag 'dan wir. Synnu rydw i 'i bod hi'n disgw'l i chi gredu'r ffasiwn beth.'

'Wel ia. Golwg wirion sy arna i, ychi.'

'Hy. Meddwl 'ch bod chi rioed wedi bod odd' 'ma ma' hi. Ma'n rhaid nad ydi hi'n gwbod dim o'ch hanas chi.'

'O, tewch â sôn wir! Do's 'na neb ohonan ni'n gwbod yr hannar amdano fo.'

'A falla'i fod o'n beth da nad ydan ni ddim.'

'Ia, dyna chi. Da bo chi'ch dwy rŵan,' meddwn i gan ei heglu oddi yno cyn gynted ag y medrwn i, a'r drwg oedd y gallwn i glywed y ddwy hen ast yn chwerthin wrth i mi fynd.

Mae'n siŵr fod y stori wedi mynd ar hyd y lle er na wyddwn i ddim i sicrwydd. Ychydig ryfeddol roeddwn i'n ei glywed yn ddiweddar ac ychydig iawn fyddai'n galw, ar wahân i'r wraig o'r Gwasanaethau a'r hogan bach yna. Siomedig o brin oedd y galwadau ffôn hefyd.

Rai wythnosau'n ddiweddarach roedd hi a finnau wrthi'n cau'r llenni gan ei bod yn tynnu at amser gwely. Be gythraul! Mi es yn groen gwyddau drosta wrth glywed sŵn traed yn dod heibio i'r gornel am y drws.

'Helô. Fi sy 'ma,' gwaeddodd, wrth guro'r drws.

Diolch i'r nefoedd fy mod i'n adnabod ei lais o. Mi agorais y drws heb drafferthu rhoi'r gadwyn yn ei lle.

'Be gythra'l 'dach chi'n neud fan hyn mor hwyr ar y nos a chitha 'di bod mor ddiarth cyhyd?'

'Wel ie 'ntê. Rwy wedi dod i ffarwelio â chi.'

'O wel, dowch i mewn. Ar fin 'i throi hi am y lle sgwâr 'na ro'n i.'

'Ble? O . . . y . . . ie . . . fe wela i. Wel, ma'n lled siŵr na welwch chi fi ffordd hyn eto.'

'Mi rydach chi wedi penderfynu, felly?'

'Ydw. Oeddech chi ddim wedi clywed 'mod i'n gorffen yn yr ysgol ddiwedd y tymor hyn?'

'Wel, rŵan â'ch bod chi'n crybwyll y peth, mi glywis ryw achlust.'

'Dyna fe. Damwain oedd hi i fi gael y swydd hyn, wyddoch chi. Fallai mai damwain oedd popeth ddigwyddodd yma. Pwy a ŵyr? Awydd troi 'sha thre sy arna i nawr, a rhoi cynnig ar rywbeth gwahanol.'

'Be felly?'

'Wn i ddim. Ba enaid ŵyr be sy'n dod, yntê? All pethe ddim troi ma's yn waeth nag a wnaethon nhw man hyn. Fyddwch chi'n gweld rhywfaint arni hi nawr?'

'O, dyna pam 'dach chi 'di galw. Mi ro'n i'n dyfalu be roeddach chi'n neud o gwmpas mor hwyr ar y nos.'

'O na. Na. Roeddwn i'n digwydd mynd heibio yn y car, a theimlo'r hoffwn i'ch gweld chi cyn mynd.'

'Ia. Ma' llawar yn meddwl 'mod i'n ddiniwad o achos 'mod i'n hen, ond hidiwch befo. Fydda i'n 'i gweld hi, ddeudsoch chi? Mi fydda i'n ca'l sgwrs hefo hi o dro i dro. Fedrwch chi ddim byw dros y ffor' i neb heb 'u gweld nhw dipyn, 'n enwedig pan mai dyna'r unig gym'dogas sy gynnoch chi. Byw'n ddigon tawal mae hi, yn wahanol iawn i'r fel bydda petha pan o'dd y ddau ohonoch chi yn byw yma.'

'Ie. Dyna'r hyn roeddwn i wedi'i glywed hefyd. Dyw hi ddim yn gwneud llawer gyda'i thad y dyddie hyn, yw hi? Dyw pethe ddim fel bydden nhw fan'na chwaith.'

'Deud wrtha i ro'dd hi y dwrnod o'r blaen 'i bod wedi 'laru byw yn nhŷ rhywun arall, a chanddi hitha'i thŷ 'i hun, ac felly mi benderfynodd fyw wrthi'i hun. Cofiwch chi, wn i ddim ar be ma' hi'n byw chwaith achos dydi hi'n gneud yr un swydd o waith cyn bellad ag y gwela i.'

'Hm. Ie. Peidiwch â phoeni am hynny. Dydi hi ddim yn fyr o geiniog neu ddwy ac fe alla i ddeall pam bydde hi'n diflasu ar gwmni'i thad.'

'Fedrwch chi wir?'

'Wyddoch chi, ma' hyn yn haerllugrwydd ar fy rhan i ma'n siŵr, ar ôl ei holl garedigrwydd tuag aton ni, ond doedd gen i gynnig at y dyn. Roeddwn i'n teimlo drwy'r amser fod rhywbeth anghynnes ynglŷn ag e.'

'Deudwch chi! Ma' gin i ffrindia sy'n deud wrtha i mai nid gonestrwydd ydi'i gryfdar penna fo.'

'Fyddwn inne ddim yn dadle ynglŷn â hynny. Na, dyw pobl ddim mor ffôl y'n nhw? Synnwn i ddim nad man'na rywle ma' ffynhonnell y straeon fu'n cylchynnu ynglŷn â fi. Ry'ch chi 'di clywed y rheiny, siŵr o fod?'

'Y . . . ydw. Ydw, wrth gwrs. Sut medrwn i beidio clywed, yntê, mewn lle fel hyn?'

'Eitha gwir. Wel, waeth ble cychwynnon nhw, fe wnaethon eu gwaith.'

''Dach chi'n credu hynny?'

'O ydw. Roeddwn i wedi meddwl fod gyda fi gyfraniad i'w wneud i'r ardal hon. Y clwb bach yna yn y pentre, er enghraifft. Ac roeddwn i'n mwynhau'r gwaith yn yr ysgol hefyd, er mor galed oedd hynny. Ond dyna fe, pa ots? Ma'r cyfan ar ben a does dim diben i fi gwyno.'

'Nag oes. Wna'th hunandosturi rioed ffliwjan o les i neb. Naddo myn cythra'l i. 'Dach chi'n iawn yn fan'na.'

'Ry'ch chi'n iawn. Mynd yw'r peth doethaf bellach. Ac o sôn am storïau, beth yw hyn rwy'n glywed am bethe sy'n mynd 'mlaen dros y ffor' y dyddie hyn?'

'Pa betha?'

'Wel, wyddoch chi. Does bosib nad y'ch chi wedi clywed am hynny hefyd.'

'Be sy gynnoch chi mewn golwg, felly?'

'Wel rwy wedi clywed am ddynion yn mynd a dod yna. Y'ch chi'n gwybod dim am hynny?'

'Ylwch, dowch i mi ddeud hyn wrthoch chi. Ma' 'na un dyn yn aros yno ar 'i dro. Mi cwrddis o un dydd pan ges i lifft i'r dre.'

'Ry'ch chi wedi cwrdd ag e! Wel, wel! Pwy yw e, felly?'

'Hen ffrind iddi hi. Estron. Mae o'n gweithio yn un o'r colega mawr 'na ac yn ca'l aros hefo hi pan mae o'n 'studio'n y pen yma. Ma' hynny'n 'i alluogi o i ada'l 'i lyfra a'i bapura fan hyn yn lle 'i fod o'n gorfod 'u cario nhw'n ôl a blaen.'

'Dyna beth ddwedodd hi wrthoch chi?'

'Dyna i chi'r gwir, yn ôl yr hyn ddeudodd hi.'

'Maddeuwch i fi. Alla i byth â pheidio gwenu. Wel, ma'n siŵr ei bod yn bosib mai dyna'r gwir.'

'Ydi, ma' hi, ond ma'n rhaid i mi gydnabod na chwrddis i â neb y ffor' yma sy'n rhoi fawr o goel ar y stori, mwy na chitha.'

'A chi?'

'Wn i ddim. Wn i ddim be i'w gredu ers blynyddo'dd bellach.'

Thrafferthais i ddim mynd gydag o i ail-gloi'r ddôr. Efallai y gwnâi o hynny drosta i. Roeddwn i'n ddig wrtho fo am wneud esgus mor dila dros alw i'm holi i. Dyna pam na chafodd o gynnig cwpanaid o goffi. Hy! Mi gafodd yr wybodaeth yr un fath yn union. Beth oedd yn ei feddwl o? Oedd o'n chwilio am achos ysgariad ac am hawlio'i ran o'r da? Sut roedd y gyfraith yn sefyll ynglŷn â hynny, tybed? Chwarae teg, roedd o'n dal yn ŵr iddi, ond pam daeth o yma fel llwynog yn y gwyll?

11: Rhan Tri.

Rywdro ym mis Awst mi ddwedodd yr hen hogia ei fod o wedi hel ei bàc.

'Ia hogia, yr hen straeon 'na gorffennodd o, a'r un rhithyn o wirionadd ynddyn nhw.'

'Sut gwyddost ti?'

'Fedri di brofi hynny'r diawl?'

'Pwy ddeudodd y ffasiwn beth wrthat ti?'

'Wel diawl, 'nôl fel ro'n i'n dallt, straeon gneud oeddan nhw.'

'Paid ti â bod yn rhy siŵr o hynny 'ngwas i.'

'Duw Duw, chwilio am fudreddi rw't ti rŵan.'

'A mi rw't ti'n meddwl hynny, w't ti llanc?'

'Mi gawn ni weld, ysti, mi gawn ni weld, os byddwn ni byw ac iach.'

'Cawn, 'nen Duw. Ma' 'na straeon rhyfeddach yn ca'l 'u hadrodd amdano fo ar ôl iddo fo'i gwadnu hi, myn diawl.'

'Ylwch! Nid 'i gwadnu hi wna'th o. A phetha sy'n ca'l 'u deud gin gachgwn o'dd ormod o ofn 'u deud nhw pan o'dd o yma; dyna be 'dach chi'n glwad rŵan.'

'Hy! Pwy gythra'l ti'n feddwl fasa ofn y rhech damp yna? On'd o'dd rhai o'r hen gybia 'na tua'r ysgol yn fistar corn arno fo.'

'Fel 'dan ni i gyd yn deud, aros di 'chydig 'ngwas i.'

'Duw, be 'di'r matar arnat ti heddiw? Ti'n ddifrifol ofnadwy. W't ti'n sobor ne' rwbath?'

'Yli di, paid ti â dechra cega ddiawl, dim ond am 'mod i'n deud y gwir am dy ffrindia crand di.'

'Ffrindia crand, wir Dduw. Do's gin i ddim blewyn o ots amdano fo ond fynnwn i ddim clwad neb yn ca'l 'i ddrygu ar gam.'

''I ddrygu ar gam, myn diawl! Mi gei di weld.'

'Cei, wasi. O cei.'

'Ffact i ti. Amsar a ddengys, myn uffar.'

'Be 'dach chi'n 'i feddwl? O's 'na hogan yn disgw'l ne' rwbath?'

'Aros di. Mi ddaw'r cwbwl i'r fei ryw ddwrnod.'

'Wel y nefoedd wen! Ydach chi am ddeud wrtha i ne' tydach chi ddim? 'Dach chi'n tin-droi ac yn malu cachu fel tasach chi mewn seiat.'

'Mi gei di weld, y diawl.'

'Cei, myn uffar i.'

'Wel be gythra'l 'dach chi'n wbod 'ta?'

'Yr hyn 'dan ni 'di ddallt, yntê.'

'Ia, yr hyn 'dan ni 'di glwad. A 'di weld, rai ohonan ni.'

'Be?'

'Meindia di dy fusnas, wasi.'

'Ia wir, llanc. Calla wnelo dyn pan dawo medda'r hen air 'te.'

'Be ddeud'ist ti? 'R Arglwydd mawr, be wyddost ti am dewi? A pham 'dach chi'n berwi gythra'l fel hyn? O's 'na'r un diawl ohonach chi sy'n fodlon deud wrtha i?'

'Go brin basa 'run ohonan ni'n siarad ar 'i gyfar 'te.'

'Ia siŵr. Fel 'ro'n i'n deud, aros di am dipyn bach.'

Amau eu bod nhw'n defnyddio'u mymryn gwybodaeth i dynnu arna i roeddwn i, ac felly mi roddais i'r gorau i holi er fy mod yn ddigon anesmwyth. Roedden nhw ar y gornel yma'n ddyddiol, yn gweld a chlywed y byd yn treiglo heibio. Hawdd iawn oedd iddyn nhw roi dau a dau at ei gilydd ond mi fyddai'r un mor rhwydd iddyn nhw gysylltu deubeth digyswllt. Roedd yn well gen i goelio fy hogan bach i. Wedi'r cyfan, roedd hi'n nes at galon pethau.

Roedd hi'n dal i alw i'm gweld i'n rheolaidd er ei bod wedi dechrau gweithio mewn siop yn y dre. Mi ddaeth i ddweud yr hanes wrtha i y noson gyntaf un, a finnau'n dotio at ei hafiaith hi.

'Ew, ma' petha'n grêt ychi ac yn well o lawar na'r hen ysgol 'na.'

'Mi dw i'n dallt yn iawn, 'mechan i. Mi fedra i 'nghofio fy hun yn dechra gweithio ysti, erstalwm iawn yntê.'

'Ellwch chi wir? Grêt 'di ca'l ennill cyflog 'te a dydi'r bobol 'cw ddim eisio i mi dalu am 'y mwyd i am dipyn chwaith meddan nhw.'

'Chwara teg iddyn nhw. Rhoi cyfla i ti ga'l dy gefn atat ma'n nhw ma'n siŵr.'

'Ia, ella wir ond 'dan ni'n gallu mynd rownd y dre yn y lynsh brêc ychi a gweld pobol a cha'l hwyl ac mi rydan ni'n gallu ca'l cinio'n rhad yn y siop ac mae o'n ginio neis nid 'run fath â'r blincin rybish oeddan nhw'n roi i chi yn yr ysgol. O mai God, ro'dd hwnnw'n ofnadwy!'

'Wel, gofala nad ei di ddim i hel tafarna os w't ti'n ca'l crwydro'r strydo'dd.'

'Blincin ec, fasa fiw i ni. Mi fasan ni'n ca'l y sàc yn syth a dydw i ddim yn ca'l digon o gyflog i 'neud petha felly chwaith a fflipin lwc 'mod i 'di rhoi'r gora i smocio ne' mi faswn i'n brôc.'

'W't ti wedi rhoi'r gora iddi hi? Wel da iawn ti.'

'Ydw achos ro'dd y bobol yn y clyb yn deud bod yn well i ni beidio er 'n bod ni'n ca'l smocio mewn un rŵm yn y clyb os oeddan ni eisio ond mi ro'ddach chi'n teimlo'n dwp ac yn bengalad rywsut pan o'ddach chi'n mynd yno am smôc a rŵan fydd gin i ddim amsar i neud trw'r dydd os bydd bob dwrnod 'run fath â heddiw.'

'Dyna ti. Ac yli, paid â meddwl 'i bod hi'n ddyletswydd arnat ti i ddŵad yma rŵan wrth dy fod di wedi ca'l dy dystysgrif.'

'Ca'l be?'

'O, wyddost ti. Y papur oeddat ti'n 'i ga'l am 'neud y cwrs 'na yn yr ysgol.'

'O, y syrtifficet 'na o'ddach chi'n feddwl? O God, dw i 'di anghofio am betha felly ar ôl dechra gweithio.'

'Wel cofia nad o's dim rhaid i ti alw yma os byddi di'n rhy brysur.'

'O na. Mi dw i'n leicio dŵad yma am sgwrs ychi ond y drwg ydi na fedra i ddim rhedag i'r siop i chi rŵan achos dw i ddim yn cyrra'dd adra'n ddigon buan ond mi fedra i ga'l negas i chi yn y dre yn fy lynsh-brêc heb ddim traffarth dim ond i chi ddeud wrtha i y noson cynt.'

'Diolch yn fawr iawn i ti. Mi allsa hynny fod yn hwylus iawn. Ma' petha'n rhatach yn y dre, ysti, rhagor na fel ma'n nhw yn y siop 'ma.'

'Ydyn ac ma' 'na fwy o tsiois hefyd achos do's 'na eff ôl yn y blincin siop yn fan'ma.'

'Do's 'na ddim be yn y siop 'ma?'

'O, do's 'na ddim byd yno, ychi. Ffor' o siarad 'te. Siop dwy a dima ma'r cwin myddyr yn 'i galw hi ac ma'r bobol 'cw'n gorfod mynd â hi i siopa yn y car achos th'wllith hi mo'r drws dros 'i chrogi medda hi ond mi rydan ni'n ama ma' wedi ffraeo hefo pobol y siop ma' hi.'

'Ia. Faswn i'n synnu dim o'i 'nabod hi. Mi dw inna 'di bod ar fin datgan barn wrthyn nhw ond ma'n rhaid i mi gau 'ngheg achos 'mod i'n ddibynnol ar y siop. Wn i ddim be wnawn i tasa'r lle'n caead.'

'O fasa fo ddim ots ychi achos mi fedrwn i ga'l bob dim i chi yn y dre 'dach chi'n gweld.'

'Bendith arnat ti, 'mechan i.'

Ac mi fu'n ffyddlon iawn i mi hefyd. Mi fyddai'n galw ddwywaith a thair bob wythnos er mwyn negesa, a hynny'n hwyluso pethau'n arw iawn i mi. Mi fyddai'n dod â'r neges i mi ar ei ffordd adre ac ar dro mi fyddwn yn dyfeisio neges er mwyn ei chael i alw. Rhyw noson yn fuan ar ôl troi'r cloc mi oedodd yn y drws ar ei ffordd allan.

'O's 'na ddim brys arnat ti heno? Mi faswn i'n meddwl basa merch ifanc eisio mynd allan gyda'r nos.'

'I lle baswn i'n mynd achos do's 'na ddim byd yn y dymp yma dim ond pawb yn mynd yn strêt drwyddo fo ffŵl sbîd. God, am fflipin twll.'

'Fyddi di ddim yn mynd i'r clyb y dyddia 'ma?'

'Na fydda i achos do's 'na ddim clyb rŵan ychi.'

'Duwcs, nag o's 'na?'

'Nag o's a roeddan ni i gyd yn gwbod na fasa 'na ddim un flwyddyn yma achos dim ond un dyn o'dd yn gneud y gwaith i gyd a pan stopion nhw fo ddŵad yna mi newidiodd y clyb yn syth ac ro'dd pawb yn deud 'i fod o ar 'i last legs.'

'Deud ti. Mi ro'dd 'na ddigon o ddeud y drefn am y dyn 'na, ysti.'

'O'dd dw i'n gwbod ond pobol o'dd yn 'i erbyn o 'te achos 'i fod o'n treio gneud rhwbath a dydyn nhw ddim eisio i bobol ifanc ga'l dim byd os medran nhw 'u stopio nhw.'

'Ma' gin ti bwynt yn fan'na, ma'n rhaid i mi ddeud. Ma' 'na rai sy'n wrth'nebus i bob dim gwahanol. Oes, wir Dduw.'

'Oes. I lawr yn y de ma'r goleuada 'na 'te?'

'Be . . . y . . . ia. Ia siŵr iawn. Y rhai pella weli di 'te. Pam ti'n holi?'

'Dechra sôn am y clyb 'naethon ni 'te a dyma fi'n meddwl amdano fo i lawr ffor' 'na 'n rhwla.'

'Os ydi o yna o hyd 'te.'

'Pam? Lle mae o 'ta?'

'Wn i ddim ond mi allsa fod wedi ca'l gwaith yn rhwla arall, ysti.'

''Dach chi wedi bod i lawr yn y llefydd 'na o gwbwl?'

'Wel do, yn rhai ohonyn nhw 'te, flynyddo'dd a fu. Rhyw hen lefydd digon dinad-man gwelis i nhw. Pam? Fasat ti rioed yn leicio mynd draw ffor' 'na fasat ti?'

'Wn i ddim. Mi 'dan ni'n gweld 'u goleuada nhw ond wyddon ni ddim sut lefydd ydyn nhw.'

'Na wyddon. Ma' 'na ryw ramant rhyfadd mewn llefydd diarth, ma'n siŵr gin i.'

'O's, 'n enwedig pan 'dach chi'n gweld 'u goleuada nhw'n wincio arnach chi fel cadwyn o berla yn awyr glir y nos 'te.'

'Be ddeud'ist ti? Bobol annw'l, tendia dy hun ne' mi fyddi'n troi'n fardd wrth ddeud petha fel'na.'

'Wel na fydda siŵr iawn. Fflipin ec, dynas dw i a fedrith dynas ddim bod yn fardd.'

'Wn i ddim wir. Ma' 'na amball un sy wedi treio ysti.'

'Mai God, 'dach chi'n siŵr? Barddas fasa peth felly yntê?'

'Ia, decini. Ond ma'r goleuada 'na'n gneud i minna feddwl, ysti.'

'O. Am be ma'n nhw'n gneud i chi feddwl?'

'Rhwbath digon tebyg i titha. Meddwl am y milo'dd sy'n byw danyn nhw na wyddon ni ddim o'u hynt na'u helynt nhw; mo'u henwa nhw, hyd yn oed. A'r peth rhyfadd ydi galla 'na fod rywun i lawr fan'na yn edrach ar 'n goleuada ninna ac yn meddwl yn union yr un fath.'

'Ew, rhyfadd 'te.'

'Ia. Wyddost ti, mi alla fo fod yn edrach y ffor' yma'r munud 'ma heb wbod 'n bod ninna'n edrach i'w gyfeiriad o.'

'Os ydi o'n cofio amdanan ni 'te.'

'Ia. Mae o wedi anghofio'r cwbwl, ma'n siŵr gin i. Mi ro'dd o'n falch o ga'l mynd odd'ma.'

'O'dd. Teimlo'n od rydach chi 'te wrth feddwl ella'n bod ni'n edrach yn strêt ar y lle mae o rŵan a fynta'n sbio'n ôl arnan ni yn fan'ma ac yn gweld 'n goleuada ni a dim yn gwbod 'n bod ni'n sbio arno fo. Fflip!'

'Y negro wen! Be ddeud'ist ti, d'wad? Rw't ti'n 'y nghymysgu i rŵan.'

'O dim ond siarad yn wirion o'n i ychi. Am bod pobol yn siarad amdano fo a'th o i ffwr' odd' 'ma 'te?'

'Ia, ac am resyma erill yn ôl fel ma'n nhw'n deud wrtha i.'

'Ond ma' hi'n hec o gollad i bobol ifanc ar 'i ôl o ychi.'

'Ydi, siŵr o fod. Ma' pawb gweithgar yn gada'l bwlch ar 'i ôl, ysti.'

'Ydi. Biti na fasa 'na rywun yma rŵan i redag clyb i ni 'te.'

'Ia. Rhai da am siarad ydan ni i gyd, a rhai gwael ar y naw am weithredu.'

'Ia ma'n siŵr ond ylwch ma'n well i mi fynd ne' mai God mi fydd yna hen flagardio os bydda i'n hwyr am fy nhe.'

'Dyna ti.'

'A wedyn mi fydda i'n styc o flaen y teli ne'n chwara hefo'r compiwtar tan nes bydd hi'n amsar gwely ond mi ddaw fory wedyn ac mi ga i fynd i ffwr' o'r dymp yma am dd'wrnod arall.'

Doedd arna i ddim awydd dweud wrthi fod ei bywyd yn llawnach o beth cythraul na f'un i. Roedd yn rhaid fod y dyn yna wedi gwneud byd o les i'r ifanc a dyna pam roedden nhw'n gweld ei golli o. Go brin y gallai dyn o'r fath gamymddwyn. Debyg?

Roedd hi'n noson fwyn er bod y flwyddyn yn tynnu ymlaen, ac mi oedais yn y cowrt i edrych ar y goleuadau. Tybed beth oedd ei hanes o bellach? Faint o ruddin oedd yna mewn dyn ildiodd mor rhwydd a rhoi'r gorau i swydd dda? Duw, doedd bosibl iddo redeg i ffwrdd oddi wrth rywbeth oedd wedi mynd yn drech nag o?

12: Rhan Un.

Tawel iawn oedd popeth ar drothwy'r Nadolig. Fy ngofid pennaf oedd gwneud yn siŵr fod fy holl anghenion gen i dros y tridiau y byddai pobman ar gau. Noswyl Nadolig mi alwodd fy hogan bach i a'i llygaid yn pefrio.

''Dach chi'n siŵr bod bob dim gynnoch chi achos mi fedra i redag i'r siop i chi rŵan os 'dach chi eisio rhwbath achos ma'n nhw'n dal yn 'gorad heno achos 'i bod hi'n noson cyn Dolig?'

'O, ma' pob dim fydd arna i angan gin i ysti, diolch yn fawr i ti.'

''Dach chi ddim eisio gwin na dim byd felly?'

'Gwin! Negro wen, nag oes. Oeddat ti rioed yn meddwl 'mod i'n mynd i dreulio'r Dolig yn slotian yn fan'ma ar fy mhen fy hunan bach?'

'Ond ma' pawb yn ca'l drinc dwrnod Dolig. Ac mi 'dach chi yn yfad.'

'Ydw, ma' hynny'n ddigon gwir. A phaid â deud wrth neb, ond ma' gin i win yn y tŷ 'ma ysti, wedi bod yma flynyddo'dd, beth ohono fo. Mae o'n mynd yn well wrth heneiddio, fel finna ti'n gweld.'

'Be? 'Dach chi'n deud y gwir? 'Dach chi ddim yn ca'l tyrci, ydach chi?'

'Nag 'dw. Ma' cyw iâr yn hen ddigon mawr i mi, ysti, ac yn llawar haws 'i drafod.'

'Ydi ma'n siŵr achos hen beth trwm ydi tyrci 'te ond ylwch ma' hi'n well i mi fynd os 'dach chi'n iawn ond mi ddo i draw am sgwrs rywdro achos ma' gin i bedwar dwrnod o holides rŵan.'

'Ac mi rw't ti'n 'u haeddu nhw hefyd achos mi rw't ti wedi gorfod gweithio'n galad iawn yr wsnosa dwytha 'ma, ma'n siŵr gin i.'

'Fflipin ec do. Ma' hi 'di bod yn ofnadwy a do'n i ddim wedi dallt bod gweithio mewn siop yn waith mor galad achos mi ro'dd pobol yn dŵad amdana i o bob man. Milo'dd ohonyn nhw a doeddan ni ddim yn ca'l amsar i fwyta jyst iawn.'

'Nag oeddach, ma'n siŵr. Mi ro'dd 'na bobol yn ddiawledig tua'r siopa 'na pan o'n i yna ddechra'r wsnos, a finna wedi mynd yn gynnar gan feddwl baswn i'n osgoi'r tyrfao'dd.'

''Dach chi ddim yn jocio. Ro'n i'n cysgu wrth ben 'y nhraed bob nos a dyna pam nad ydw i ddim wedi bod i'ch gweld chi. 'Dach chi'n siŵr bod pob dim gynnoch chi rŵan?'

'Ydw'n tad. Paid ti â phoeni.'

'Olreit. Mi ro'dd hi fel ffair yn y siop bora 'ma ond mi dda'th yn well wedyn achos 'n bod ni'n cau'n gynnar.'

'Deud ti. Ac o'dd o'n barti da?'

'Y . . . yn be? Sut gwyddoch chi? Pwy sy 'di bod yn cega?'

'Neb siŵr iawn. Dydi'r ffaith 'mod i'n hen ddim yn 'y ngneud i'n wirion ysti, ac fel roeddat ti'n deud, mi fydda i'n hoffi amball i beintyn bach fy hun.'

'O God, dydi o ddim yn dangos ydi o?'

'Nag 'di, siŵr iawn. Paid â phoeni. Go brin sylwith neb yn y twllwch hyd 'n oed tasat ti'n digwydd cwarfod rhywun digon sobor i sylwi.'

''Dach chi'n siŵr rŵan?'

'Wel rargian fawr ydw. Hoffat ti i mi neud panad o goffi i ti, i 'neud yn siŵr?'

'Na, dim os 'dach chi'n deud ac mi fydd yr hen ddyn 'cw'n rhy chwil i notisio heno a ddeudith y ddynas 'cw ddim byd achos 'i bod hi 'di arfar hefo pawb yn y tŷ yn drync noson cyn Dolig.'

'Dyna ti, os w't ti'n siŵr rŵan.'

Wedi iddi hi fynd mi gofiais am y noswyl Nadolig honno pan fu hanner y pentre'n ceisio perswadio'i thad i ddod i lawr o frig y to ac yntau'n taeru mai un o geirw Siôn Corn oedd o. Lwc garw mai mewn bwthyn roedd o'n trigo bryd hynny. Mi fyddai'n rhaid i mi ddweud yr hanes wrthi. Roedd hi'n ddigon hen bellach. Oedd siŵr, a thybed am faint yn rhagor y byddai hi'n galw i'm gweld i?

12: Rhan Dau.

Tawel iawn ac unig fu fy nydd Nadolig i. Dyna'n union beth roeddwn i'n ei ddisgwyl, ond eleni roedd ffôn gen i a syndod cymaint alwodd arno fo dros ddyddiau'r Ŵyl. Roeddwn innau'n falch o bob sgwrs, yn arbennig gan mai nhw oedd yn talu. Amau roeddwn i eu bod yn falch o ymddiddan â rhywun o'r tu allan i gylch teuluol oedd yn mynd yn fwrn. Nadolig Llawen, myn cythraul i! Roedd mwy o wae a dicter yn crynhoi tu ôl i ddrysau caeedig yr adeg yma na chydol gweddill y flwyddyn.

Cyn i'r Calan gyrraedd roedd llond y tŷ o fwyd, fel arfer, a finnau'n cofio amdana i'n cael fy ngyrru i'r ysbyty flwyddyn yn ôl, a'r wraig o'r gwasanaethau'n methu dirnad pwrpas yr holl fwyd. Roedd fy nhroed i wedi gwella'n berffaith ers hynny. Wel, bron iawn, beth bynnag. A dyna pryd y canodd y ffôn. Pwy gythraul oedd yna mor hwyr ar y dydd?

'Helô. Rhoi ring bach i weld sut Ddolig 'dach chi 'di ga'l.'

'Duwcs, y chi sy 'na. 'Rhoswch am funud bach, 'newch chi.'

Mi roddais y ffôn i lawr, a meddwl. Dyma'r tro cyntaf i mi siarad â hi ers tro byd. Mi anfonais gerdyn Nadolig iddi, a hithau un i minnau, ac mi fûm yn ystyried ei ffonio hi. Peidio wnes i rhag ofn iddi feddwl fy mod yn ceisio fy ngwahodd fy hun yno. Mi ges i fynd yno'r llynedd ond wyddwn i ddim sut roedd pethau eleni. Gan bwyll rŵan!

'Helô. 'Dach chi yna o hyd? Ma'n ddrwg gin i'ch cadw chi i ddisgw'l. Rhwbath o'dd ar y stof gin i ylwch, a dydw i ddim yn gallu symud mor handi ag y byddwn i.'

'Peidiwch â phoeni. Not tw wyri. Ma' gin i ddigon o amsar. Tw mytsh a deud y gwir. 'Ch hunan rydach chi?'

'Ia siŵr. Fel arfar 'te. Tawal 'di hi 'di bod, er bod amryw 'di ffonio, fel chitha, ac ma' hynny'n gysur.'

'Ydi ma'n siŵr. Tawal ydi hi wedi bod yma hefyd. Dim egseitmynt o gwbwl. Neb ond fi fy hunan bach.'

'Be?! 'R Arglwydd mawr! Deud na'ch hunan rydach chi 'dach chi?'

'Ia. Dydw i ddim 'di gweld neb ers cyn y Dolig, dim ond be welis i ar y teli. Na siarad hefo neb tan i mi feddwl rhoi ring i chi rŵan.'

'Brensiach annw'l. Do'dd gin i'r un syniad. Ylwch, pam na ddowch chi draw yma am dipyn? Ma' hi'n rhy dywyll i mi fentro croesi'r ffor' fawr.'

'Thanciw. Mi ddo i. Jyst rhowch tsians i mi wisgo'n ddîsynt. Mi fydda i yna rŵan.'

'Siort ora. Mi oleua i'r lamp 'na ar y gornal rŵan i chi ga'l gweld 'ch ffor' at y drws. Mi wyddoch lle ma' bollt y ddôr debyg?'

'Gwn yn iawn. Mi wela i chi.'

Gobeithio fod y golau yna'n gweithio. Anaml y byddwn i'n ei ddefnyddio fo, ond mi oleuodd, ac mi gyrhaeddodd hithau cyn pen dim.

'Steddwch yn rhwla. Mi agora i botela'd o win cyn gyntad ag y medra i roi fy llaw ar un. Ma' hi fel bol buwch yn y sbens 'ma. Be gym'rwch chi, gwin coch ne' wyn?'

'Gwyn plîs, os o's gynnoch chi beth.'

'Rydw i'n credu fod 'na ac mae o'n cadw'n ddigon oer yn fan'ma hefyd, taswn i ond yn ca'l gafa'l ynddo fo.'

'Cerffwl rŵan!'

'Dyma fo. Wneith hwn y tro?'

'Lyfli. Mi 'dach chi'n dipyn o egsbyrt ar win as wel as ar goffi.'

'O, mae hwn yma erstalwm, ychi. Eithriad ydi i mi yfad yn y tŷ.'

'Mi fedra i ddallt hynny. Do's dim plesar yfad ar 'ch pen 'ch hun, o's 'na?'

'Nag oes m'wn. Mi alla i gynnig dewis o sosej rôls, a mins peis i chi, a rhyw betha rhyfadd ma'n nhw'n alw'n moli fônts ne' rwbath, a theisan cig moch, wy, a mysharŵm, a dwy ne' dair cacan Dolig.'

'Diar mi! 'Dach chi wedi bod yn ca'l parti?'

'Nag 'dw i, gwaetha'r modd. Merched y lle 'ma sy yn 'u gwaith bob blwyddyn yn cario gweddillion 'u gwledd yma unwa'th bydd y Dolig drosodd.'

'Wel am sbort. A be 'newch chi hefo'r holl betha?'

'Mi wna i fwyta rhai ohonyn nhw. Mi arbedith hynny dipyn ar fy mhensiwn i ac mi fydd yr adar yn falch o'r gweddill.'

'Wel, wel.'

'Ia. Wn i ddim be ddweden nhw pe gwydden nhw fod 'u cymwynasa'n hedfan uwch 'u penna nhw. Os nad gwaeth 'te.'

'O diar mi, ia! Ôffwl 'te, ond mi 'dach chi'n lwcus iawn, cofiwch. Mi faswn i'n dilyited i ga'l fisitors i'r tŷ acw ar unrhyw egsgiws. Ma' arna i ofn 'mod i'n styc yn fan'ma ar fy mhen fy hun. Nid fod bai ar y lle, cofiwch. Fy mai i ydi'r cwbwl.'

''Rargian, ylwch, ma'n rhaid i chi beidio bod mor ddigalon.'

'Difficylt peidio.'

'Duwcs, fedrwch chi drin y peth tynnu corcyn 'ma? Ma' 'nwylo i wedi mynd yn wantan iawn.'

Mi fedrwn i dynnu'r tipyn corcyn yn ddigon deheuig â'm dannedd pe bai galw. Meddwl wnes i y byddai cael helpu yn ei thynnu allan o'r felan.

'Dyma chi . . . dowch â fo yma . . . dim problym.'

'O, da iawn. Arllwyswch dipyn i'r ddau wydryn 'ma. Ma'n amheuthun ca'l parti yn y tŷ 'ma. Ma'n siŵr gin i basa pobol y lle'n dychryn am 'u bywyda taswn i'n 'u gwadd nhw i un.'

'Fasan nhw? Rilyctynt iawn dw i'n 'u gweld nhw i siarad hefo fi.'

'Cyndyn iawn ydyn nhw i gymryd at neb diarth, fel deudis i wrthach chi rywdro o'r blaen.'

'Ond ma' 'na fai mawr arna inna as wel, ma'n rhaid deud.'

''Dach chi'n credu hynny?'

'Ydw wir. Mi fasa'n lot gwell i mi fod wedi treio dŵad i nabod pobol yn lle ca'l yr affêr stiwpid yna.'

'Bobol mawr! Sut mae o'r dyddia yma?'

'Peidiwch â sôn! Dont mensiyn it. Dydw i ddim wedi'i weld o ers wsnos cyn y Dolig.'

'Duwcs annw'l.'

'Nag 'dw. Mi f'iwsiodd i at 'i bwrpas a'i blesar, jyst as a when ro'dd hynny yn 'i siwtio fo.'

‘’R Arglwydd mawr! ’Dach chi rioed yn deud?’

‘O ydw, a most y ffŵl fi. Mi es i hed ofyr hîls amdano fo ’ndo.’

‘Ma’n ddrwg gin i glwad.’

‘Thanciw. ’Dach chi’n gweld, mi ro’n i’n meddwl ’i fod o’n fy ngharu i. Dim ond hogan stiwpid ydw i o hyd ’te?’

‘Wel yn y wir. Wn i ddim be i’w ddeud wrthach chi.’

‘Gada’l i ddyn fy ngha’l i fel mistrys. Dydi hi ddim ots gynnoch chi i mi ddeud hyn i gyd wrthach chi, ydi hi?’

‘Nag ’di siŵr iawn.’

‘Ma’ hi’n neis ca’l rhywun i wrando ar fy stori i, ychi. Ydach chi’n gweld, dystio a hwfro ro’n i ryw wsnos cyn y Dolig pan ffeindi’s i’r llythyr ’ma. Ro’n i’n dallt jyst digon ar yr iaith i ddallt ma’ llythyr ato fo o’dd wrth ’i wraig o’dd o, ac ro’dd ’na dri ne’ bedwar o blant as wel yn ôl fel ro’n i’n dallt. O, ro’n i’n ffiwriys.’

‘Nefoedd wen! Wel am gythra’l o ddyn.’

‘Ia ’ntê. Ro’dd yr hen ddyn ’cw wedi fy warnio i, ond do’n i ddim yn mynd i wrando arno fo, ’n nag o’n.’

‘Ylwch. Ceisiwch beidio poeni am betha felly rŵan. Yr hyn sy o’ch blaen chi sy’n bwysig.’

‘O, thanciw. Mi wyddwn basach chi’n sympathetic. Mi fasa fy ffrindia’n considro’r peth yn jôc fawr. Wyddoch chi, pan es i dreio siarad hefo fo ro’dd o’n gweld bai arna i am fedlo hefo’i bapura praifet o. Jyst meddyliwch. O, ma’ dynion yn hypocruts. Mi ddeudis i wrtho fo am hel ’i bac y munud hwnnw ac ar ôl iddo fo fynd mi rois i’r holl blydi papura o’dd o ’di gada’l ar ’i ôl yn y bin, a chau’r drws. A dyna lle buo fi’n bôrd stiff dros y ffestifitis.’

‘Wel bobol annw’l. Biti ar y cythra’l na faswn i’n gwbod. Ylwch, yfwch dipyn rhagor o’r gwin ’na. Difetha wneith o fel arall.’

‘Thanciw.’

‘Deudwch i mi, ’dach chi ’di bod yn bwyta’n iawn?’

‘Do’s gin i ddim lot o apyteit wedi bod ond mi dw i wedi bod yn gneud bwyd a’i fwyta fo achos ’mod i’n gwbod bod rhaid. Mi dw i’n ddigon practicyl, dîp down, ’dach chi’n gweld.’

‘Wel Duw annw’l, do’dd gin i ddim amcan ne’ mi faswn wedi ffonio.’

‘Not tw wyri. Am ddynas dw i ’ntê. Colli ’ngŵr y Dolig dwytha a cholli fy ffansi man y Dolig yma. Be ’di’r matar arna i, ’dwch?’

'Do's 'na neb ond chi all atab y cwestiwn yna. Ond cofiwch chi, rhyw fatar o ennill un funud a cholli'r nesa ydi bywyd, 'nôl 'y mhrofiad i.'

Fynnwn i ddim dannod ei ffaeleddau iddi, ond fel pe bai'n darllen fy meddyliau mi gododd a mynd at y ffenestr.

'Tywyll ydi hi allan heno, 'ntê.'

'Ia? Dydw i ddim wedi edrach fy hun.'

'Dw i'n meddwl medra i weld rhai o oleuada'r côst hefyd. Rhoi ffîling cynnas i chi ma'n nhw 'ntê? I lawr ffor 'na'n rhwla ma' fy ngŵr i. Y cradur. Hwyrach basa petha 'di mynd yn well taswn i wedi gneud mwy o effyrt. Ro'n i'n disgw'l iddo fo ffitio i fy leiff steil i.'

'Wel fedrwch chi neud dim ond dyfalu bellach.'

'Mi fydda i'n meddwl weithia ma'r peth sensibl fasa mynd i chwilio amdano fo.'

'Bobol annw'l, cym'rwch ofal. Ella'ch bod chi'n iawn. A' i ddim i ddadla hefo chi am hynny, ond gofalwch nad ydi amsar wedi newid petha. Peidiwch â gneud dim byrbwyll, beth bynnag.'

'Wedi bod lot yn rhy fyrbwyll rydw i, wŷrs lỳc.'

'Ylwch, dowch i mi ddeud hyn wrthach chi. Mi 'dach chi 'di bod dan straen a dydi'r unigrwydd 'ma dros y Dolig wedi gneud dim lles i chi. Ewch allan dipyn. Mi fydd hynny'n haws pan ddaw'r gwylia 'ma i ben. Ewch i weld 'ch ffrindia, ac mi gewch weld pa wedd fyddwch chi'n 'i ga'l ar betha wedyn.'

'Ia 'ntê, os o's gin i ffrindia ar ôl. Ma'n nhwtha'n gallu bod yn fficl iawn, sbesiali wrth 'mod i 'di disyrtio nhw y miso'dd dwytha 'ma. A disyrtio'r hen ddyn hefyd. Rydw i wedi fy ostryseisio fy hun er mwyn un dyn a be 'sgin i ar ôl rŵan? Swît eff ôl.'

'Be?'

'O dim byd. Dyna sut ma' pobol yn siarad y dyddia yma, ychi.'

'O mi wela i. Wel cymrwch bwyll, bendith i chi, a chofiwch fod gan 'ch gŵr 'i broblema'i hun.'

'Ond straeon gneud o'dd y rheiny, 'ntê? Y gosips o'dd yn sbredio riwmyrs amdano fo.'

Pam ei bod hi'n dod â'i phroblemau ata i? Am fy mod i'n fodlon gwrando, debyg, ond roeddwn i'n rhy hen i bethau fel hyn. Roedd rhywbeth digri yn y syniad o wraig yn rhedeg i ffwrdd ar ôl ei gŵr ei hun. Sut byddai o'n teimlo? Ddôi o ddim yn ôl yma, roedd hynny'n sicr.

Fedrwn i ddim canolbwyntio ar ddarllen na gwylio'r teledu. Felly mi benderfynais noswylio'n gynnar ond fedrwn i yn fy myw gysgu chwaith. Gobeithio'r nefoedd fy mod wedi ei darbwyllo i drafod â'i thad cyn iddi wneud dim byd gwirion.

Arna i roedd y bai am ei chynnwys hi yma a gadael iddi arllwys ei chwd, ond beth arall wnawn i? Roedd perygl i ferch mewn sefyllfa fel yna wneud amdani ei hun. Diolch i'r drefn ei bod hi wedi fy ffonio i ond rŵan fedrwn i wneud dim ond gorwedd gan wrando ar guriadau fy nghalon a theimlo'm brest yn tynhau.

12: Rhan Tri.

Mi fûm i'n dirgel gadw llygad arni wedi'r noson honno. Dechreuodd fynd allan yn ystod y flwyddyn newydd. Cymryd yn ganiataol mai mynd at ei ffrindiau roedd hi wnes i. Mi wnaeth hynny les dirfawr gan iddi wella'i gwedd yn arw. Mi'm galwodd i yno am goffi sawl gwaith a finnau'n falch o gael sgwrs. Byddai cymaint â hynny'n llai o'r dydd ar ôl i'w dreulio. Galwodd yn y tŷ acw sawl gwaith hefyd a finnau'n ddiolchgar fod gen i cystal cymdoges. Ac yna mi collais hi. Roedd golwg wag ar y tŷ un bore; clwydi'r dreif ar gau a'r car wedi mynd. Meddwl ei bod wedi mynd am dipyn o wyliau wnes i ond felly bu pethau am wythnosau a'r lle'n mynd yn fwyfwy aflêr.

'Wn i ddim be gythra'l sy wedi digwydd dros y ffor' 'cw, hogia.'

'Be ti'n feddwl?'

'O's 'na ragor o ladron 'di bod 'na ne' rwbath?'

'Nag o's, siŵr Dduw. Y hi sy wedi mynd i rwla. Do's 'na ddim hanas ohoni hi 'di bod ers wsnosa.'

'Hel dynion ma' hi'n rhwla, siŵr Dduw.'

'Wel ia siŵr. Dyna ddeud'ist ti y tro dwytha.'

'Ia myn diawl, ac mi dda'th a mynd â chditha adra hefo hi rhyw fora dydd Llun.'

‘’R Arglwydd do, mi wna’th, ’ndo. Ro’n i ’di anghofio am hynny.’

‘Ia’r diawl, a chditha’n rêl jarff yn dy ddangos dy hun.’

‘Eisio mynd â fo i roi’r ditan iddo fo ro’dd hi, siŵr Dduw.’

‘Yli di’r cythra’l, tendia di be ti’n ddeud, ’nei di. Ti ’di dŵad at yr hogyn iawn os ti eisio twrw.’

‘Duw Duw, paid â chw’rnu.’

‘Ch’wrnu myn cythra’l i. ’R Arglwydd mawr, dim ond deud rhwbath bach diniwad ’nes i, a dyma chi’n troi’r cwbwl tu wynab allan. Cymryd mantais o’r ffaith ’mod i ’di dŵad heb fy ffon rydach chi’r diawlia’d.’

‘Paid ti â meddwl medri di fy mygwth i, yr hen gythra’l. Gweld ’i cholli hi rw’t ti ’ta be? Neb ’sgin ti i dy swatio di yn dy wely?’

‘Nefoedd, mi fydda i’n gneud diwadd arnat ti un o’r dyddia ’ma.’

‘Yli, paid â ffraeo! Ti’n dechra deud stori a wedyn yn mynd i gega gythra’l yn lle’i gorffan hi.’

‘A sut gythra’l ma’ modd i mi ddeud fy stori a chitha i gyd yn fy mhen i?’

‘Wel ’r Arglwydd, dos ’laen ’ta. Be sy ’di digwydd iddi hi?’

‘Wn i ddim, na wn wir Dduw. Dydi hi dim ’di bod ar gyfyl y lle ’cw ers wsnosa. Meddwl ro’n i ella basa rhai ohonach chi’n gwbod rhwbath o’i hanas hi.’

‘Chlywis i ddim bw na be amdani hi.’

‘Na finna. Chlywis i’r un gair.’

‘Dydi hi ddim yn ôl yn y dre ’ma, ma’ hynny’n ffact i ti.’

‘Wedi mynd i chwilio am ddyn ma’r bits, siŵr Dduw. Do’dd gin yr hen gr’adur dros y ffor’ ddim digon i’w bodloni hi.’

‘Yli’r diawl, mi taga i di os na roi di’r gora i gega.’

‘Twt lol, amsar peint. Dowch yn ’ch blaena yn lle’ch bod chi i gyd yn brygawthan gythra’l.’

12: Rhan Pedwar.

Gwag fu'r tŷ a'i olwg yn mynd yn dristach, dristach. Roedd y gwanwyn ar y trothwy a finnau'n pwyso'n bendrist ar giât yr ardd un bore Mercher yn ceisio dyfalu beth i'w wneud ynglŷn â hi. Roedd wedi cael mynd i'w chythraul y flwyddyn cynt ac yn tyfu'n wyllt.

'Hei! Chi!'

'Nefoedd wen!'

Bu ond y dim i mi neidio dros y giât pan darfodd y llais mawr arna i. Dyna lle'r oedd o wrth y ddôr a'i dop-côt felen ar agor i ddangos siwt las a thei melynwyrdd.

'Duw, 'nes i'ch dychryn chi, 'dwch?'

'Wel be gythra'l oeddach chi'n ddisgwyl wrth weiddi fel'na'n ddirybudd?'

'Ia. Wel. Ma'n ddrwg gin i. Rydw i eisio gair hefo chi a do's gin i fawr o amsar i'w sbario.'

'Ma'n well i chi ddŵad i'r tŷ 'ta. Ma' hi'n rhy oer i sefyllian yn y fan'ma.'

'Ond sefyll fan'na roeddach chi, ddyn.'

'Hidiwch befo hynny. Rhoswch i mi agor bollt y ddôr 'ma . . . Dyna chi. Dowch i mewn.'

Mi'm dilynodd i mewn i'r tŷ a sefyll ar ganol llawr y gegin yn llygadu'r cyfan.

'Dew, ma' gynnoch chi werth pres yn y gegin 'ma. 'Dach chi 'di'ch insiwrio'n iawn 'dwch?'

'Wn i ddim, nen' tad. Dydi'r fath betha'n poeni fawr ar rywun sy wedi cyrra'dd f'oedran i. Ond ma'n siŵr gin i ma' nid wedi galw yma i werthu insiwrans rydach chi.'

'Naci. Naci wir. Dew, ma' gynnoch chi le hwylus. Chi bia'r cae 'na?'

'Ia'n tad, a'r un tu hwnt iddo fo, er na fydda i'n gneud dim hefo nhw ond 'u gosod nhw'r dyddia yma.'

''Rargian, mi allsach neud ffortiwn bach reit ddel yn y fan'ma, dim ond i chi wario mymryn arno fo.'

'Mi alla i ddeud yn berffaith onast wrthach chi nad o's gin i ddim diddordab mewn gneud ffortiwn.'

‘Tybad? Tybad wir? Ond duwcs, rydw i’n siarad ar ’y nghyfar rŵan. Hyn o’dd gin i mewn golwg wrth alw yma. Ydach chi wedi gweld yr hogan ’cw’n ddiweddar?’

‘Pa hogan?’

‘Wel y nefoedd, ond fy hogan i, ’ntê. Honna sy i fod i fyw dros y ffor’ i chi.’

‘O Duw, mi wela i pwy ydach chi rŵan.’

‘Diolch i’r nefoedd am hynny. Uffar, ’dach chi ddim yn colli arni nag ’dach? Nag ’dach, debyg. Be wyddoch chi amdani hi?’

‘Ylwch chi. Peidiwch â meddwl y medrwch chi ’nychryn i drw’ godi’ch llais a rhegi.’

‘Ia, ma’n siŵr bod hynny’n wir, ’n ôl be dw i ’di glwad. Ond ylwch, do’s gynnoch chi ddim yn erbyn atab ’y nghwestiwn i, o’s ’na?’

‘Nag o’s nen’ tad. Gneud ’y ngora i feddwl rydw i.’

‘Deudwch chi. Ma’n rhaid i mi ddeud bydda gynni hi air da i chi bob amsar. Hi a’r gŵr ’na o’dd gynni hi.’

‘Mi fydda i’n gneud ’y ngora i fyw’n gymdogol bob amsar. Ac ma’n rhaid i mi gydnabod ’i bod hitha ’di bod yn dda iawn wrtha inna hefyd. A fynta, pan o’dd o’n byw hefo hi. Do wir, ychi.’

‘Ia, ia, olreit, ond pryd gwelsoch chi hi ddwytha?’

‘Fedra i tawn i’n marw gofio. Ddim i sicrwydd. Ma’ ’na wsnosa ers i mi’i gweld hi, a rhagor er pan fûm i’n siarad efo hi.’

‘O’r nefoedd! Fedrwch chi ddim deud mwy na hynny wrtha i?’

‘Be ’dach chi’n feddwl, ddyn?’

‘O ’rargian fawr, peidiwch â cham-ddallt. ’Na’th hi ddim sôn wrthach chi i lle gallsa hi fod wedi mynd na dim byd felly?’

‘Naddo wir, ond go brin basa disgw’l iddi hi ddeud dim byd felly wrtha i,’ntê.’

‘Dwn i ddim wir. Ddeudodd hi gythra’l o ddim wrtha i beth bynnag. Dduw mawr, rydw i bron â drysu’n poeni amdani hi.’

‘Ydach chi wir?’

‘Wel siŵr Dduw ’mod i. Be fasach chi’n ddisgw’l? Mi dw i ’di ca’l y ffyrm o dditectifs preifat ’ma i holi amdani hi yn y trefi mawr, a thros y môr hefyd, achos ma’n siŵr ma’ ar ôl y fforinar uffar ’na ma’ hi wedi mynd. Leiciais i mo’r diawl rioed ond mi bechis drw’ nhin ac allan, ’ndo, am ddeud hynny. Wn i ddim be gythra'l welodd hi ynddo fo. 'R Arglwydd, mi dw i bron 'di mynd yn wirion.'

'Deudwch chi.'

'Dyna pam da'th hi'n 'i hôl i'r fan'ma, 'ntê. Esgus i ga'l byw hefo'r diawl, damia fo.'

'Ia. mi ro'n i'n ama. Ond ylwch, mi fedrwch anghofio amdano fo. Dim ar 'i ôl o ma' hi wedi mynd.'

'Be? Sut gythra'l medrwch chi ddeud y ffasiwn beth?'

'Oherwydd 'mod i'n gwbod. Mi orffennodd hefo fo. 'I garthu o allan o'r tŷ. Mi alla i'ch sicrhau chi o hynny.'

'Duw! 'Dach chi'n siŵr?'

'Fydda i byth yn siarad ar 'y nghyfar, ychi.'

'Wel gobeithio'ch bod chi'n iawn, wir Dduw, er basa'n haws gin i gredu mai fo orffennodd hefo hi.'

'Naci wir i chi. Mi drodd arno fo pan ddalltodd 'i fod o'n briod.'

''I fod o'n be?! 'R Arglwydd mawr! Mi rydach chi'n deud y gwir, debyg?'

'Wel ydw, siŵr Dduw. Nid testun cellwar ydi peth fel hyn, naci?'

'Naci, myn cythra'l i.'

'Mi fuo ar 'i phen 'i hun dros y Dolig. Ro'dd hi bron â thorri'i chalon. Cofiwch chi, wyddwn i ddim byd ar y pryd ne' mi faswn i wedi mynd yno. Na, mi ddarganfu fod ganddo fo wraig a phlant, 'nôl be ddeudodd hi wrtha i.'

'Duwadd annw'l!'

'O do. Mi sorrodd yn bwt hefo fo.'

'Wel diolch i Dduw am hynny! Nid mynd ar ôl y diawl yna 'na'th hi felly.'

'Naci.'

'Hm. Mi alla i roi'r gora i wario arian dros y môr 'ta. Ond lle gythra'l ma' hi, 'dwch?'

'Ylwch, fedra i ddeud dim i sicrwydd, wrth reswm, ond mi ddeuda i hyn, gan 'ch bod chi'n poeni ynglŷn â hi. Ydach chi wedi meddwl am chwilio i lawr tua threfi'r glanna' 'na?'

'Wel nag 'dw i, debyg. Be gythra'l wnâi hi mewn rhyw lefydd fel'na . . . y nefoedd fawr, do's bosib? Mi wela i be sy gynnoch chi.'

'Dyna be dw i'n 'i ama, 'ntê, 'nôl yr hyn ddeudodd hi wrtha i yn union ar ôl y Dolig.'

'Wel myn cythra'l i! Mi ro'n i 'n erbyn y briodas wyddoch chi, ond ro'dd 'na fwy o dreial yn hwnna na 'ddylis i rioed, er 'i fod o'n gythra'l gwirion. Mi fasa wedi dŵad yn 'i flaen siort ora tasa fo'n peidio â chyboli efo politics. Mi fûm i'n deud a deud wrtho fo ond wrandawa fo ddim. Fel dŵr ar gefn chwadan, myn diawl.'

'Ia m'wn. Dyna fel ma'r bobol ifanc 'ma, 'ntê. Cofiwch chi, mi ro'dd yr hen blant 'ma'n hoff iawn ohono fo.'

'Yn rhy hoff, rai ohonyn nhw, 'nôl be glywis i. Ond dyna fo, ma' gin bawb 'i wendid, ma'n siŵr gin i. Naci, 'i weld o'n ddiawl hurt ro'n i, yn rhoi'r gora i swydd dda, a hynny ar ôl yr holl draffarth o'i cha'l hi iddo fo.'

'Deudwch chi.'

'Ond myn dyn, ma'n rhaid i mi gydnabod fod 'na fwy o ruddin ynddo fo nag a 'ddylis i ar y dechra. A mwya dw i'n 'i feddwl am y peth, mwya dw i'n deimlo bod 'na rwbath yn yr hyn sy gynnoch chi. Mi ddeuda i wrth y blydi ditectifs 'na am roi cynnig arni i lawr ffor' 'na. D'eudwch i mi, do's gynnoch chi ddim goriad i'r tŷ 'na, debyg?'

'Nefi blŵ nag o's! Pam dylsa fod gin i un?'

'Dew, peidiwch â chynhyrfu. Meddwl ro'n i gallsa hi fod wedi gada'l un yma rhag ofn iddi'i chloi'i hun allan, ne' rwbath felly. Ma' hi 'di newid y cloeon i gyd am ryw reswm, a do's gin i ddim modd o fynd i mewn. O wel, mi fydd yn rhaid ca'l rhywun allan 'ma i agor y clo, ga'l i mi neud yn siŵr fod y lle'n iawn.'

'Dyna chi. 'Dach chi eisio defnyddio'r ffôn?'

'Diolch. Ma' gin i ffôn yn y car, ond ma'n haws galw o'r fan'ma os nad o's gwahaniaeth gynnoch chi.'

'Ddim o gwbwl. Dacw hi, ylwch. Ac mi wna i banad o goffi i chi tra byddwch chi'n disgw'l iddyn nhw gyrra'dd.'

Roedd hynny'n ddigon o esgus i mi fynd allan o'r ystafell. Ofn oedd arna i fod rhywbeth cyfrinachol ynglŷn â'r bobol agor cloeon yma. Roeddwn i'n fodlon bod yn gyfeillgar, dim ond iddo fo ddeall nad oedd arna i ronyn o'i ofn o. Ac mi roedd o'n poeni, chwarae teg iddo fo. Defnyddio pawb i'w bwrpas 'i hun byddai o, yn ôl yr hen hogia. Wel, mi gafodd wybod be wyddwn i, unwaith dysgodd o siarad yn gall.

'Handi iawn. Mi fydd rhywun draw 'ma cyn pen dim. O, diolch yn fawr i chi. Na, dim siwgr a llefrith i mi, diolch yn fawr. Mi dw i'n ca'l traffarth hefo'r pwysadd gwaed 'ma, fel ma'n nhw'n 'i alw fo, ychi. Ac ylwch, cymrwch hwn ga'l i chi ga'l peint ne' ddau ar 'y nghownt i. Chi a'ch criw. Ia'n Duw, prynwch beint bob un iddyn nhw odd' wrtha i.'

'Bobol bach, na! Fedra i ddim.'

'Twt lol, peidiwch â chodlian. I mi ga'l dangos fy ngwerthfawrogiad. 'Dach chi 'di symud llwyth odd' ar 'y meddwl i ynglŷn â'r fforinar 'na. Ydach wir Dduw. Cymrwch o, a phrynwch ddiod iddyn nhw i gyd.'

'Ond ddyn glân, fedra i ddim cymryd papur igian punt.'

'Duw, Duw, mi dw i 'di talu mwy o beth cythra'l i'r ffyrm ditectifs 'na am lai o wybodaeth. Prynwch rownd iddyn nhw, i'r diawl. Mi gân well blas ar 'u cwrw pan ddalltan nhw pwy sy'n talu amdano fo.'

'Ma' hynny'n digon gwir. Wel . . . os ydach chi'n siŵr.'

'Siŵr iawn 'mod i. Cymrwch o, bendith i chi. Tasach chi'n dallt cymaint gwell rydw i'n teimlo ar ôl ca'l sgwrs hefo chi.'

Allwn i ddim ond dyfalu beth fyddai gan yr hen hogia i'w ddweud ar ôl deall ar gorn pwy roedden nhw'n cael eu cwrw.

13: Rhan Un.

'Reit, dowch i mi weld rŵan,' meddai'r tipyn siopwr yna'n ddiweddarach y bore hwnnw, gan ddod dros ei surbwch arferol, 'be sy gynnoch chi fan'na, 'dwch? Tatws, moron, tun, tun arall, torth . . . dyna ni, dwy bunt saith deg wyth i chi. Diolch yn fawr. Ugian ceiniog a dwy geiniog o newid i chi.'

'Diolch.'

'Deudwch i mi, 'dach chi rioed yn mynd i gario'r rheina adra?'

'Wel be gythra'l arall wna i, ddyn? Go brin galla 'u perswadio nhw i gerddad.'

'Ia, 'dach chi'n iawn. Dydan ni ddim wedi 'u dysgu nhw i 'neud hynny eto. Ond ma' gynnoch chi faich go drwm fan'na. Mi faswn i'n 'u gada'l nhw yn fan'ma wrth y tìl, taswn i'n chi. Mi fydda i'n mynd heibio yn y car ar ôl cinio. Fydda i ddim chwinciad yn dŵad â nhw at y drws i chi.'

'Wel diolch yn fawr i chi. Wna i ddim gwrthod cymwynas. Mi 'newch chi gofio debyg, 'newch chi?'

'Peidiwch â phoeni. Dw i'n siŵr o 'neud. Dyna 'musnas i 'te.'

'Wel olreit. Diolch yn fawr i chi. Mi a' i 'ta.'

'Dyna chi.'

'Ia. Dw i'n ddiolchgar iawn i chi. Do's gin i neb i redag negas i mi rŵan.'

Nag oedd, doedd gen i neb i negesa i mi bellach, na dim dewis ond derbyn cymwynas yr hen sinach.

Fy hogan bach i oedd wedi 'nifetha i'n lân. Mi fyddai'n barod bob amser i redeg i'r siop neu gario neges o'r dre i mi, ond doeddwn i heb ei gweld ers pythefnos. Roeddwn i wedi bod yn ei disgwyl yn ddyddiol ac yn poeni f'enaid rhag ofn fy mod wedi ei thramgwyddo, er na allwn i ddyfalu sut.

'Helô! O's 'ma bobol? Dyma chi. Lle 'dach chi'i eisio fo? Mi ddeudis na faswn i ddim yn anghofio, 'ndo?'

'Do wir. Gadwch nhw'n fan'na, ylwch. Mi cadwa i nhw toc, a diolch yn fawr i chi. Wn i ddim sut baswn i wedi gallu'u cario nhw. Gymrwch chi banad o goffi?'

'Na wir, dim rŵan. Ma' gin i bnawn go hir o 'mlaen. Ylwch, pryd bynnag byddwch chi eisio rhwbath a dim yn teimlo fel dŵad i'r siop, rhowch ganiad i ni ar y ffôn. 'N enwedig os byddwch chi eisio tatws ne' hen betha trwm felly.'

'Diolch yn fawr i chi. Mi welis i amsar pan faswn i'n cario cant o datws ar fy nghefn ac un arall dan 'y nghesa'l heb hidio'r un blewyn.'

'Wel ia. Henaint ni ddaw 'i hunan, ychi.'

'Ia. Hyd y flwyddyn ola 'ma mi gariwn i bumpwys yn ddidraffarth ond ma' petha wedi newid, ma' arna i ofn.'

'Siŵr iawn, ond cofiwch chi rŵan. Mi ddown ni â nhw draw pan gawn ni gyfla, dim ond i chi fod yn 'myneddgar 'te.'

'Diolch yn fawr, ond deudwch i mi, 'dach chi ddim yn codi rhagor am wasanaeth felly?'

'O, dim i chi, gan 'ch bod chi'n gwsmar mor dda. Ac yn byw yn ymyl 'te. Cofiwch, os byddwn ni'n brysur mi allsa fod yn rhaid i ni anfon yr hogyn hyna 'cw ar ôl iddo fo ddŵad adra o'r ysgol, a gofalwch na rowch chi ddim pres iddo fo os mai fo ddaw. Mae o'n un da ar y naw am 'neud wynab disgw'l.'

'Ydi o wir? Ia, ma' plant yn dysgu'n gynnar. Faint 'neith o rŵan, 'dwch?'

'Tair ar ddeg. Dw i'n ama bod y cena bach yn smocio, ychi. Fasa hynny ddim mor ddrwg tasa fo'n 'u prynu nhw adra.'

'Na fasa debyg, ond byddwch yn ddiolchgar nad o's dim byd gwaeth na sigaréts yn mynd â'i fryd o.'

'Wel ia, yn yr oes sy ohoni, 'ntê. Ond gofalwch na rowch chi'r un ddima goch iddo fo, wa'th faint fydd o'n 'i ffalsio. Hei, ac o sôn am y plant 'cw, ma'n well i mi'i throi hi ne' mi fydda i'n hwyr ac mi fydd y wraig ar gefn 'i chythra'l os bydd rhaid iddi fod wrth y tìl pan fyddan nhw'n cyrra'dd adra. Cofiwch chi ffonio rŵan, yn lle'ch bod chi'n 'ch hambygio'ch hun.'

Chwarae teg iddo fo. Mi fyddai cymwynas o'r fath yn gaffaeliad mawr. Mi allwn gydymdeimlo â'r creadur yng nghanol helbulon magu plant. Trueni mawr na fyddai ganddo fwy o ddewis yn ei siop.

'Deudwch i mi,' meddai'r wraig o'r Gwasanaethau y peth cynta fore Iau, 'sut 'dach chi'n ca'l 'ch negas y dyddia yma?'

'Duwcs annw'l, be na'th i chi ofyn? Mi fydda i'n treio prynu rhyw fymryn pan fydda i'n nôl fy mhensiwn ac ma' pobol y siop 'ma wedi bod yn dda iawn wrtha i yn cynnig cario negesa i mi'n rhad ac am ddim.'

'Chwara teg iddyn nhw wir. Mae o'n hen beth gwell na'i olwg.'

'Mi gâi draffarth i fod yn waeth.'

'Digon gwir, hefo'r wynab suro llefrith 'na sy gynno fo. Na, dyfalu sut roeddach chi'n dŵad i ben â phetha ro'n i.'

'Mi ro'dd hi wedi mynd yn ddigon anodd arna i. Dydi'r hogan bach 'na ddim wedi bod ar 'y nghyfyl i ers pythefnos ne' well.'

'Dyna i chi be wna'th i mi ofyn.'

'Mi fydda'n arfar bod mor ffyddlon, ychi. Wn i ddim be dw i 'di 'neud iddi hi.'

'Deudwch i mi, dydach chi ddim yn mynd allan fawr rŵan, ydach chi?'

''Rargian fawr, peidiwch ag edrach arna i fel'na. 'Dach chi'n codi arswyd arna i.'

'Ond dydach chi ddim yn mynd allan, ydach chi?'

'Mi fydda i'n treio mynd i nôl fy mhensiwn. Na, 'dach chi'n iawn. Mi dw i'n 'i cha'l hi'n anodd cerddad ymhell, a 'chydig fydda i'n 'i weld ar bobol y dyddia yma.'

'Ia. Ma' hi'n hen bryd i'r doctor 'na ddŵad i'ch gweld chi. Mi ro i ganiad iddo fo.'

'Bobol mawr, cymrwch chi ofal na 'newch chi ddim o'r fath. Gadwch iddo fo lle mae o. Mi fasa'n well gin i ga'l gweld fy hogan bach o lawar.'

'Ylwch, waeth i mi ddeud wrthach chi ddim achos mi 'dach chi'n siŵr o glwad yn y diwadd. Ma' hi ar goll. Ma' hi 'di rhedag i ffwr'.'

'Be ddeudsoch chi?'

'Ylwch, dyna chi. Steddwch i lawr a pheidiwch ag ypsetio. Ma' plant yn gneud petha fel'na y dyddia yma.'

'Ma' plant wedi gneud petha fel'na rioed, a difaru pan ma' hi'n rhy hwyr.'

'Dyna chi. Dyna chi. Mi ddaw hi i'r fei, mi gewch chi weld. Ylwch, mi wna i banad o de i chi.'

'Wrth gwrs daw hi i'r fei. Fi sy'n bod yn wirion 'te. Gwirion hen. Agor hen greithia ma' peth fel hyn.'

'Dowch chi rŵan. Ro'n i'n ofni basa'r peth yn sioc i chi. Ro'dd yn well gin i ddeud wrthach chi fy hun, tra rydw i yma'n gwmpeini i chi. 'Rhoswch i mi roi dŵr ar y tebot a mi gawn ni banad hefo'n gilydd.'

'Ia, 'dach chi'n iawn. Clwad baswn i, hwyr ne' hwyrach. Peidiwch â gofidio, mi fedra i ddal y sioc, ychi. Y peth rhyfadd ydi na faswn i'n gwbod eiso's. Mi fyddwn i'n arfar clwad petha cyn gyntad â neb yn y lle 'ma. Ma'r difaterwch rhyfedda 'di 'ngoddiweddyd i'n ddiweddar.'

'Wel mi 'dach chi'n gwbod rŵan, 'n tydach. Ma'r polîs yn chwilio amdani hi tua'r trefi mawr 'na, achos ma'n nhw'n deud bydda hi'n berwi o hyd ac o hyd am fynd i ffwr' i weithio. Ma'i rhieni hi'n poeni'n ofnadwy 'n ôl yr hyn glywis i. Wyddon nhw ddim be dda'th drosti hi gan nad o'dd 'na ddim twrw bach na mawr wedi bod hefo hi, ond do's 'na 'run hanas ohoni hi'n unlla.'

'Nag o's, ma'n siŵr. On'd do's 'na sôn o hyd ar y weiarles 'na am blant sy 'di dengyd oddi cartra. Ma' 'na gymint ohonyn nhw, do's gin y polîs ddim goba'th ca'l hyd iddyn nhw. 'Chydig wnân nhw am blant felly 'blaw 'u bod nhw'n ca'l 'u lladd.'

'Ia wir. Ma'r byd 'ma 'di mynd yn lle ofnadwy 'n tydi o, a ma'r drygia 'ma'n gneud petha'n waeth, ychi.'

'Dydi'r byd ddim gwell na gwaeth nag y buo fo rioed. A do's 'na ddim diban iddyn nhw chwilio tua'r trefi mawr 'na. Wedi mynd i drefi glanna'r môr 'na ma' hi ychi, i lawr ffor'cw tua'r de.'

''Rargian fawr! Be wnâi hi mewn rhyw dwll dim byd o lefydd felly?'

'Hidiwch chi befo am hynny. Deudwch chi wrthyn nhw 'mod i'n deud am iddyn nhw chwilio i lawr ffor 'na.'

'Wel, wn i ddim wir. Mi alwa i i ddeud wrth 'i rhieni hi, os ydach chi 'n siŵr o'ch petha.'

'Fedra i ddim bod yn berffaith siŵr, fedra i? Ond deudwch chi wrthyn nhw.'

'A be wnewch chi tasa 'na blisman yn dŵad yma i'ch holi chi?'

'Mi rown i dro yng nghorn 'i wddw fo os na thendia fo. Do's arna i ddim o'u hofn nhw. Fi a 'nhebyg fuo'n cwffio i 'neud y wlad 'ma'n saff i'r diawlia'd 'i phlismona.'

'Hei, tendiwch chi'ch hun. 'Dach chi'n mynd yn gas rŵan. Ond mi rydw i'n siŵr byddan nhw eisio'ch holi chi, ychi. Mi rydach chi'n siŵr 'ch bod chi eisio i mi ddeud yn tydach?'

'Wel wrth gwrs 'y mod i. Be 'di'r ots gin i am y gleision diawl os ydi rhieni'r hogan bach 'na'n poeni? Dyna be 'di 'nyletswydd i, 'ntê?'

13: Rhan Dau.

Cwta awr ar ôl iddi hi fynd mi ddaeth cnoc ar y drws. Duw annwyl, roedd hi'n wythnos clagwydd ar y gleision os oeddan nhw'n ymateb mor sydyn, ond pan agorais i'r drws pwy oedd yno ond y meddyg pinc hwnnw a'i fag yn ei law.

'Wedi ca'l negas yn deud wrtha i am alw.'

'Wel y nefi blŵ, a finna wedi'i siarsio hi i beidio gneud dim o'r fath.'

'Dyna be ydi'i gwaith hi, ychi, ac mi rydw i yma rŵan beth bynnag.'

'Ydach. Ma'n well i chi ddŵad i mewn.'

'Diolch . . . Rŵan, dowch i mi ga'l gweld.'

'Ond do's 'na gythra'l o ddim yn matar arna i, ddyn, dim ond 'mod i dipyn yn fyr 'y ngwynt.'

'Rŵan, rŵan, peidiwch â chynhyrfu. Ma' 'na fai mawr arna i na faswn i wedi galw cyn hyn, ond rydw i mor brysur, 'dach chi'n gweld, nes 'i bod hi'n mynd yn anodd 'i dal hi ym mhobman. Reit, dowch i mi ga'l golwg arnach chi.'

Mi fu wrthi hi'n cornio a gwrando a phrofi pwysedd gwaed ac wn i ddim beth i gyd. Pan oedd o'n cadw'i geriach yn ei fag mi edrychodd yn fanwl arna i.

'Mi rydach chi ar y ffôn rŵan, 'nôl fel rydw i'n dallt.'

'Ydw neno'r tad, diolch i bobol y lle 'ma. Pam 'dach chi'n gofyn?'

'Ia. Ma' ffôn yn beth mor hwylus 'n tydi?'

'Meddwl bydda i'n ca'l achos i alw am help rydach chi?'

'Naci. Gobeithio na fyddwch chi ddim yntê, ond ma'n rhaid i chi fod yn ofalus. Dydach chi'n mynd ddim 'fengach wyddoch chi. Ma' angan i chi gymryd pwyll.'

'Cymryd pwyll ddeudsoch chi? Mi dw i 'di ca'l blynyddo'dd o ddysgu gneud hynny.'

'Dyna chi. Peidiwch â threio gneud gormod. A chadw'n gynnas, ychi.'

'Cadw'n gynnas! Ond ddyn glân, dydi hi bron yn wanwyn.'

'Bron â bod 'te. Ma' hi'n dal yn ddigon oer. Cymrwch ofal ohonoch 'ch hun rŵan, ac mi anfona i dabledi i chi drw'r Gwasanaetha 'na.'

Wedi cael ei gefn mi es i wneud cwpanaid o goffi ac eistedd i lawr i'w hyfed. Doeddwn i mo'r dyn fûm i, mi wyddwn hynny'n burion, ond doedd hynny'n rheswm yn y byd dros yr holl archwilio a chyboli yma. Beth oedd tu ôl i'r cyfan? A dyma gnoc arall ar y drws yn tarfu ar fy meddyliau, a'm dychryn braidd. Go brin y byddai'r gleision, o bawb, wedi cyrraedd heb i mi glywed sŵn traed, ond pan agorais i'r drws dyna lle'r oedd y ferch fach ddela fu mewn lifrai erioed.

'Pnawn da i chi. Rydw i'n deall fod ganddoch chi wybodaeth allai fod o fudd i ni. Ga i ddod i mewn, os gwelwch chi'n dda?'

'Rargian . . . y . . . cewch neno'r tad. Be 'di'r matar arna i, 'dwch? Dowch chi. Mi ro'n i'n disgw'l i rywun alw ond wyddwn i ddim fod ganddyn nhw blismyn mor ddel â chi.'

'Ia, wel dyna chi. Mae'r byd 'ma'n llawn rhyfeddodau, on'd ydi o? Rŵan beth am i ni eistedd i lawr a chymryd pethau o'u cwr. Cael galwad wnaethon ni'n dweud fod ganddoch chi wybodaeth am yr eneth fach yma sy ar goll.'

'Mi ddeudis wrth y wraig sy'n dŵad yma o'r Gwasanaetha am ddeud, ychi. Ma' hi'n werth y byd, ydi wir. Dyfalu rydw i am yr hogan bach yna 'te, ond ma' gin i reswm da am hynny, ac ma' hi'n ddyletswydd arnan ni i gyd i helpu'r heddlu'n tydi.'

'Wrth gwrs. Trueni na fasa pawb yn ei gweld hi'r un fath. Does wybod beth all fod o help i ni, wyddoch chi.'

'Wel, hyn 'sgin i, 'dach chi'n gweld. Mi dw i o'r farn mai i lawr tua'r trefi glan y môr 'cw ma' hi. Mi wn i dipyn amdani, welwch chi. Mi fydda'n galw yma i'm helpu i, ac amal i sgwrs fyddan ni'n ga'l. Ama rydw i bod y beth bach yn tybio'i bod hi mewn cariad.'

'Be 'dach chi'n feddwl? Rhywun sy wedi mynd i goleg, ia?

'Naci, gwaetha'r modd. Ylwch, dydw i ddim yn hoffi deud rhagor.'

'Dyna chi. Wna i ddim pwyso arnach chi er basa'n help i ni gael gwybod er mwyn mynd ato fo i holi.'

'O duwcs. Wel, olreit 'ta. Ylwch, dowch i mi roi'r peth fel hyn. Rhyw ama rydw i mai wedi bwrw'i ffansi ar rywun fu'n 'i dysgu hi yn yr ysgol ma' hi. Ac yn y clwb ieuenctid hwnnw o'dd yma hefyd. Wyddoch chi, hwnna o'dd yn byw dros y ffor' fan'ma.'

'O na! Dim yr hen fusnes hwnnw eto. Dim wedi'r holl amser

yma. Ia. Mi fedra i weld sut rydach chi'n meddwl, ac mi allech yn rhwydd fod yn iawn. Wrth gwrs mae 'na gym'int o bobl ifanc yn y colega'r ffordd yna fel mai go brin y bydda neb yn sylwi ar un ferch fach unig.'

'A ma'n siŵr gin i fod 'na rai ro'dd hi'n 'u nabod tua'r colega 'na. Mi allsa rhywun o'r fath fod wedi rhoi llochas iddi.'

'Efallai wir. Wel, diolch yn fawr i chi. Mi edrychwn ni i mewn i'r posibilrwydd ac mi gawn ni weld. Ddaw dim drwg o wneud ymholiadau. Diolch i chi, a gobeithio na fydd rhaid i ni'ch poeni chi eto.'

'Dim ots gin i. Dowch chi yma ar bob cyfri os 'dach chi'n meddwl bydd hynny'n rhyw gymorth i chi.'

Mi fûm i'n sefyll yn y drws cyn clwydo. Noson bur niwlog oedd hi ond fod gwawl felen lle dylai'r goleuadau pella tua'r de fod.

13: Rhan Tri.

Gwrando ar y radio roeddwn i fore trannoeth a'r llestri brecwast heb eu clirio. Go damia! Dyna sŵn traed ar gerrig y cowrt. Roedd o'n gwybod ei ffordd neu roeddwn i wedi anghofio bolltio'r ddôr neithiwr. Am yr heddlu y meddyliais i wrth glywed cnoc awdurdodol ar y drws, ond pan es i weld, pwy oedd yno'n fawr ac yn bwysig ond y fo.

'Y nefi blŵ, mi 'dach chi'n dderyn cynnar ar y diawl. Rhoswch i mi dynnu'r tsiaen 'ma . . . dyna chi, dowch i mewn.'

Ac i mewn sgubodd o gan eistedd heb ei wahodd nes bod yr hen gadair freichiau'n gwegian.

'Ia, mi ro'dd rhaid i mi ddŵad draw gan 'mod i eisio ca'l cyngor ynglŷn â'r tŷ 'na, a dyma fi'n meddwl baswn i'n dŵad fymryn cynt er mwyn galw yma i ddiolch i chi. Duw, a sut 'dach chi'n teimlo, 'dwch? 'Dach chi ddim yn edrach yn egstra.'

'O, mi dw i'n cadw'n eitha, wir i chi. Mi fuo'r doctor yma i 'ngweld i ac mae o wedi addo anfon rhyw hen dabledi i mi. Wn i ddim pa les wnân nhw, chwaith. Be ddeudsoch chi? Dŵad i ddiolch? Ma' gynnoch chi newyddion, felly?'

'O's, ma' gin i. Ar ôl i mi gymryd 'ch cyngor chi mi dda'th y ditectifs 'na o hyd iddi, yn union fel deudoch chi. Biti ar y diawl na faswn i wedi galw yma 'nghynt. Mi faswn wedi arbad peth mwdral o arian i mi fy hun. Dw i'n ddiolchgar iawn i chi. Ydw wir.'

'O, a mi ro'n i'n iawn felly! Wel wel. A sut ma'n nhw ill dau?'

'Yn dda iawn, fel dw i'n dallt. 'Nôl yr hanas ges i ma'n nhw'n byw mewn rhyw dama'd o fflat sy'n ddim mwy na stafall a darn. Wn i ddim pam gythra'l na fasa hi 'di rhoi gwbod i mi lle ro'dd hi yn lle 'mod i'n poeni f'enaid yn y fan'ma.'

'Ia, petha sy ddim yn meddwl ydi plant rhywun 'te? A mi rydach chi'n deud 'u bod nhw'n gneud yn iawn hefo'i gilydd?'

'Siort ora, 'ddyliwn i. Yn llawn gwell na buon nhw rioed, ac mi dw i reit falch o ddallt hynny. Ond do's fiw i mi fynd ar 'u cyfyl nhw. Mi fydd rhaid i mi aros nes ca i fy ngwadd, a Duw a ŵyr pryd bydd hynny. Cofiwch chi, mi 'neith yr hogyn 'na ddyn pan fydd o wedi callio a dysgu na fedar o ddim dianc rhag 'i broblema.'

'Ia, a faint o filiyna ohonan ni sy wedi gneud y camgymeriad yna ar hyd y blynyddo'dd?'

'Ia 'ntê, ond Duw annw'l, meddyliwch amdanyn nhw'n mynnu byw fel'na a chanddyn nhw dŷ braf a phopath roeddan nhw'u hangan at 'u gwasanaeth.'

'A be 'newch chi hefo'r tŷ rŵan?'

'Mi gawn ni weld. Eisio trafod a threfnu hefo un neu ddau o bobol ro'n i'r bora 'ma, ga'l i ni weld be 'di'r posibiliada, achos ddôn nhw byth yn ôl yma, meddan nhw. Ella basa hi'n werth gyrru rhai o'r dodrafn atyn nhw. 'U heiddo nhw ydi'r rheiny wrth gwrs, y rhai sy ar ôl, ond do's gynnyn nhw fawr iawn o le iddyn nhw, goelia i. Am wn i mai'r peth calla fasa gwerthu'r cyfan a gyrru'r pres iddyn nhw. Ma' hynny'n biti hefyd achos chân ni ddim byd tebyg i'w gwerth amdanyn nhw, ond mi allan nhw 'neud hefo'r pres, yn ôl pob sôn.'

'Do's gin i ddim amcan pa gyngor i' roi i chi. Nag o's wir. Os ydyn nhw'n fodlon, ac yn hapus hefo'i gilydd, hynny sy ora, siŵr o fod.'

'Ia, ac mi wn inna lle ma' hi rŵan. Fel'na ma' petha ora, fel 'dach chi'n deud. Tasa hi ddim ond yn ffonio, ne'n sgwennu hyd yn oed, i gydnabod 'y modolaeth i.'

Roeddwn i'n fwy na balch o weld ei gefn o er fy mod i'n ddiolchgar iddo am ddod i ddweud eu hanes nhw wrtha i. Mi fyddwn i'n gweld ei cholli hi. Dim ots. Dyna ddiwedd hapus i'r stori yna o leiaf.

13: Rhan Pedwar.

Ond ble roedd fy hogan bach i? Mi fûm yn meddwl amdani gydol y bore. Pa siom roedd hi'n ei phrofi? Mi es ati i lanhau ond fedrwn i gael hwyl yn y byd ar y gwaith. Nac ar ddarllen chwaith, pan roddais i gynnig ar hynny. Doedd gen i ddim archwaeth at ginio ac felly mi es allan. Wedi meddwl mynd am dro roeddwn i ond ar ôl cyrraedd y cowrt doedd gen i ddim awydd. Mi sefais yno'n edrych ar y tawch ysgafn oedd wedi'i lapio'i hun am yr arfordir gan ddyfalu beth oedd yn digwydd i lawr tua'r de yna.

Dyma fi'n troi'n ôl am y tŷ a mynd ati i wneud cwpanaid o goffi yn lle cinio. Mi eisteddais o flaen y tân i'w hyfed hi, a hepian cysgu mae'n rhaid, gan i mi freuddwydio fod rhywun yn marchogaeth ceffyl ar y cowrt. Na, nid ceffyl oedd yno, ond pâr o draed mewn esgidiau trwm.

'O's 'ma bobol?'

'Duwcs annw'l. Chdi sy 'na? Ty'd i mewn.'

'Wedi dŵad i ddiolch i chi ynglŷn â'r hogan 'cw.'

'Ddyn! Ma' gin ti newyddion da, felly? Ydi hi'n saff?'

'Ydi'n Duw. Ma'n nhw 'di dŵad o hyd iddi hi.'

'Ydyn nhw wir. Ma'n dda gin i glwad. Ydi, wir Dduw i ti.'

'Diolch fawr i chi. Ma'r musus 'di mynd i' nôl hi yn y car.'

'Da iawn. Da iawn wir.'

'Ia. Lwc ar y diawl i chi fedru'u rhoi nhw ar y trywydd.'

''Machgan gwyn i, 'nes i ddim byd, dim ond awgrymu, ysti.'

'Wel mi awgrymoch chi'r peth iawn beth bynnag. Do, wir Dduw. Ma' gynnoch chi fwy o beth cythra'l yn 'ch pen na 'sgin y polîs 'ma i gyd hefo'i gilydd.'

'Y negro wen, paid â deud rotsiwn beth.'

'Dw i'n deud y gwir, wir Dduw i chi, a wa'th gin i ddim pwy geith wbod. 'R Arglwydd ma'n nhw'n rhoi petha di-ddallt mewn iwnifform y dyddia yma. Mwy o blydi lipstic a choesa na dim byd arall.'

'Pwy ti'n olygu? Yr hogan bach 'na dda'th yma? Mi ro'n i'n 'i gweld hi'n beth bach ddymunol iawn.'

'Dymunol, myn cythra'l i! Y petha buo hi'n 'u gofyn acw. Mi ro'dd hi'n ddigon i mi gywilyddio 'mod i'n ddyn ac yn dad.'

'Duw mawr. Ti rioed yn deud.'

'Ydw, wir Dduw i chi. Mi faswn i wedi ordro'r hen ast fach anghynnas allan o'r tŷ, 'blaw'n bod ni'n poeni am yr hogan 'cw. Choeliach chi byth. Lwc ar y diawl 'ch bod chi'n rhoi pwys ar yr hyn 'dach chi'n glwad, yn lle hel dychmygion 'run fath â honna. Polîs, myn diawl i. Fasan nhw ddim 'di dŵad o hyd iddi hi'n dragwyddol.'

'Ond chwara teg rŵan. Mi ddaethon nhw o hyd iddi hi, cofia.'

'Do, wedi i chi sodro'u trwyna nhw reit yn y gwirionadd. Wn i ddim sut na fasa'r wraig a finna 'di meddwl, cofiwch.'

'Ia wel. Mi fydda'n galw yma fel gwyddost ti, ac amal i sgwrs fydda hi a minna'n ga'l.'

'Diolch i'r drefn 'ch bod chi. Ro'n i a'r wraig 'cw 'di meddwl 'i bod hi 'di anghofio'r cwbwl am y bastad yna erstalwm.'

'Wyddost ti, er cymint fyddan ni'n siarad hefo'n gilydd, do'dd gin i'r un amcan fod dim 'di bod rhyngddyn nhw tan yn ddiweddar 'ma.'

'O, mi gawson ni gythra'l o draffarth hefo hi, ychi, a fedrwch chi ddeud dim wrth blant y dyddia yma, ond mi roeddan ni'n meddwl 'i bod hi 'di callio ar ôl iddo fo ada'l. Yr hen gythra'l! Nefoedd, ddylsa dyn fel'na ddim ca'l mynd i fysg plant.'

'Na ddylsa, m'wn, ond y drwg ydi na fedar neb ddeud 'mlaen llaw, ti'n gweld. Deud i mi, sut ma' hi?'

'Yn torri'i chalon ar y funud, 'nôl be glywson ni gynna. Dim ond gobeithio gwellith hi ar ôl i ni'i cha'l hi adra.'

'Ia wir.'

'Mi a'th y musus i'w nôl hi'n syth bìn, ac mi ddois inna yma gynta medrwn i er mwyn i chi ga'l gwbod o flaen pawb. Mi fydd 'na ddigon o siarad, ma'n siŵr gin i.'

'Bydd debyg. Ma'n rhaid i deulu'r glep ga'l rhwbath i siarad amdano fo, ysti.'

'Ydi, a ma'n siŵr bydd y 'ffernols 'di anghofio cyn pen 'r wsnos.'

'Ma'n siŵr i ti. Mi gân rwbath arall i' drafod erbyn hynny. Y peryg ydi i'r beth bach ga'l 'i brifo, ti'n gweld. Dim ond gobeithio setlith hi i lawr adra rŵan.'

'Ia. Y drwg ydi'i bod hi'n tynnu at 'i deunaw, 'dach chi'n gweld, a fedrwn ni mo'i chadw hi adra wedyn.'

'Na fedrwch, gwaetha'r modd.'

'Ond o leia 'neith hi ddim rhedag ar ôl y diawl yna eto.'

'Na 'neith. Ma' hi 'di dysgu'i gwers fan'na, ma'n siŵr gin i, fel llawero'dd o'i blaen hi.'

'Ydi. Nefoedd, mi allwn i dagu'r cythra'l. Do's dim rheswm 'i fod o'n ca'l 'i draed yn rhydd i beryglu plant pobol.'

'Falla wir, ond hidia befo. Ma'r cyfan drosodd rŵan, ysti.'

'Ydi debyg, ond lwc na tydi'r diawl ddim o fewn 'y nghyrra'dd i.'

'Ia, mi dw i'n dallt yn iawn, ond wna'th dial rioed les i neb, ysti, gwaetha'r modd, er cym'int o awydd hynny fydd ar rywun weithia.'

'Ma'n siŵr 'ch bod chi'n iawn. Hi sy'n bwysig rŵan 'te. Ond ylwch, ma'n well i mi'i throi hi ne' mi fyddan 'di cyrra'dd adra o 'mlaen i.'

'Dyna ti.'

'Ia. Dim ond picio draw i ddeud wrthach chi 'nes i. Ac i ddiolch i chi 'te. Lwc gythreulig i chi feddwl. Da bo chi rŵan.'

'Da bo ti. A chofia ddeud wrthi bydda i'n falch iawn o'i gweld hi os bydd hi'n teimlo ar 'i chalon fel dŵad draw.'

'Dw i'n siŵr o 'neud. Mi neith fyd o les iddi hi ddŵad i'ch gweld chi. O leia mi geith sgwrs gall yn fan'ma. Hwyl rŵan.'

'Da bo ti, a diolch yn fawr i ti am ddŵad i ddeud.'

Roeddwn i'n hynod falch ac mi es ati i wneud sgram i de, ond pan ddaeth yn amser i'w fwyta, fedrwn i wneud fawr mwy na phigo.

14: Rhan Un.

Allwn i yn fy myw gael gafael ar gwsg y noson honno chwaith ac roeddwn i ar fy nhraed ar las y dydd yn gwneud cwpanaid o de a thorri brechdan i mi fy hun. Pan roddais i'r radio ar waith y sylweddolais i mai dydd Sadwrn oedd hi. Dyna beth oedd siom! Mi fyddwn i wrth fy modd ar ddydd Sadwrn erstalwm, ond dim bellach. Doedd yna byth ddim ar y radio ond mwydro diddiwedd am chwaraeon, a phobl ifanc yn chwarae eu cerddoriaeth a chrechwen am ben eu doniolwch eu hunain. Doedd hi'n gwmpeini yn y byd ar ddydd Sadwrn. Mi fyddwn i'n gweld pawb yn ei gloywi hi heibio ar olwynion at eu pleser, a dim gobaith am sgwrs â'r un enaid byw.

Pan glywais i sŵn y fán lefrith mi es allan i nôl fy mhotel a synnu'n arw o glywed llais yn galw arna i. Erbyn gweld, y tipyn ffermwr yna oedd yn brasgamu ar draws y cae tuag ata i.

'Helô. Sut hwyl sy arnach chi?'

'Eitha da wir, diolch. A titha?'

'O, iawn wchi.'

'Wel w't ti rioed wedi rhedag hannar y ffor' ar draws y cae 'ma i holi hynt fy iechyd i.'

'Wel ydw, a deud y gwir i chi. Clwad bod chi 'di ca'l y doctor draw 'ma.'

'Do ysti. Y wraig yna sy'n dŵad yma o'r Gwasanaetha fynnodd ga'l 'i alw fo, ond do'dd mo'i angan o, wir i ti. Na, mi dw i'n weddol, a 'styriad 'te. Diolch i ti am ofyn.'

'O, dyna chi. Dda gin i glwad. Ylwch, peidiwch â gada'l i mi'ch cadw chi allan i rynnu. Ma'r awal yn fain gynddeiriog yn y boreua fel hyn. Ewch yn ôl i'r tŷ i swatio. Ma' hi'n dal yn gynnar ar y flwyddyn.'

'Dyna ti. Mi rydw i'n 'i cha'l hi braidd yn rhynllyd. Hwyl i ti.'

'Wela i chi.'

I'r tŷ â fi. Be gythraul oedd yn bod arno fo? Busnesa ddiawl! A thybed pam roedd o allan mor gynnar? Hy, eisiau mynd i rywle debyg. O ddewis roedd ffermwyr yn codi gyda'r wawr erbyn hyn. Chwarae teg iddo fo am holi hefyd. Mi ges i siarad ag un person heddiw.

Tua'r deg o'r gloch yma mi ges fy nghoffi, ond llusgo wnaeth y bore a finnau'n gweld colli cwmni'r radio'n arw. Mi fûm i'n gwylio'r teledu ar ôl cinio, ond doedd fawr o gysur i'w gael fan honno chwaith. Roeddwn i'n ysu am glywed y ffôn yn canu, ond tawel iawn fu honno ers dyddiau. Gan ei bod yn brynhawn heulog mi wisgais fy nghôt a'm het a mynd cyn belled a'r ddôr. Doedd yna'r undyn byw yn y golwg: dim ond y traffig gwyllt yn chwyrlïo heibio. Roeddwn i'n gweld ei cholli hi o dros y ffordd. Roedd golwg amddifad iawn ar y tŷ bellach a finnau'n ddi-gymydog.

Roedd f'archwaeth i'n well a thua'r pump o'r gloch yma mi wnes damaid arall i mi fy hun. Erbyn i mi fwyta a golchi'r llestri roedd hi'n nosi. Eisteddais o flaen y teledu a'm llyfr yn fy llaw i dreulio awr neu ddwy cyn amser gwely. Siawns na chawn i gysgu heno ar ôl noson mor wael neithiwr. Wedyn mi fyddai'n fore Sul, a gobaith am weld rhywun o gwmpas y lle. Syndod y byd, fel roeddwn i'n hwylio am fy ngwely, dyma'r ffôn yn canu.

'Helô, 'dach chi'n well?'

'O Duw, helô, chi sy 'na? Ydw'n tad. Dydw i ddim 'di bod yn sâl.'

'O! Clwad bod y doctor 'di bod i'ch gweld chi 'nes i, a meddwl 'i bod hi'n ddyletswydd arna i ffonio, wrth 'n bod ni'n rhyw fath o berthyn 'te, i weld sut rydach chi.'

'Wel do, mi fuo fo yma, ond do'dd dim o'i angan o, wir i chi.'

'O, mi wela i. Deudwch i mi, o's 'na rwbath medrwn ni'i 'neud?'

'Nag o's am wn i, diolch yn fawr i chi. Ma' popath cystal ag y byddan nhw byth, ychi.'

'O, dyna chi 'ta. Cofiwch chi ofyn rŵan, os byddwch chi angan. Glywsoch chi bod yr hogan 'na yn 'i hôl adra? Yr hen gnawas bach 'te, yn peri'r fath boen i bawb. Eisio chwip din iawn sy arni hi.'

'Fel 'na bu plant rioed ychi, 'nôl 'y mhrofiad i, a welis i mo'u curo nhw'n gneud lles i neb ond i'r curwr.'

'Wel ia, ma' 'na rwbath yn hynny ma'n siŵr.'

'Mi ddeuda i hyn amdani hi. Ma' hi 'di bod yn ffeind iawn wrtha i y miso'dd dwytha 'ma.'

'Ydi hi wir? Ia, ma'n nhw'n deud bod 'na rwbath yn ddigon ffeind ynddi hi. Ond o ran hynny, ma' 'na rwbath digon nobl yn y teulu yna rioed, 'n do's 'na? Ond meddyliwch mewn difri amdani hi'n mynd yr holl ffor' ar ôl y dyn 'na, a fynta wedi gada'l ers yr holl amsar. Wn i ddim wir sut gwydda'r polîs lle i fynd i chwilio amdani hi.'

'Ia, mi wna'th beth gwirion iawn wrth fynd ar 'i ôl o.'

'Mi faswn i'n meddwl wir. Wn i ddim be dda'th dros 'i phen hi.'

'Ia 'ntê. Dyna fel ma' hi, ychi. Diolch i chi am ffonio. Mi ro i ganiad i chi os bydda i angan. Da bo chi.'

Yr hen hulpan wirion iddi hi, ac yn mynnu ei bod yn perthyn i mi. Y drwg oedd fod yna rithyn main o wirionedd yn yr honiad hwnnw. Beth oedd yn ei meddwl hi? Nid am ddeg o'r gloch y nos roedd mynd ati i ffonio pobl, roedd hynny'n sicr ddigon. Hy, wedi bod allan drwy'r dydd, debyg, a meddwl am rywun i'w ffonio gan fod y plant yn gwylio rhaglen doedd hi ddim yn ei hoffi. Yn nhin busnes pawb roeddwn i bob tro.

Druan o'r hogan bach yna! Roedden nhw wrthi hi'n barod. Sut gythraul cafodd honna wybod lle bu hi? A be roedd hi'n ei wneud yno? Tybed sut roedd y beth bach yn teimlo heno?

14: Rhan Dau.

Roedd y Sul yn ddydd o wanwyn braf a finnau fel y gog wedi noson dda o gwsg. Aeth y bore heibio fel y gwynt wrth i mi biltran yma ac acw a gwrando ar y radio. Ar ôl cinio cynnar mi es allan i'r cowrt. Roedd y traethau'n dal dan darth ysgafn a finnau'n rhoi fy nychymyg ar waith i'w gweld nhw'n glir. Roedd hi'n cynhesu hefyd, a'r gwynt wedi gostegu. Duw! Pwy aflwydd glywn i'n rhedeg ar hyd y palmant ar brynhawn Sul? Ac yn aros wrth y ddôr! Be gythraul?

'Sudach chi?'

'Helô, 'mechan i. Ddoist ti?'

'Do. 'Dach chi'n teimlo'n iawn?'

'Ydw i, neno'r tad. Mi fuo'r doctor yma, ysti ac mae o wedi addo gyrru rhyw dabledi i mi er nad o'dd dim rhaid iddo fo. Ac mi ddoist ti i 'ngweld i 'ta?'

'Do. Mi 'nes i ddisgw'l nes basa pawb adra'n ca'l cinio dy' Sul a phan o'n i'n gweld nad o'dd 'na neb allan mi redis i am fy mywyd.'

'Pam neno'r tad? O's arnat ti ofn gweld pobol?'

'Cwiddil, ychi. Ma' pawb yn siarad amdana i achos ma'n nhw'n leicio siarad 'n tydyn?'

'Ydyn, ma'n nhw ma' arna i ofn, ond ma'n rhaid i titha gydnabod dy fod di 'di gneud gwaith siarad iddyn nhw.'

'Ydw 'n tydw.'

'Hidia befo. Ma' hi'n rhy hwyr i ti boeni am hynny bellach. Ma' 'na betha gwaeth wedi digwydd ar y môr cyn brecwast, ysti.'

'Ew, oeddach chi ar y môr 'ta?'

'Duwcs annw'l, nag o'n i. Dim ond ffor' o siarad 'di hynna, wel'di.'

'O.'

'Ia. Yli, treia di wynebu pobol. Mi fyddan wedi ca'l testun arall i siarad amdano cyn pen dim.'

''Dach chi'n meddwl?'

'Dw i'n gwbod. Paid ti â phoeni rŵan.'

'Diolch i chi am ddeud wrthyn nhw lle i ddŵad i edrach amdana i. Sut roeddach chi'n gwbod?'

'O, dim ond rhyw dderyn bach, ysti.'

'Wn i ddim be faswn i wedi 'neud 'blaw iddyn nhw ga'l hyd i mi achos ro'n i'n gwbod 'mod i di gneud peth stiwpid ac ro'n i ofn dŵad adra rhag ofn na fasan nhw mo f'eisio i.'

'Wel dyna beth gwirion. Fasa dy dad a dy fam byth yn meddwl dim byd o'r fath.'

'Na fasan, dw i'n gwbod hynny rŵan ond do'dd petha ddim yn edrach 'run fath pan o'n i lawr yn y fan'na 'dach chi'n gweld.'

'Nag oeddan, ma'n siŵr. Mi wn i be 'di bod oddi cartra, ysti, o ddewis ac o raid.'

'Ia, mi ro'dd y genod yn fodlon i mi ga'l aros yn y tŷ roeddan nhw'n 'i rannu ond doeddan nhw ddim yn rhoi bwyd i mi ac ro'n i'n mynd yn ffrantig bob tro bydda rhywun yn cwcio.'

'Ia. Mi dw i'n dallt. Pa genod o'dd y rhain, d'wad?'

'O, dwy hogan fydda'n mynd ar y bŷs i'r ysgol erstalwm iawn ychi ac ro'n i'n arfar bod yn ffrindia hefo nhw er bod nhw lot yn fwy hen na fi a ma'n nhw yn y coleg rŵan ac yn rhannu tŷ hefo tair hogan arall ac roeddan nhw wedi deud Dolig baswn i'n ca'l aros hefo nhw os o'n i eisio mynd i lawr yno i ailddechra petha.'

'O, mi wela i.'

'Ia ond ar ôl dipyn o'n i'n gweld 'y mhres i'n darfod 'dach chi'n gweld ac o'n i jyst iawn â llwgu a God o'n i'n mynd o gwmpas yn sbio yn ffenestri'r siopa ac yn meddwl tybad faswn i'n gallu mynd i mewn a dwyn rhwbath i' fwyta ac o'n i ddim yn gwbod be i 'neud ac o'dd un o'r genod yn y tŷ yn actio'n ddigon ffyni hefyd.'

'Bobol annw'l! Ond mi alla i ddallt sut roeddat ti'n teimlo. Deud i mi, welist ti o yno?'

'Pan gyrhaeddis i yno do'dd gin i ddim eidîa lle i ddechra chwilio amdano fo a dyna pryd g'nes i ddallt 'mod i 'di gneud peth stiwpid.'

'Ond sut yn y byd mawr roeddat ti wedi meddwl basat ti'n ca'l hyd iddo fo?'

'Wel 'dach chi'n gweld mi ro'n i'n meddwl 'i fod o'n fy ngharu i gymint nes basa fo'n ca'l y ffîling 'mod i yn ymyl ond na'th o ddim.'

'Wel naddo, debyg. Dim ond mewn ffilmia a llyfra gwirion ma' petha felly'n digwydd.'

'Ia ond dydach chi ddim yn meddwl am hynny pan 'dach chi'n meddwl 'ch bod chi mewn cariad nag 'dach?'

'Ma' arna i ofn bod yr amsar hwnnw braidd yn rhy bell yn ôl i'w gofio yn fy hanas i. Sut cest ti'r syniad dy fod ti mewn cariad?'

'Wel mi ro'dd o'n athro 'n toedd a phan 'na'th o ddechra gneud ffŷs ohona i a dechra 'nanfon i adra o'r clyb a phetha felly a mynd â fi allan yn y car ro'dd o wedi'i brynu ar ôl gadal 'i wraig mi ro'dd bob dim yn neis ac yn romantig yn lle bod fi'n styc mewn bol buwch o le 'run fath â'r dymp yma.'

'Ma'n gas gin i ddeud hyn wrthat ti, ond colli dy ben ydi peth fel'na, ysti. Er, cofia di, ma'n rhaid i mi ddeud bod 'na fai gynddeiriog arno fo hefyd yn dy gamarwain di fel'na, a fynta'n ŵr priod, ac mewn swydd gyfrifol. Mi ddylsa wbod yn well.'

'Dw i'n gwbod ond 'dach chi'n clwad straeon felly'n tydach ac ar ôl iddo fo fynd, God mi ro'dd gin i hira'th ar 'i ôl o a hwnnw'n mynd yn fwy ac yn fwy wrth nad o'dd 'na ddim byd byth yn digwydd yn fan'ma a mi fyddwn i'n sbio ar y goleuada 'na reit draw i'r rhai pella ac yn crio am 'n bod ni'n gorfod bod wedi'n sepyretio.'

'Y nefoedd fawr, o'dd hynny ar dy feddwl di ar hyd yr amsar? O, 'nghariad bach i!'

'O'dd mi ro'dd o ychi.'

'Ac mi roeddat ti'n 'i weld o mor ddiweddar â'r ha dwytha?'

'O'n ychi, yn sicryt 'te reit tan a'th o i ffwr' achos ro'n i 'di ca'l warnin gin y bobol 'cw i beidio gneud dim hefo fo ac mi ro'dd o'n deud basa'n rhaid i bob dim orffan achos 'i fod o'n mynd adra a basa rhaid iddo fo werthu'r car wedyn achos na fasa gynno fo ddim gwaith.'

'Ac yn y diwadd, ar ôl i ti fynd ar 'i ôl o, wyddat ti ddim lle'r o'dd o'n byw hyd yn oed?'

'Na wyddwn ond mi ro'n i'n siŵr basa rhwbath yn digwydd achos ma' peth felly ydi cariad yntê?'

'Naci. Naci wir-ionadd i. Ond mi rw't ti 'di dysgu hynny drostat dy hun rŵan, decini?'

'Wn i ddim ychi. Blincin ec, pan o'n i 'di gweld mor fflipin stiwpid ro'n i wedi bod ac yn meddwl na faswn i byth yn 'i ffeindio fo mi es i mewn i'r siop niwsejynt fawr 'ma er mwyn ca'l rhwbath i 'neud a dyna lle'r o'dd o tu ôl i'r cowntar a dyma fi'n meddwl bod bob dim wedi dŵad yn iawn ond yn lle 'i fod o'n falch o 'ngweld i mi ro'dd o wedi ca'l hec o sioc.'

''R Arglwydd mawr, oedd! Mi dw i'n siŵr 'i fod o, myn cebyst i.'

'Do'n i ddim yn gwbod 'i bod hi 'di dŵad i fyw ato fo'n nag o'n achos mi fydda fo'n arfar deud bod 'u cariad nhw wedi darfod a'i bod hi fel llaw farw drosto fo ac ma' fi o'dd yr unig heulwan yn 'i fywyd o ac mi ro'dd gin i biti drosto fo yn gorfod byw hefo hi a phan 'neuthon nhw sepyretio mi ro'n i'n meddwl ma' am 'i fod o'n fy ngharu i ro'dd o 'di gneud ac mi ro'dd petha'n well byth wedyn achos 'n bod ni'n gorfod cadw'r cwbwl yn sicryt a pheidio â deud wrth neb a phan brynodd o'r car mi ro'n i'n meddwl bod 'na rwbath sbesial iawn rhyngddon ni er 'i fod o'n deud ma' cariad chwerw o'dd 'n cariad ni.'

'O 'mechan i, mi rw't ti wedi ca'l dy dwyllo'n ofnadwy, 'nd w't ti. Ond hidia di befo. Ma' pawb ohonan ni'n gorfod dysgu peidio rhoi gormod o goel ar yr hyn ma' pobol yn 'i ddeud, ysti.'

'Ydan.'

'Yli, do's dim rheswm dros i ni siarad fel hyn, ysti, os w't ti'n mynd i grio.'

'Na, mi dw i eisio ca'l deud wrthach chi achos do's neb arall yn gwrando'n iawn arna i.'

'Hm, ia, mi dw i 'di gorfod dysgu gwrando'r blynyddo'dd ola 'ma. Falla'i bod hi'n biti na faswn i wedi dysgu 'nghynt, ond dyna fo. Ma'n ddrwg gin i, be oeddat ti'n ddeud?'

'O dim byd. Dim ond 'i fod o wedi'n hel i odd' wrtho fo. O God, mi dda'th allan o'r siop ar ôl deud rhwbath wrth rywun tu ôl i'r cowntar a deud wrtha i am fynd i ffwr' yn lle treio dŵad rhyngddo fo a'i wraig a fi o'dd wedi drysu'i briodas o medda fo ac arna i ro'dd y bai am bob dim. O hec!'

'Dyna ti, paid ti â chrio rŵan. Yli, gad hi fan'na am heddiw. Mi gawn ni siarad eto, pan fyddi di'n teimlo'n well. Yr hen gythra'l iddo fo. Wna'th o dim rhoi pres i ti ne' gynnig dy roi di ar fŷs ne' drên i ddŵad adra?'

'Naddo.'

''R Arglwydd mawr, mi allwn i lindagu'r diawl. Ia, pe tasa hynny o ryw fudd i rywun. Yli, mi wna i banad o goffi i ni'n dau.'

Mi ddaethon aton ein hunain ill dau o dipyn i beth. A finnau wedi cael y diawl yn hen beth mor glên bob gafael. Sut gallai o gamarwain plentyn? Gobeithio'r nefoedd na wnaeth o ddim byd gwaeth. Ac wedyn yn gallu bod mor ddidostur. Y peth lleia allai o fod wedi ei wneud oedd ei chychwyn hi ar ei ffordd adre, neu adael i rywun wybod ble roedd hi.

'Yli 'mechan i, treia di ddygymod rŵan, a phaid â chymryd sylw o'r hyn ma' pobol yn 'i ddeud. Ma'n anodd i ti goelio hyn rŵan, ond mi ddaw dydd pan na fydd hyn yn brifo fawr ddim.'

''Dach chi'n meddwl?'

'Ydw, siŵr iawn. Ma' amsar yn falm, ysti. Y drwg ydi 'i fod o'n cymryd 'i amsar.'

'Ydi ma'n siŵr, wŷrs lýc.'

'A gofala di rŵan na chymri di ddim sylw os bydd 'na bobol yn deud petha cas. Mi fydd petha'n gwella fesul tipyn, mi gei di weld.'

'Dyna be ma'n nhw'n 'i ddeud wrtha i adra. Ga i ddŵad yma fory?'

'Wel cei, neno'r tad. O! Cofia di na fydda i ddim adra tan ganol y pnawn. Ma'n rhaid i mi fynd i godi 'mhensiwn, wel'di, a gneud un ne' ddau o betha erill, ond mi gawn ni sgwrs ar ôl i mi ddŵad yn f'ôl os mynni di. Ac ella bydda i eisio negas.'

'O hec ia. Mi ro'n i 'di anghofio bob dim am hynny.'

'Wel dyna ti, ti'n gweld. Ma'r hen fyd 'ma'n dal i fynd yn 'i flaen.'

'Ydi. Mi wela i chi fory 'ta. Diolch am y coffi. Ma'n well i mi fynd rŵan.'

'Dyna ti. A phaid â bod ofn pasio pobol.'

'Olreit. 'Na i ddim. Do's dim ots amdanyn nhw, nag oes?'

'Nag oes, siŵr iawn. Da bo ti.'

'Ta ta.'

14: Rhan Tri.

Noson ddi-gwsg fu'r noson honno drachefn. Roeddwn i wedi cynhyrfu'n lân wrth gofio fel byddai o mor barod am sgwrs ac yntau'n cyboli hefo'r hogan bach yna'r un pryd. A chyboli roedd o: ei defnyddio at ei bleser, a hynny yn ôl ei fympwy, ac wedyn yn ei thrin mor waradwyddus pan aeth i chwilio amdano fo. Oedd o ddim yn deall fod yna rai'n poeni ynglŷn â hi?

Gan fod fy nghalon wedi mynd i ddyrnu mor ffyrnig mi godais a gwneud cwpanaid o de. Roeddwn i'n teimlo'n well wrth eistedd yn y gegin yng ngwres y tân trydan. Eistedd yno y bûm am gryn ddwyawr yn gwrando ar draffig y nos yn dyrnu heibio. Rywdro yn ystod yr oriau mân dechreuais deimlo'n gysglyd a mynd i'r gwely am yr eildro.

Roedd hi'n olau dydd arna i'n deffro. Go damia! A finnau'n bwriadu mynd i'r dre. Ac myn diawl, mi awn yno! Doeddwn i ddim eisiau aros adre ar ddiwrnod mor ddigalon. Drwy'r ffenestr mi allwn weld manlaw Ebrill yn gyrru ar draws y cae a'r defaid yn gorwedd a'u tinau i mewn iddo fo. Mi hwyliais frecwast ar frys gwyllt a gadael y llestri budron yn y gegin bach er na fuasai waeth i mi fod wedi cymryd f'amser a'u golchi nhw ddim gan i mi orfod aros ac aros am y bỳs. Roedd y glaw mân a'r gwynt o'i ôl yn gyrru i bob twll a chornel nes fy mod i'n wlyb diferol. Roedd clamp o beiriant mawr coch yng ngardd y tŷ dros y ffordd a thri dyn o'i gwmpas yn gwneud dim, cyn belled ag y gallwn i farnu. Mi fyddai gofyn iddyn nhw fod yn ofalus rhag ofn i beiriant mor fawr mewn lle mor gyfyng fwrw'r tŷ i lawr ar ddamwain, wedi i'r holl arian gael eu hafradu arno fo.

Roeddwn i fel cadach llawr erbyn i'r bỳs gyrraedd. Mi ddaeth gwraig allan i'm helpu i fynd arno fo ac eistedd.

''Dach chi'n iawn rŵan?' gwaeddodd y gyrrwr wrth ailgychwyn.

'Ydw i nen' tad, diolch i chi'ch dwy, ond 'mod i'n wlyb domen.'

Roedd fy nghôt i'n wlyb drwyddi, a'm het, fy nhrywsus yn glynu'n oer i'm cluniau, a finnau'n crynu er ei bod yn gynnes ar y bỳs. Hawdd iawn gallai'r gyrrwr fod yn barchus ohona i ar ôl iddi fy nghadw i ddisgwyl cyhyd.

Ar ôl cyrraedd mi gymerodd hydoedd i mi ymlwybro tua'r post. Croesi'r ffyrdd oedd wedi mynd yn waith trafferthus a phawb yn rhy brysur i gynnig help llaw. O leia roedd yn codi'n braf erbyn hynny. Roedd ciw mawr yn y post a finnau wedi ymlâdd. Y peth calla i mi fyddai mynd am adre a gofyn i'm hogan bach i siopa drosta i. Mi wnâi ddirfawr les iddi fynd i blith pobl. Roeddwn i ar dorri fy nghalon pan gerddais yn ddifeddwl i ganol yr hen griw ar eu cornel.

''R Arglwydd mawr, be 'di'r matar arnat ti?'

'Rw't ti'n symud fel tasat ti'n hen gant, wir Dduw.'

'Mi ddeuda i hyn wrthat ti. Mi dw i'n teimlo fel taswn i'n hen gant hefyd.'

'Mynd yn hen rw't ti, 'ntê'r diawl. On'd ydan ni i gyd?'

'Ydan myn cythra'l. Ti'n iawn fan'na.'

'Welson ni mo'nat ti yn y cnebrwng.'

'Cnebrwng! Pa gnebrwng?'

''R Arglwydd, dw't ti ddim wedi clwad?'

'Clwad be?'

'Yli, paid â dychryn rŵan. Pwy sy ddim yma?'

'Y nefoedd fawr, on'd ro'dd o cyn iachad â'r cricsyn tro dwytha'r o'n i yma, fel y buo fo rioed, a finna'n bygwth 'i leinio fo.'

'Fel byddach chi'ch dau bob tro byddach chi'n gweld 'ch gilydd, myn diawl.'

'Ia'n Duw, fel buon ni ar hyd y blynyddo'dd.'

'Ia, gythra'l. Dau hogyn am dwrw fuoch chi rioed 'te. Ti'n deud calon y gwir.'

'Ti'n iawn. Mi gwffia'r ddau ohonach chi ar yr esgus lleia.'

'Duw Duw, 'dach chi'n mynd yn rhy bell rŵan hogia, ond mi fuon ni'n dau'n dipyn o lawia ar hyd y blynyddo'dd.'

'Do'n Duw, er y basa dieithryn yn 'i cha'l hi'n anodd ar y diawl i goelio hynny.'

'Wel ia, felly roeddan ni'n dallt 'n gilydd, ychi.'

'Ia. Ia wir.'

'Ia. Ti'n iawn.'

'Be fuo, felly?'

'Mi gadawodd ni fel 'na, achan, meddan nhw.'

'Ffact i ti. Un funud ro'dd o'n ista yn 'i gadair yn gwatsio'r teledu, a'r funud nesa ro'dd o wedi mynd.'

'O'dd. Mi fasa'r ferch a'r teulu wedi meddwl mai syrthio i gysgu wna'th o 'blaw iddo fo syrthio ar lawr a'u dychryn nhw'n gythreulig.'

'Duw annw'l, ti rioed yn deud.'

'Ia, wir Dduw i ti. Mi ddigwyddodd fel'na.'

'Do 'chan. Ro'dd y cnebrwng fora Sadwrn. Llosgi, ysti. Mi roeddan ni'n disgw'l dy weld di yno.'

'Wel mi faswn i yno taswn i'n gwbod. Llosgi! Duw annw'l.'

'Ia. Dyna be ma' pawb yn 'i 'neud rŵan, ysti.'

'C'nesach ti'n gweld.'

'Ac yn fwy hwylus o beth cythra'l.'

'Uffar, dw i ddim mor siŵr, ond biti gynddeiriog na faswn i'n gwbod, ga'l i mi ga'l bod yno.'

'Ia. Mi fasa'r tro cynta i ti ga'l y gair ola arno fo, myn diawl.'

'Hidia befo. Do'dd o ddim yn gwbod nad oeddat ti ddim yno.'

'Ond mi dw i'n gwbod, ti'n gweld.'

'Duw annw'l, paid â bod yn gymint o hen wlanan.'

'Ia'n tad. Fel'na ma' hi, ysti.'

'Wyddoch chi hogia, yr hyn dw i'n fethu ddallt ydi sut medran nhw 'i losgi fo a fynta wedi'i biclo'i hun mewn cwrw drw'r blynyddo'dd.'

'Ma' hynny'n wir, ond rw't ti'n un glas ar y diawl i ddeud hynny.'

'Hy! A be amdanat ti, 'ngwas i?'

'Cofia, falla'i bod hi llawn gwell i ti gadw draw.'

'Duw annw'l, pam?'

'Rhag ofn iddyn nhw dy gadw di yno i arbad y draffarth o dy nôl di.'

'Be ddeudist ti'r diawl?'

'Hei, paid â bod mor bigog, wir Dduw. Dim ond cellwair ro'n i.'

'Rhyfyg ydi cellwair am beth fel'na. Tasat ti 'run fath â fi, yn gweld yr un enaid iâr o un pen wsnos i'r llall ac wedyn yn clwad newyddion fel hyn, mi fasat yn dallt, myn diawl.'

'Duw annw'l taw, bendith i ti. Ti bron â gneud i mi grio.'

'Watsia di dy hun, yr uffar.'

'Be haru ti? Gweld colli dy bartnar cega rw't ti?'

'Yli di, fasat ti ddim yn siarad fel'na amdano fo tasa fo yma.'

'Na fasat, myn diawl. Mae o'n deud y gwir yn fan'na.'

'Ond be ti'n 'i gwyno am fod yn unig. Mi fydd gin ti ddigonadd o gwmpeini draw 'na cyn pen dim rŵan.'

'Cwmpeini? Am be ti'n malu rŵan?'

'Duw, ti ddim 'di clwad hynny chwaith?'

'Clwad be? 'Newch chi ddeud wrtha i, yn lle brygawthan gythra'l.'

'Wel, y nefi blŵ, mi ro'n i'n meddwl basat ti, o bawb, yn gwbod.'

'Be gythra'l dw i fod i' wbod?'

'Wel ma'n rhaid 'u bod nhw 'di sôn wrthat ti cyn iddyn nhw ga'l caniatâd cynllunio, siŵr Dduw.'

'Naddo wir. Dda'th 'na neb ar 'y nghyfyl i 'nglŷn â chaniatâd am uffar o ddim.'

'Duw annw'l, w't ti'n siŵr?'

'Wel ydw 'n Duw.'

'Ma'n rhaid 'u bod nhw 'di bod hefo chdi. Chdi sy 'di anghofio.'

'Wel ia, siŵr Dduw. Ro'dd o yn y papur, ysti. Ma'n nhw'n gneud estyniad mawr i'r tŷ 'na 'sgin ti dros y ffor' i ti.'

'Duwadd annw'l!'

'Ffact i ti. Mi gwelis inna fo yn y papur.'

'A ma'n nhw'n deud ma' fo fawr sy tu ôl i'r peth. Mae o am neud cartra henoed yna, 'ddyliwn i.'

'Y nefoedd wen! Chlywis i'r un gair.'

'Ma'n rhaid dy fod di 'di clwad, y lembo.'

'Naddo, wir Dduw i chi hogia. Ma'n rhaid bod pobol y Gwasanaetha wedi delio hefo'r peth drosta i. Ond rŵan a'ch bod chi'n sôn, mi ro'dd 'na ryw brysurdab yno'r bora 'ma.'

'Duw, ydyn nhw wedi dechra arni hi'n barod 'ta?'

'Dydi'r uffar yna ddim yn oedi, myn diawl, lle ma' pres yn y cwestiwn.'

'Nag 'di. Am godi darn ato fo ma'n nhw, ysti, er mwyn i'r hen gythra'l ga'l digon o le i 'neud arian mawr.'

'Sut ddiawl gall o 'neud arian allan o hen bobol?'

'Mi synnat. Doeddat ti rioed yn meddwl 'i fod o'n mynd i edrach ar ôl hen bobol er lles 'u hiechyd nhw, oeddat ti?'

'Wel nag o'n, siŵr Dduw. Nid felly g'nath yr uffar 'i bres, naci?'

'Ma' hwnna'n troi popath yn bres, myn diawl.'

'Ond gneud pres allan o hen bobol! Sut gythra'l gall o?'

'O'r Arglwydd, nid lle i rai fel ni fydd hwnna, ysti.'

'Naci, wir Dduw. Mi fydd gofyn dy fod ti'n graig o arian os w't ti am fynd i fyw i fan'na.'

'Bydd, myn cebyst i.'

'Cofiwch, ma' 'na ddigon o le o gwmpas y tŷ yna i godi ato fo. Ond y nefo'dd fawr, ma'n rhaid bod y diawl yn gwbod hyn i gyd pan o'dd o'n siarad hefo fi'r d'wrnod o' blaen!'

'Wel o'dd siŵr Dduw. Rêl down fo yntê.'

'Ac mi ro'dd y cythra'l dauwynebog wedi trefnu'r cwbwl lot cyn 'i fod o'n gw'bod lle'r o'dd 'i hogan o, debyg?'

'O'dd, ma'n siŵr i ti.'

'Dyna'n union be fasat ti'n ddisgw'l gin y diawl diegwyddor 'te.'

'Dyna ti fel mae o. Ffact i ti.'

'Rŵan w't ti'n dallt be o'n i'n feddwl wrth ddeud basa gin ti ddigon o gwmpeini.'

'Ydw'n tad. Mi fydd yn rhwbath i mi'i 'neud i' wylio fo'n codi. Wyddoch chi, fydd hi ddim gwahaniaeth gin i ga'l rhwbath fel'na ar 'y mhwys i.'

'Na fydd?'

'Ti'n meddwl?'

'Wel mi fydd 'na ddigon o fynd a dŵad mewn lle felly, 'n bydd 'na. Cwyno'i bod hi'n unig ma'r diawl bob tro mae o i lawr 'ma.'

‘Ti’n iawn, ac ma’n siŵr ca i ddigon o gyfla am sgwrs unwaith bydd ’na bobol yn byw yno. A falla daw ’na rai ohonoch chi i gadw cwmpeini i mi, myn diawl.’

‘Hei, yli di’r cythra’l, dydi hynna ddim yn ddigri.’

‘Nag ’di ’n Duw. Pwy sy’n cellwair rŵan pan ma’ hynny’n ’i siwtio fo?’

‘A mi ddeudis inna wrthat ti mai pobol ariannog fydda’n byw yno.’

‘Do’n tad. O lle gythra’l ti’n meddwl basa rhai fel ni’n ca’l y ffasiwn bres?’

‘Duw, peidiwch â bod mor dwtsus, myn diawl.’

‘Ia wir. Dowch hogia, mi awn ni am beint bach.’

‘Ia, dowch yn ’ch blaena i gyd, bendith i chi.’

‘Na ddo i ddim, wir Dduw. Dw i ’di g’lychu drwydda ar y ffor’ i lawr ’ma, ac mi dw i’n reit rynllyd. Dw i am fynd am y bỳs adra.’

‘Yli, ty’d yn dy flaen. Mi fydd peint yn dy fendio di.’

‘Ia ’n Duw. I be’r ei di adra? Mi fyddi fel rhyw belican gythra’l yn y fan’no ar dy ben dy hun.’

‘Ti’n cwyno nad o’s ’na neb ar dy gyfyl di, myn diawl, a dyma ti’n rhedag yn d’ôl yno gynta medri di.’

‘Wel uffar, olreit ’ta, os ’dach chi mor daer am fy nghwmpeini i.’

‘Eisio dy gwmpeini di o gythra’l. Treio edrach ar d’ôl di ’dan ni.’

‘Ia, rhag ofn i ti ga’l y felan ar ôl be ti ’di glwad y bora ’ma.’

‘Ia wir. Caru’ch lles chi ’dan ni ’machgan i.’

‘Ty’d yn dy flaen, y diawl gwirion.’

14: Rhan Pedwar.

Roeddwn i wedi sirioli drwydda ar ôl cymryd fy mherswadio, ond wrth eu canlyn mi ddechreuodd yr hen anaf i’m ffêr gnoi am y tro cyntaf erstalwm iawn. Mi ges drafferth garw i ymlwybro cyn belled â’r dafarn ac wedi mynd i mewn roedd yn rhaid i mi eistedd gan fy mod i’n teimlo’n benysgafn. Gobeithio’r drefn na fyddai neb yn sylwi fy mod i heb alw diod. Mi ddeuthum yn well yn y man, ond wrth i mi fynd at y bar dyma’r lle’n dechrau troi a’m coesau’n mynd yn wan oddi tana i. Mi gwnes hi allan i'r cyntedd a gofyn i lefnyn oedd ar ei ffordd i mewn wnâi o alw am dacsi i mi.

'Gostith ffôn côl ten pî i chi.'

Wrth ymbalfalu am arian mi gollais fy nghydbwysedd a fu ond y dim i mi syrthio ar fy hyd.

'Blydi el. Stedi on, ênsiynt. Be ffyc 'dach chi 'di ga'l yn ddrinc? Ylwch, steddwch yn fan'na tra bydda i'n ffonio.'

Mi'm helpodd i gadair ac aros yno gyda fi, chwarae teg iddo fo, nes daeth y tacsi.

'Ylwch, cymrwch y rhain i chi ga'l peintyn am fod mor ffeind,' meddwn i gan estyn dau ddarn punt ato fo.

'Na, na, do's dim eisio i chi yt ôl,' meddai wrth eu cymryd nhw.

Mi'm helpodd i mewn i'r tacsi ac roeddwn innau'n teimlo'n well wrth gael troi tuag adre. Roedd y car yn gynnes braf a finnau'n teimlo'n gysurus yn y sedd gefn.

''Rhoswch chi lle 'dach chi rŵan,' meddai'r gyrrwr wrth aros a chamu allan, 'mi'ch helpa i chi at y tŷ.'

'Bobol annw'l, 'dan ni 'di cyrra'dd yn barod?'

'Wel ydan, siŵr iawn. Be gebyst 'dach chi 'di 'i ga'l i yfad heddiw?'

''Machgan gwyn i, ches i gythra'l o ddim.'

'Naddo siŵr iawn. I ga'l dim byd ma' pobol yn mynd i dafarna 'te. Dowch rŵan,' meddai gan agor y drws i mi, 'mi'ch helpa i chi at y drws, ylwch. Duw! Lle gythra'l ma'ch drws chi, 'dwch?'

'Drw'r ddôr 'ma, ylwch, a heibio'r gongol. Dw i'n ddiolchgar iawn i chi, cofiwch.'

'Twt lol. Part o'r syrfis. Peidiwch â phoeni. Cymrwch bwyll rŵan.'

'Dowch i mewn ga'l i mi ga'l talu i chi,' meddwn i wrth ddatgloi'r drws ffrynt ymhen hir a hwyr.

'Blwmin hec, ma' hi fel Antîcs Rôdshô gynnoch chi yma,' meddai pan daeth i mewn i'r gegin.

'Ydi. Felly ma'n nhw'n deud. Ma'n siŵr fod y petha 'ma'n werth pres, ond be 'di hynny i mi?'

'Wel wn i ddim. Ma' gynnoch chi blincin gold myin yn fan'ma, o's wir.'

'Ylwch, dyma chi'ch pres. Cadwch y newid.'

‘Bleimi, na ’na i. Fflipin hel, peidiwch â bod yn wirion. Ma’ sens yn bob dim. A ddylach chi ddim cario’r holl bres ’na hefo chi, ychi.’

‘Wel ro’dd yn rhaid i mi godi ’mhensiwn, ac mi rydw i’n leicio ca’l arian parod yn y tŷ.’

‘Watsiwch chi nad o’s ’na neb yn dŵad i wbod hynny, myn diawl. Mai God, ma’ ’na fastads o gwmpas, o’s wir Dduw. A’r nefoedd, cymrwch ofal os ’dach chi’n cario pres fel’na i’r dre hefo chi. Blydi hel, mi ’neith rhai pobol rwbath i ga’l arian.’

‘Dim gwahaniaeth gin i. Pam dylwn i boeni bellach?’

‘Wel chi sy’n gwbod ’ch petha. Têc cêr. So long rŵan.’

‘Da bo chi. A diolch yn fawr.’

Wedi cael ei gefn o dyma fi’n mynd am fy ngwely. Mi es iddo fo yn fy nillad a heb dynnu fy esgidiau, peth na wnes i erioed o’r blaen, yn feddw nac yn sobor. Mi gynhesais ar f’union a dechrau pendwmpian. Rywdro neu’i gilydd mi ddaeth curo taer ar y drws, ond doedd gen i mo’r nerth na’r awydd i’w ateb o.

15: Rhan Un.

Pan ddes ata fy hun roedd hi fel y fagddu. Roedd y syched mwya melltigedig arna i ac awydd piso hefyd ond fedrwn i ddim symud. Mi ddechreuodd rhywbeth godi’n gyfog arna i a fedrwn i ddim taflu i fyny ar wastad fy nghefn. Pan geisiais droi ar fy ochr roeddwn i’n rhy wan ac wrth ymdrechu roedd fy anadl i’n mynd yn fyr.

Mi fûm yn gorwedd yno am allan o hydion gan deimlo ’nhrywsus yn wlyb ar fy nghluniau. Roedd y dagrau’n powlio i lawr fy ngruddiau. Mi fyddwn farw fel aderyn, myn diawl, ymhell o olwg pawb. Ddôi neb heibio cyn iddi ddyddio a’r nef a wyddai faint oedd hyd hynny. Roedd hi’n nos ddi-ben-draw heb sŵn yr un car ar y ffordd. Beth ddôi ohono i?

Y nefoedd wen! Roedd rhywun yn y tŷ! Mi allwn ei synhwyro’n prowla yn y gegin. Pam gythraul na fuaswn i wedi rhoi’r gadwyn yna ar y drws cyn dod i’r gwely? Dyma beth roeddwn i wedi ei ofni gydol y misoedd diwetha a fedrwn i ddim symud gewyn i'w rwystro.

Pob croeso iddo fo gael yr arian a'r trugareddau i gyd. Dim ots gen i, dim ond iddo fo adael llonydd i mi. Mi allwn ei glywed am y wal â fi heb ddim ond drws bregus rhyngddon ni. Roeddwn i'n gorwedd cyn ddistawed â llygoden gan obeithio'r gorau. Roedd o'n chwilio, chwilio yn y fan yna, tu ôl i'r drws. Roedd o'n union yr ochr arall iddo fo! Drwy gil fy llygaid mi welwn y drws yn agor a golau tanbaid yn llifo i mewn. Yn y goleuni mi allwn weld deuddyn anferth yn edrych arna i, a'r mwyaf o'r ddau'n cymryd cam tuag ata i.

15: Rhan Dau

Pan ddes ataf fy hun roeddwn i wedi fy lapio'n dynn mewn gwely cyfyng. Beth oedd y llenni lliwgar yma oedd yn f'amgylchynu? Wrth gwrs! Roeddwn i yn f'ôl yn yr ysbyty, ond sut gythraul cyrhaeddais i'r lle? Roeddwn i'n teimlo'n wantan a doedd dim amdani ond gorwedd yno nes dôi eglurhad. Dyna lle bûm i nes daeth nyrs drwy'r llenni.

'Helô, mi 'dach chi 'di penderfynu deffro o'r diwadd, ydach chi?'

Doeddwn i ddim yn teimlo fel ateb ond mi wenais arni wrth iddi gydio yn f'arddwrn ac edrych ar ei horiawr.

'Mm. Ia. Da iawn. Sut 'dach chi'n teimlo rŵan?'

'Iawn, diolch i chi.'

'Be? Be ddeudsoch chi?'

'Iawn.'

'Y? O, hidiwch befo. Gwan 'dach chi 'te, ond mi ddowch yn well.'

Wnes i ddim ond nodio fy mhen a cheisio gwenu. Roedd fy ngheg i'n sych grimp ond cyn pen dim mi gyrhaeddodd nyrs arall a rhyw fath o gwpan ganddi hi. Mi gododd fy mhen er mwyn cael pig y cwpan i'm ceg.

'Dowch rŵan, agorwch 'ch ceg yn fawr,' meddai a finnau'n teimlo'r ddiod yn gynnes yn fy ngheg. Wedi peth ymdrech mi lwyddais i lyncu.

'Dowch. Diferyn bach eto.'

Doedd dim angen fy nghymell i. Roedd y ddiod yn dda a finnau'n dod i deimlo fwy fel fi fy hun. Ar ôl i mi orffen dyma hi'n rhoi fy mhen yn ôl ar y gobennydd a threfnu'r dillad o'm cwmpas.

'Dyna chi, gorffwyswch chi rŵan.'

Be ar wyneb y ddaear oedd wedi digwydd? Oedd fy nhŷ i'n iawn? A sut gebyst yr awn i adre a finnau'n cael cymaint o drafferth i symud?

Mi ddychwelodd y nyrs ymhen tipyn i'm helpu i gael fy ngweithio a'r cyfryw bethau roeddwn i wedi anghofio'r angen amdanyn nhw hyd hynny. Mi fuaswn wedi hoffi ei holi, ond roedd hi'n brysur, brysur. Efallai na wyddai hi mo'r hanes p'run bynnag. Mi fyddai'n well i mi aros am gyfle i holi rhywun fyddai'n debycach o wybod. Roedd yn rhaid fy mod wedi hepian gan i mi ddeffro drwyddaf wrth sylweddoli fod dyn mewn côt wen yn sefyll wrth y gwely. Wnes i ddim ond troi fy llygaid arno fo. Ddywedodd yntau'r un gair, dim ond fy modio a'm byseddu i.

Aeth y dydd yn ddyddiau a finnau'n gorwedd yno'n ymgyfarwyddo â bywyd y ward. Deubeth oedd yn fy mhoeni, sef fy analllu i'm bwydo fy hun, a'r drafferth roeddwn i'n ei chael i'm gwneud fy hun yn ddealladwy. Mi wyddwn na chawn i ddim mynd adre ganddyn nhw yn y cyflwr yma. A dweud y gwir doeddwn i'n cael fawr o gyfle i siarad â neb, ac ychydig iawn o chwant bwyd oedd arna i hefyd, ond ei fod yn dod yn ei bryd i dorri ar yr undonedd.

Roedd gwella'n waith mor araf, ond mi ddeuthum i allu gwneud y rhan fwyaf o bethau drostaf fy hun yn raddol. Un diwrnod mi ddaeth dwy nyrs ata i a'm codi i'r gadair wrth ymyl y gwely. Mi allwn i weld llawer mwy o'r fan honno ac eistedd yno y bûm i'n hir gan ymfalchïo am fy mod wedi cryfhau cymaint.

Ar ôl hynny mi ges godi'n ddyddiol ac roeddwn i'n dechrau edrych ymlaen at fynd adre. Roedd y wraig o'r Gwasanaethau'n cadw golwg ar y tŷ, debyg, ond doedd wybod pa ddrygau a difrod fu yno. Y peth syn oedd na ddaeth neb i ddweud yr hanes wrtha i. Doedd bosibl nad oedd rhywun yn y pentre eisiau busnesa.

15: Rhan Tri.

Rai dyddiau'n ddiweddarach roeddwn yn goddef archwiliad rhyw feddyg. Sais oedd o yn fy nhyb i, a Sais dywedwst iawn 'ddyliwn i hefyd.

'Dyna chi,' meddai'n ddirybudd, 'rydw i'n credu'ch bod chi'n ddigon da i gael un neu ddau o ymwelwyr erbyn hyn.'

'Duw annw'l dad, Cymro 'dach chi?'

'Be ddwedoch chi?' meddai, gan ddal ei glust yn nes ata i.

''Dach chi'n siarad Cymraeg.'

'Cymraeg! Wel wrth gwrs mai Cymraeg ydw i. Be 'dach chi'n ddisgw'l yn y fan yma?'

'Wn i ddim wir. Be am y rhai duon 'na?'

'Eidionna? Pa eidionna? O, ylwch, dyna chi, peidiwch chi â'ch blino'ch hun yn ceisio siarad.'

Dyna pam na fu neb i'm gweld i, felly! Wrth orwedd yn fy ngwely mi allwn ddychmygu'r siarad yn y pentre.

'Difrifol wael ydi o'n dal i fod ychi. Neb yn ca'l mynd ar 'i gyfyl o. Mewn gofal dwys o hyd.'

'Tewch da chi. Mi faswn i'n meddwl basach chi'n ca'l 'i weld o wrth 'ch bod chi'n perthyn 'te.'

'Perthyn o bell felly, ychi. Na, dim ond teulu agos fasa'n ca'l mynd ar 'i gyfyl o, a do's 'na neb rŵan, o's 'na?'

'Wel nag o's. Dyna ofnadwy bod y ffasiwn beth yn gallu digwydd mewn lle fel hyn 'ntê.'

'Ia, ond ddylia dyn o'i oed o ddim ca'l bod yn y fan'na ar 'i ben 'i hun fel'na ac yn crwydro i'r siop ac i lawr i'r dre a phobman, ac yn yfad, a dim yn gwbod lle ro'dd o hannar 'i amsar. Ro'dd dreifars y bysys 'ma'n poeni'n ofnadwy 'nglŷn â fo. A fedra neb 'neud dim.'

'Wel ia, fel 'dach chi'n deud. Mi ddylia fod 'na le i gadw hen bobol yn saff.'

Y diawliaid. Ac o feddwl am y peth, tybed sut roedd y gwaith dros y ffordd yn dod yn ei flaen? Roeddwn i wedi meddwl cael ei wylio fo, a chael ambell sgwrs. Tybed pwy fyddai'r un neu ddau ddôi i'm gweld i? Cael gweld yr hen hogia fyddai orau gen i, ond go brin bydden nhw'n gallu dod, er eu bod wedi clywed yr hanes, mwy na thebyg. Gwraig fawr, brysur ei golwg ddaeth ata i gyntaf oll.

'Reit. Rŵan, dwedwch i mi, lle'n union gallwn ni gysylltu â'ch teulu chi?'

'Do's gin i ddim teulu.'

'Sut? Be ddwedoch chi?'

'Neb. Neb o gwbwl.'

'Neb! Dyna 'dach chi'n ddweud? Ond bobol annw'l, mae gan bawb deulu.'

A finnau'n ysgwyd fy mhen er mwyn osgoi'r drafferth o siarad.

'Neb! Neb wnaethoch chi ddweud 'ntê? Dowch rŵan, ma'n rhaid fod ganddoch chi rywun yn rhywle.'

'Neb. Do's 'na'r undyn byw.' Ac ysgwyd fy mhen i ategu.

'Wel wir, rydach chi'n gneud pethau'n anodd iawn i ni. Reit, does dim arall amdani. Mi fydd yn rhaid i mi wneud ymholiadau. Ydach chi'n siŵr na 'newch chi mo'n helpu ni? Ma'n rhaid fod yna rywun.'

'Nag o's wir, do's 'na neb.'

'Be? Neb wnaethoch chi ddeud rŵan? Ydach chi'n siŵr? Yn berffaith siŵr? Nid wedi anghofio rydach chi, debyg? Na, mi ddwedon nhw fod 'ch synhwyra chi'n iawn.'

'Ydyn, nen' tad.'

'Y? Tad! Peidiwch â bod yn wirion rŵan. Bobol, mi rydw i wedi ca'l y gwely iawn debyg, ydw i? . . . Ydw, mi rydw i. Ylwch, ma'n rhaid i ni gysylltu â rhyw berthynas i chi er mwyn i ni ga'l gneud y trefniada priodol.'

'Fi'n priodi? Dim cythra'l o beryg.'

'Pwy ddwedoch chi?'

''Nes i ddeud dim, siŵr Dduw.'

'Be ddwedoch chi? Ydach chi'n siŵr na wnewch chi mo'n helpu ni?'

'Fedra i ddim. Do's 'na neb.'

'Neb! Fedrwch chi ddeud dim byd ond neb? O, bobol bach, ma'n ddrwg gin i, ddylwn i ddim bod yn gas, ond mi rydach chi'n 'i gneud hi'n anodd iawn i ni. Ond dyna chi, gwnewch chi'ch gora rŵan i ni ga'l gweld os medrwch chi gofio.'

Roeddwn i wedi diffygio'n lân, ac yn deall beth roedd y meddyg hwnnw'n ei olygu wrth sôn am bobl yn fy mlino i. Sut gallwn i egluro'r sefyllfa iddi hi? Doedd waeth iddi wastraffu ei hamser yn dysgu drosti ei hunan ddim.

Drannoeth, am wn i, mi ddaeth y wraig o'r Gwasanaethau i'm gweld i.

'Helô. 'Dach chi'n well? Bobol bach, mi dw i'n gweld 'ch colli chi na fuo rioed ffasiwn beth.'

'Helô. Sut ma'r tŷ?'

'Be ddeudsoch chi?'

'Sut ma'r tŷ?'

'Y tŷ, ddeudsoch chi? Peidiwch chi â phoeni, ma'r tŷ siort ora. Fel pìn mewn papur, yn union fel bydda fo gynnoch chitha bob amsar. Mi dw i wedi gwatsiad ar 'i ôl o i chi. O, a thra dw i'n cofio, mi dw i 'di mynd â rhai petha odd' 'na i'w cadw nhw'n saff i chi.'

'Peidiwch â chario popath odd'na. Mi dw i am fynd adra.'

'Be? Mynd adra? Bobol mawr, i be'r ewch chi i'r fan'no ar 'ch pen 'ch hunan bach? Mi fydd rhaid i ni ffeindio rhwla i chi lle cewch chi ddigon o gwmpeini, a phobol gyfrifol i edrach ar 'ch ôl chi.'

'Ond gartra rydw i eisio bod. Dyna lle ma' pawb eisio bod.'

'Cartra? Ia, a pheidiwch chi â phoeni am y tŷ. Mi edrycha i ar 'i ôl o. Brysiwch chi i wella; dyna'r peth mawr rŵan.'

'Mi wna i 'ngora.'

'Y bora? Naci, y pnawn ydi hi rŵan. Ylwch, do's dim ots. A rŵan, ma'n nhw wedi gofyn i mi'ch holi chi am 'ch perthnasa, er na chlyw'is i rioed mo'noch chi'n sôn am neb.'

'Naddo siŵr. Do's 'na neb.'

'Neb? Neb o gwbwl? Dyna be o'n inna'n feddwl. Mi rydach chi'n hollol siŵr, 'n tydach? Wyddoch chi honna, y gr'aduras wirion 'na sy bob amsar yn cyboli'ch bod chi'n rhyw fath o berthyn. Ydach chi?'

'Nag 'dan, siŵr iawn.'

'Nag 'dach ddeudsoch chi 'ntê? Mi ro'n i'n ama' ma' codlian ro'dd yr hulpan. Wel, mi fydd yn rhaid i'r bobol 'ma symud yn 'u blaena a cha'l rhwla ar 'ch cyfar chi, rŵan â'ch bod chi'n cryfhau.'

'Ia, os 'dach chi'n deud, ond mi dw i'n dal i deimlo'n wan.'

'Rŵan! Naci siŵr iawn. Mi gym'rith dipyn bach o amsar i'r

Awdurdoda 'neud trefniada ar 'ch cyfar chi, ond peidiwch chi â phoeni, mi fydd popath siort ora, gewch chi weld. Ond ylwch, ma'n well i mi fynd rŵan i 'neud lle i rywun arall sy wedi dŵad i'ch gweld chi.'

'Pwy?'

'Mwy? Na, ma'n well i mi fynd rŵan. Da bo chi.'

Roedden nhw'n hwylio i'm hel i gartre henoed unwaith eto! Roedd yn syn gen i feddwl fod y wraig o'r Gwasanaethau'n cefnogi'r fath beth, ond dyna fo, efallai mai ufuddhau i orchmynion roedd hi. A chwarae teg, doedd pethau ddim cynddrwg y tro diwetha i mi fod mewn lle o'r fath. Doedd dim amdani ond dysgu dygymod unwaith eto.

'Sudach chi?'

'Rargian fawr! Helô 'mechan i, chdi sy 'na?'

'Be 'dach chi'n ddeud?'

'Diolch yn fawr i ti am ddŵad.'

'Sut dw i 'di dŵad? Wel hefo'r ddynas helpu 'na 'ntê.'

'O, deud ti.'

'Ydw dw i'n dal i fyw yn y tŷ hefo'r bobol 'cw ond mi ofynnodd y ddynas helpu 'na os o'n i eisio dŵad i'ch gweld chi ac wrth gwrs dyma fi'n deud 'mod i a dyna sut 'dw i 'di dŵad.'

''Rargian, mi dw i'n falch o dy weld di.'

'Be 'dach chi'n ddeud? O God! Fflipin ec. O ylwch ma'n nhw eisio i mi ofyn i chi os o's 'na rywun yn rhwla sy'n perthyn i chi ond do's 'na neb wedi bod rioed o's 'na?'

'Nag o's, neb o gwbwl.'

'Neb dwbwl! Be 'di hynny? Ffor' o siarad, ia? Ia, do's 'na neb achos dyna jyst be o'n i'n 'i feddwl.'

'W't ti 'di setlo i lawr yn iawn gartra rŵan?'

'Gada'l cartra? No tsians, mi dw i'n gwbod yn well rŵan a mi rydw i am aros adra nes bydda i'n eitîn ond hei, 'dach chi'n gwbod 'mod i di ca'l dechra yn y siop eto a mi ges i fy job yn ôl achos 'mod i'n gweithio mor dda yno cynt meddan nhw.'

'O, ma'n dda iawn gin i glwad.'

'Job dda iawn! Nag 'di, dydi hi ddim yn job dda iawn dim ond 'i bod hi'n waith 'te a mi dw i'n ennill pres a mi fydd yn haws i mi ga'l job iawn pan fydda i wedi mynd i ffwr' wedyn achos 'mod i 'di bod yn gweithio cyn i mi gychwyn 'te.'

'Dyna ti. G'na di dy ora o hyd, ysti.'

'Sut dois i o hyd i chi? Wel dŵad acw pnawn Llun 'nes i 'te 'run fath ag o'n i 'di deud a phan fethis i'n glir â cha'l atab mi es i adra a ffonio'r peth Gwasanaetha 'na fel 'dach chi'n 'u galw nhw ac mi dda'th y ddynas 'na draw ar un waith a lwc bod y goriad gynni hi 'ntê achos dyna lle'r oeddach chi'n gorwadd yn 'ch gwely yn 'ch dillad.'

'Ond gythril, mi fûm i yno drw'r nos!'

'Nos. Nag o'dd do'dd hi ddim yn nos achos mi roeddan nhw wedi mynd â chi i'r hosbitol yn bell cyn iddi hi ddŵad yn nos.'

'Duwcs, w't ti'n siŵr, dŵad? Mi ro'n i'n meddwl yn siŵr bod 'na rywun wedi torri i mewn, ysti.'

'Torri'r ffenestri! Wel na 'naethon, siŵr iawn. Blincin ec, mi ro'dd y goriad gin y ddynas a do'dd dim eisio i ni dorri dim byd ond ma' hi wedi mynd â bob dim o'dd yn werth pres odd'na medda hi rhag ofn i rywun dorri i mewn a'u dwyn nhw wrth bod y tŷ'n wag.'

'Naci. Be o'n i'n ddeud o'dd bod 'na rywun wedi torri i mewn.'

'Be? Torri i mewn! Meddwl bod rhywun wedi torri i mewn roeddach chi? O God, dyna be oeddach chi'n feddwl achos fflipin ec mi roeddach chi'n edrach wedi dychryn yn ofnadwy pan geuthon ni hyd i chi.'

'W't ti'n siŵr rŵan? Wel, diolch yn fawr i ti am fy helpu i, beth bynnag. Diolch i ti, 'mechan i.'

'Diolch? Dyna be 'dach chi'n dreio'i ddeud? Do's dim eisio i chi ddiolch siŵr iawn achos 'dach chi'n gweld ma' pobol y lle 'cw yn gorfod deud rhwbath da amdana i rŵan a siarad yn iawn hefo fi os ydyn nhw eisio gwbod be'n hollol 'na'th ddigwydd.'

'Dyna ti. Da iawn.'

'Ydi, ma'n dda gin i ond mi dw i'n dal i fod eisio mynd i ffwr' pan fydda i'n eitîn cofiwch chi, er mwyn i mi ga'l dipyn bach o leiff a ma'r lle 'cw 'di mynd yn blincin bôrin ofnadwy ar ôl i chi ddŵad i'r hosbitol 'ma achos do's gin i neb o gwbwl i siarad hefo fo. Od 'te.'

'Dyna ti. Do's di i ffwr' os ma' dyna rw't ti eisio, 'mechan i.'

'Bachgan! God, nag oes. Mi fasa'n blincin job ca'l gafa'l mewn un yn y lle 'cw achos ma'n nhw i gyd yn hidiys ac yn horibyl a dyna pam dw i eisio mynd i ffwr', 'dach chi'n gweld.'

'Ia. Ma'n amheus gin inna os gwela i'r hen le 'cw byth eto, ysti.'

'Bŷs adra? Wel naci siŵr iawn, achos mi fydda i'n ca'l lifft yn ôl hefo'r ddynas 'na 'run fath ag y dois i yma.'

'O, deud ti.'

'Ia, ac ylwch, ma'n well i mi fynd rŵan achos ma'n nhw wedi'n warnio fi na tydw i ddim i aros yn rhy hir rhag ofn i mi'ch blino chi.'

'Dyna ti, 'mechan i.'

'A da bo chitha. Mi ddo i'ch gweld chi eto os ca i lifft.'

15: Rhan Pedwar.

Roeddwn i'n ddigon diddig yn y cartre yr anfonwyd fi iddo a phawb yn hynod garedig er bod rhai o'r hen bobol mor biwis. Ond doeddwn i ddim yn fy ngweld fy hun yn cryfhau a sut medrwn i fynd adre os na allwn i edrych ar f'ôl fy hun. Roedd gen i ofn yn fy nghalon na welwn i'r hen le byth eto. Mi ddaeth amryw i edrych amdana i ond dim cymaint â'r tro cynt. Pawb yn rhy brysur, debyg, ac roedd hi'n hen siwrnai anhwylus hefyd. Yr un oedd adwaith pawb os byddwn i'n ceisio sôn am fynd adre.

'Peidiwch â bod yn wirion,' meddai rhywun, 'i be'r ewch chi i'r fan'no ar 'ch pen 'ch hun?'

'Brensiach annw'l,' meddai'r nesaf, 'i be? On'd dydach chi'n llawar gwell 'ch lle yn y fan'ma'n ca'l 'ch bwyd a'ch tendans.'

'Ond 'i gweld hi'n braf arnach chi'n fan'ma rydw i, yn ca'l digon o gwmpeini a'ch bwyd yn 'i bryd,' meddai un arall.

Fedrwn i yn fy myw eu cael i ddeall mai adre roeddwn i eisiau bod ac nid wedi fy nghladdu yn nhwll din byd. Ychydig ar y naw o sylw roedden nhw'n ei gymryd o'r hyn fyddwn i'n geisio'i ddweud ac roedd pawb yn tueddu i siarad â fi fel pe bawn i'n blentyn. Ar wahân i un.

'Mi roeddach chi'n llygad 'ch lle, 'nd oeddach,' meddai hi rhyw ddiwrnod, 'wrth ddeud nad o'dd gynnoch chi ddim teulu. Wedi'r holl holi a stilio ma'n nhw'n gwbod rŵan 'ch bod chi'n deud y gwir yn y lle cynta. Gwirion 'te.'

'Wel dyna be ddeudis i. 'Dach chi'n meddwl ca i fynd adra ganddyn nhw rŵan?'

'Mynd adra? Dyna be ddeudsoch chi, 'te? Wel dyna be 'sgin i ddeud wrthach chi.'

'Ydw i am ga'l mynd adra o'r lle 'ma?'

'Yn gwella? Wel siŵr iawn 'ch bod chi'n gwella.'

'Naci. Ga i fynd adra?'

'Adra? O bobol bach, na fedrwch, ma' arna i ofn. 'Dach chi'n gweld, fedrwch chi byth 'neud ar 'ch pen 'ch hun eto.'

'Wel be gythra'l dw i'n mynd i 'neud 'ta?'

'Byta? Nag 'di, 'di hi ddim yn amsar bwyd eto. Mi gewch 'ch te 'mhen tipyn.'

'Naci. Be dw i'n mynd i 'neud?'

'Nag o's siŵr iawn, do's dim eisio i chi 'neud dim byd. Ma'r bobol 'ma'n mynd i 'neud bob dim drostach chi. Fedran nhw ddim gada'l y tŷ a phob dim fel ma'n nhw rŵan, 'dach chi'n gweld.'

'Ond be ma'n nhw'n mynd i 'neud? Deudwch wrtha i. Wn i ddim be sy'n digwydd i mi.'

'O bobol bach na, fedran nhw ddim aros i rwbath ddigwydd i chi. Mi 'dach chi'n mynd i fyw am hir iawn, siŵr iawn. Mi fydd yn rhaid iddyn nhw ga'l twrna ne' rwbath i roi'ch petha chi mewn trefn.'

'Ond be dw i'n mynd i 'neud wedyn, 'ta?'

'Na fyddwch nen' tad, fyddwch chi ddim eisio'r tŷ wedyn.Mi fydd 'na tsiampion o le yn aros amdanach chi.'

'Be ddeudoch chi? I lle ma'n nhw am fy hel i rŵan?'

'Eisio'ch lle chi rŵan? Nag 'dyn, siŵr iawn. Mi fedrwch chi aros yn fan'ma am rŵan ond mi fydd yn brafiach i chi'n ymyl 'ch hen gartra'n bydd? Mi fydd gynnoch chi fodd i dalu ar ôl gwerthu'r tŷ a'r petha.'

'Be?! Y nefoedd, chân nhw ddim gwerthu'r tŷ!'

'Gwerth y tŷ, ddeudoch chi? Wn i ddim, ond peidiwch chi â phoeni am y tŷ. Na'r pres. Fyddwch chi mo'u hangan nhw. Mi 'neith y bobol 'ma edrach ar ôl bob dim i chi. Mi fyddwch wrth 'ch bodd fan'no yng nghanol 'ch ffrindia.'

'Ond dw i eisio mynd adra.'

'Byddwch siŵr, mi fyddwch yn symud adra a phawb yn medru dŵad i edrach amdanach chi fel mynnan nhw.'

'Ddaw fy hogan bach i'm gweld i? Dydi hi ddim wedi bod ar 'y nghyfyl er pan dda'th hi hefo chi i'r hosbitol.'

'Hogyn yn dŵad i'ch gweld chi i'r hosbitol? Naddo siŵr iawn. Do's gynnoch chi ddim hogyn. O's 'na? Nag o's debyg, 'dach chi'n cymysgu rŵan, dw i'n siŵr. Fasa'n well i mi sôn wrthyn nhw, 'dwch? Na! Fi sy'n siarad a siarad 'te, nes 'mod i'n 'ch mwydro chi. Peidiwch chi â phoeni dim. Mi fydd pob dim siort ora. Da bo chi rŵan. Mi ddo i'ch gweld chi eto.'

Gwerthu fy nhŷ i! Negro wen! Wnawn i ddim gadael iddyn nhw. Roedd ei angen o arna i er mwyn cael sefyll yn y cowrt i weld y defaid a'r glannau, a'r goleuadau fin nos, ac i bwyso ar y ddôr i wylio'r traffig, a mynd am dro i'r siop, a dal y bŷs i nôl fy mhensiwn a chyfarfod yr hen hogia am sgwrs a pheint. A sut medrai fy hogan bach i ddod i'm gweld os na fyddai'r tŷ gen i? O'r Arglwydd! Be gythra'l haru'r diawlia'd gwirion? Nefoedd 'r adar!

16.

Ydw, mi rydw i wedi cartrefu yma, diolch i chi. Pan gyrhaeddais i gynta mi fu pawb o'r pentre bron iawn yma'n edrych amdana i a'u prebliach fel su pryfed o gylch fy mhen. Glywch chi nhw?

'Picio draw pnawn 'ma 'te i weld sut 'dach chi'n leicio'ch lle. Bobol annw'l, ma'n nhw wedi gneud palas o le o'r hen dŷ 'ma, 'n tydyn? . . . Be? Sut 'dach chi'n deud?'

Ac un arall:

''I gweld hi'n braf arnach chi'n fan'ma, reit dros y ffor' i'ch hen gartra . . . Y? Be ddeudsoch chi? Dydi 'nghlyw i ddim yn egstra, ychi.'

A'r nesa:

'Dyna lwcus fuoch chi'n ca'l lle'n fan'ma 'ntê, reit yng nghanol 'ch ffrindia i gyd. Wel ma'n nhw 'di gneud lle crand yma, 'n tydyn nhw? . . . Be? Sori, dydw i ddim yn dallt.'

Doeddwn i'n ddim ond esgus iddyn nhw gael dod i weld y lle, a doedd gen i fawr i'w ddweud wrthyn nhw. Erstalwm oedd hynny. Ychydig ryfeddol alwodd am yr eildro. Mi alla i eu clywed nhw'r munud yma.

'Ac mae o'n dal yn fyw, ydi o! Wel, wel! Fyddwch chi'n mynd i'w weld o rŵan?'

'Na fydda i wir er 'mod i'n rhyw fath o berthyn iddo fo, 'ntê.'

'Unwaith buo fi, ychi. Gweld y peth yn wastraff amsar ro'n i, a'i bod hi'n weddus i mi ddeud y ffasiwn beth.'

'Mi dw i'n dallt sut 'dach chi'n teimlo'n iawn. Do's dim modd gwbod be mae o'n dreio'i ddeud, os ydi o'n gwbod 'i hun 'te, a dydi ynta'n dallt dim ma' rhywun yn 'i ddeud wrtho fo.'

'Dyna chi'n hollol. Strôc gafodd o, 'dwch?'

'Naci wir, medda'r doctoria'd. Wn i ddim be o'dd y matar. Henaint, ma'n siŵr.'

'Wel ia, mi ro'dd o'n colli arni cynt 'nd oedd?'

'Mi roeddan ni'n ama hynny, ond fedra neb 'neud dim. A wedyn dyma nhw'n mynd â'i bres o bob dima a gwerthu'i dŷ o a'r tir o'dd hefo fo. Wn i ddim sut ro'dd gynnyn nhw'r hawl ond mi aethon â'r cwbwl i dalu am 'i le o.'

'Wel do, felly clyw'is i. Ofnadwy 'te. Dydi peth felly ddim yn wastraff arian, 'dwch?'

'Wrth gwrs 'i fod o. Fasa waeth iddo fo fod mewn cartra cyffredin ddim. Dydi o ddim yn gwbod lle mae o. Wn i ddim be ma' lle mor grand yn dda i hen bobol, wir.'

'Ia wir. Ma' 'na lawar rheitiach petha i wario pres arnyn nhw yn y byd 'ma, 'nd oes? Ond cofiwch, ma'i hen le fo'n edrach yn llawar gwell nag roedd o gynno fo.'

'Ydi wir, ac wedi dŵad â thipyn o waith a bywyd i'r lle 'ma. Mi ddylsa rhwbath fod wedi ca'l 'i 'neud flynyddo'dd yn ôl, ychi.'

'Dylsa, siŵr iawn.'

'Fedra neb 'neud dim tra o'dd o yna ac o gwmpas 'i betha, 'dach chi'n gweld. Ond meddyliwch am yr holl bres yna'n mynd, jyst i dalu am le iddo fo yn y cartra crand 'na.'

'Ia wir. Llawar crandiach na dim welodd o gydol 'i fywyd.'

'Siŵr iawn, a fynta ddim gronyn callach.'

Ond mi rydw i, wyddoch chi, waeth be mae'r 'ffernols yn ei ddweud. Rydw i cyn galled ag y buo fi erioed, dim ond fy mod i'n cael trafferth i egluro hynny. Yn ôl i ganol y bobol roeddwn i'n eu hadnabod, myn diawl! Rydw i wedi colli 'nabod arnyn nhw i gyd bellach.

Does dim ots gen i, a dweud y gwir wrthoch chi. Mi fedra i wisgo amdana ac ymolchi a throi clos a phethau felly gyda'r nesa peth i ddim cymorth, a dyna be rydw i falcha ohono fo'r dyddiau yma. Mae hynny'n galluogi rhywun i gadw'i hunan-barch, on'd ydi o? Hoffi cael eistedd yn f'ystafell yn y darn newydd o'r tŷ yma bydda i yn gwylio'r ffordd a'r traffig fyddai'n gymaint arswyd i mi gynt. Dydi o'n boen yn y byd i mi bellach. Mi alla i weld heibio congl yr hen dŷ o'r fan honno hefyd, i lawr at y traethau tua'r de. Ddoe ddiwethaf mi feddyliais fy mod i'n gweld mwg y trên ar ei ffordd i fyny, ond does yna ddim trên felly rŵan, oes yna?

Maen nhw wedi newid yr hen dŷ yn arw. Prin rydw i'n ei adnabod o. Maen nhw wedi ei ymestyn o'n ôl i'r cae a'r ardd, a lle byddai o gynt yn ddall i'r ffordd fawr mae yna ffenestri anferth. Clwb yfed, myn cythraul i, a finnau wedi cwyno ar hyd y blynyddoedd nad oedd yna unlle i mi gael peint yma. Mae yna swyddfeydd a thŷ bwyta hefyd yn ôl y sôn, ar gyfer y carafannau a'r cytiau haf sy'n llond y caeau lle bu'r defaid. Wn i ddim beth i'w feddwl o'r ffordd maen nhw wedi peintio pob coedyn yn las a melyn chwaith. Methu gweld fod y lliwiau'n gweddu rydw i. Na'r bwrdd hysbysebu mawr yna ar fin y ffordd, hyd yn oed os ydi o'n ddwyieithog.

Dyma fi'n cwyno eto, a gormod o hynny sy'n mynd ymlaen yn y lle yma. Mae'n gywilydd i mi a gen innau'r ystafell fach ddela fu erioed, a rhai o'm pethau o'r tŷ, a'r hen radio wrth gwrs, yn cadw cwmni i mi.

Mae pobl y lle yma mor garedig. Does dim yn ormod o drafferth iddyn nhw, er byddai'n well gen i pe baen nhw ddim yn mynnu dŵad â fi i lawr i'r lolfa yma bob dydd. Dim eisiau i mi fod ar fy mhen fy hun maen nhw, wyddoch chi, ond y nefoedd wen mae yna le digalon i lawr fan yma yng nghanol yr hen bethau hanner-pan yma hefo'u bagiau piso. I fyny'r grisiau yn f'ystafell bydda i'n hoffi bod ac mi fyddan yn gadael i mi aros yno tan amser cinio fel arfer, i wylio a myfyrio. Mi fydda i'n berffaith ddiddig, dim ond i'r bŷs beidio mynd heibio. Codi hiraeth arna i y bydd o am yr amser pan oedd fy nhraed innau'n rhydd i fynd a mynd. Mi hoffwn i gael mynd un waith eto, i weld os ydi'r hen hogia'n dal ar 'u cornel.

Dew, mi rydach chi'n dda am wrando, ac mi rydw i'n ddiolchgar iawn i chi, cofiwch. Fydd fawr neb yn trafferthu gwrando arna i y dyddiau yma. Cael trafferth i'm deall i maen nhw, wyddoch chi. Mi rydw i'n synnu'ch bod chithau wedi gwrando'r holl amser heb dorri ar fy nhraws i na gofyn cwestiwn. Duw, gwrando rydach chi yntê? Mi rydach chi'n deall beth rydw i'n ei ddweud wrthach chi, debyg?

Mi fydd ei thad hi'n dod i'm gweld i bob tro bydd o'n bwrw golwg ar ei stad ar ddeutu'r ffordd. Fo ydi'r unig un sy'n cofio am fy modolaeth i. Mi fydd y ddau ohonon ni'n eistedd ac yn edrych ar ein gilydd am hir heb ddweud fawr ddim. Mae yntau'n ddigon unig yn y bôn ac yn hoffi cwmni rhywun sy'n gwybod ac yn deall.

Eistedd yn f'ystafell bydda i bob nos ar ôl swper gyda'm llyfr ar fy nglin, lamp wrth fy mhenelin, a'r hen set radio'n parablu'n siriol wrtha i. Os bydd hi'n noson glir fydda i ddim yn goleuo'r lamp am hir iawn, dim ond eistedd yno'n glyd yn y tywyllwch yn gwylio goleuadau'r glannau a'r llethrau tua'r de. Draw i lawr y ffordd yna, tua phen draw y gadwyn oleuadau, maen nhw'n byw. Os ydyn nhw'n byw yna o hyd, yntê? A thybed ydi fy hogan bach i ymysg y miloedd sy'n byw dan y goleuadau yna, neu ydi hi wedi mynd ymhell o'r golwg?